사회학적 상상력

The Sociological Imagination

C. 라이트 밀즈 지음 | 강희경 · 이해찬 옮김
Charles Wright Mills

The Sociological Imagination
Copyright ⓒ 1959, 2000 by Oxford University Press, Inc. New York, N.Y.U.S.A.
All rights reserved.

Korean translation copyright ⓒ 2003 by Dolbegae Publishers
This Translation of *The Sociological Imagination*, 40th Anniversary Edition originally published in English in 2000, is published by arrangement with Oxford University Press, Inc. through Eric Yang Agency, Seoul.

이 책의 한국어판 저작권은 에릭양 에이전시를 통한 Oxford University Press, Inc.사와의 독점 계약으로 한국어 판권을 도서출판 돌베개가 소유합니다. 저작권법에 의해 한국 내에서 보호를 받는 저작물이므로 무단 전재와 무단 복제를 금합니다.

사회학적 상상력

C. 라이트 밀즈 지음 | 강희경·이해찬 옮김

2004년 2월 28일 개정판 1쇄 발행
2025년 3월 20일 개정판 16쇄 발행

펴낸이 한철희 | 펴낸곳 주식회사 돌베개 | 등록 1979년 8월 25일 제406-2003-000018호
주소 (10881) 경기도 파주시 회동길 77-20 (문발동)
전화 (031) 955-5020 | 팩스 (031) 955-5050
홈페이지 www.dolbegae.co.kr | 전자우편 book@dolbegae.co.kr

편집장 김혜형
책임편집 박숙희 | 편집 김수영·이경아·김희동·이영아
본문디자인 이은정 | 인쇄·제본 영신사

ISBN 89-7199-184-4 03330
책값은 뒤표지에 있습니다.

이 도서의 국립중앙도서관 출판시도서목록(CIP)은 e-CIP 홈페이지
(http://www.nl.go.kr/cip.php)에서 이용하실 수 있습니다.(CIP제어번호: CIP2004000418)

사회학적 상상력

초판 옮긴이 서문

이 책은 『들어라, 양키들아』(*Listen Yankee*), 『권력 엘리트』(*Power Elite*), 『화이트 칼라』(*White collar*) 등의 명저로 유명한 미국 사회학자 C. 라이트 밀즈(C. Wright Mills)의 *The Sociological Imagination*(원서 Pelican Books 1975년판)을 우리말로 옮긴 것이다. *The Sociological Imagination*의 축어적 의미는 '사회학적 상상력'이겠지만 밀즈는 사회학적 쟁점을 중심으로 사회과학 전반에 걸친 문제를 다루고 있으므로 '사회과학적 상상력'이란 표현이 보다 적절한 듯하며, 또 이 책에서 말하는 상상력이란 사회 문제의 의미와 그 맥락을 올바로 파악하는 안목을 뜻하므로 달리 표현하면 통찰력이라고도 할 수 있을 것이다.

이 책에 실린 11편의 글은 각기 독립된 형태로 발표된 것을 하나로 묶으면서 재정리한 것인데, 책 전체는 개인과 역사 그리고 개인과 역사가 상호작용하는 사회라는 세 꼭지점으로 이루어지는 삼각형을 기본 틀로 하고 있다. 이러한 삼각형을 통해서 파악되는 사적인 문제와 공적인 문제의 의미, 그리고 이성과 합리성의 상호 이율 배반, 역사가 오늘날의 상황에서 지니는 의미, 학계의 보수적인 풍토 등을 예리하게 분석·비판하면서 사회과학자가 지녀야 할 태도와 사회과학이 나아갈 방향을 선명하게 밝히고 있다.

따라서 이 책은 사회의 제 문제에 관심을 갖는 모든 사람들에게 귀중한 안목을 전한다. 일상적인 생활 속에서 문득 자신이 살고 있는 세계가 어떻게 돌아가는지를 알고자 하는 사람들, 사회는 점차 합리화되고 있음에도 불구하고 인간의 이성은 그 힘이 점점 미약해져가는 실정을 어렴풋이나마 인식하는 사람들, 또 오늘날의 사회 문제는 필연적으로 역사와 관련되어 있다는 사실을 확인하고자 하는 사람들에게 도움이 되리라고 생각한다. 그리고 자신이 살고 있는 사회에 대한 감각이 마비된 채 조사 프로젝트나 지엽적인 문제를 맹목적으로 추구하여 자기도 모르는 사이에 자기 연구가 어떤 목적에 이용되는지조차 모르는 사람들에게는 따끔한 충고가 될 것이다. 또 자기 연구의 보수성을 알고 있으면서도 아예 사회 현실을 외면하는 사람들과 학문적인 업적을 통해서가 아니라 권위만 행사하여 대학 사회에 군림하려는 사람들에게는 예리한 비판이 될 것이다.

밀즈가 이 책에서 비판하는 대상은 미국 사회나 학계의 관료주의적이고 보수적인 면이지만, 밀즈의 비판은 별 수정 없이도 우리 사회의 현실과 학계가 지닌 부조리한 측면의 정곡을 찌른다. 우리 사회와 학계의 부조리는 맹목적으로 해외 유학을 하고 돌아와 그곳 풍토를 그대로 답습하는 반(半) 미국화된 결과의 소치일지도 모른다. 옮긴이들이 이 책을 번역하게 된 가장 중요한 동기도 바로 여기에 있다. 즉, 밀즈의 냉정하고 예리한 비판을 소개함으로써 우리 사회와 대학의 고질적인 보수성과 관료주의적 풍토를 부분적으로나마 비판적으로 검토해보고, 이제부터 사회과학을 공부하려는 사람들에게 사회과학의 올바른 방향과 사회과학자가 지녀야 할 태도를 그 일단이나마 전함으로써 옮긴이의 조그만 소망을 충족시키고자 한다.

우리말로 옮기는 과정에서 직접 간접으로 도움을 주신 여러분에게 감사드린다. 전체적으로는 일본어 번역본 『社會學的 想像力』(鈴木廣 譯, 紀伊國屋書店 刊 1975년 제8판)을 많이 참고했으며, 특히 제1장 「약속」 부분은 김연동 선생님이 『창작과비평』 제10호에 발표하신 글에 도움을 입었다. 그리고 원고를 끝까지 읽으며 정리해주시고 지난 여름의 무더위 속에서 강행된 작업을 격려해주신 분들께도 깊은 감사를 드린다. 저희 옮긴이들은 오역을 최소한으로 줄이려고 노심초사했음에도 불구하고 천박한 지식과 불성실 때문에 독자 여러분에 의해 오역이 발견되리라 생각한다. 독자 여러분의 정확한 비판을 뜨거운 격려로 받아들여 다음 판에서는 보다 완벽함을 기할 것을 약속드린다.

이제 우리들은 막 입학시험을 끝내고 좋은 결과를 기다리는 수험생처럼 한편으로는 염려스러우면서도 또 한편으로는 조그만 보람을 느낀다.

이제까지 길러주신 부모님께 삼가 감사를 드립니다.

1977년 11월 3일
옮긴이

개정판 옮긴이 서문

1978년 대전 어느 책방에 입시 참고서를 사기 위해 한 고등학교 2학년 학생이 들어섰다. 책방을 둘러보던 이 학생의 눈에 띈 것은 정작 수험서가 아니라 『사회학적 상상력』이란 책이었다. 모든 사람이 그러하듯 '상상력'이란 단어에 이 학생의 호기심이 발동한 것이다. 책을 산 다음 도대체 '사회학'이란 무엇을 하는 학문인가를 알고 싶어 수험서를 제쳐두고 며칠간 읽기 시작하였다. 내용은 어려워 잘 이해를 못했지만, 이 학생은 호기심의 근원을 알기 위해 사회학과 진학을 결정하였다. '이 학생'은 지금 서울대학교 사회학과에 근무하고 있다.

내가 이 이야기를 이재열 교수에게서 처음 들었을 때, '아, 이렇게 지원하는 학생도 있구나' 하는 감탄과, 그가 서울대학교 교수까지 된 데 우리가 번역한 책이 영향을 미쳤다는 뿌듯함을 동시에 느꼈다. 그러나 곧 이재열 교수가 매끄럽지 못한 부분이 제법 있다고 한 말에 부끄러움을 느끼지 않을 수 없었다. 오역이 있다는 것은 번역을 할 때부터 알고 있었다. 나는 대학원 석사 과정을 막 시작할 때였고, 또 한 명은 지금은 4선 국회의원으로서 5선을 바라보지만 당시는 대학 3학년 때 민청학련 사건으로 구속되어 1년여 고생 끝에 석방은 되었지만 학교로 돌아갈 가능성이 전혀 없던 '제적생' 신분이었으니, 오역이 없다면 오히려 그것이 이상한 일이었다.

책은 좋으나 일부 오역이 있다는 지적에도 불구하고 다시 손댈 생각을 하지 못했다. '번역은 또 하나의 창작'이라는 말이 있듯이, 번역은 정말로 힘든 일이었다. 이렇게 27년이 지나갔다.

그 사이 우리들이 전혀 모르는 동안에 『사회학적 상상력』을 다듬은 분이 한 분 계셨다. 이 책으로 강의하면서 눈에 띄는 잘못을 지나치지 않았다가 지난 해 당신께서 정리한 것을 줄 테니 책을 새롭게 출간하는 게 어떻겠느냐고 제의하신 이화여자대학교 조형 선생님이 바로 그분이시다. 우리들이 해야 할 일을 조형 선생님께서 하신 것에 대하여 우리는 그저 머리를 숙일 뿐이다. 그러니까 조형 선생님이 『사회학적 상상력』의 감수를 맡으신 것이다. 물론 이것으로도 남는 오역의 책임은 온전히 우리 몫이다.

밀즈는 알고 있는 것을 늘 행동으로 연결시킨 실천적 지식인이었다. 미국과 세계의 현실에 정면으로 맞서는 밀즈의 행동을 당시의 학계가 달가워할 리가 없었다. 그래서 그는 언제나 학계로부터는 국외자(局外者)였다. 하기는 『들어라, 양키들아』처럼 자기가 살고 있는 사회를 고발하는 사람에게 학계의 누가 호감을 갖겠는가? 그러나 학계만 벗어나면 그의 지지자는 많았다. 자신이 어떤 사회에서 살고 있는지 알고자 하는 사람들, 자기의 삶이 지배층의 결정에 얼마나 영향을 받는가를 이해하고 싶은 사람들은 모두 밀즈의 말을 경청했다. 밀즈의 영향력은 미국을 넘어서도 마찬가지였다. 아니 더했다. 『들어라, 양키들아』의 소재가 된 쿠바는 말할 것도 없고, 밀즈가 한마디도 언급하지 않은 우리 사회에서도 그의 인기와 영향력은 대단했다. 『화이트 칼라』, 『권력 엘리트』, 『마르크스주의자들』, 『들어라, 양키들아』, 『제3차 세계대전의 원인』과 같은 그의 책 대부분이 1970년대와 1980년대에 봇물처럼 번역되어 나왔다. 그러나 이제 이런 책들은 더 이상 읽히지 않는다. 제3차 세계대전의 원인이나 카스트로 치하에 있는 쿠바의 장점에 대한 그의 견해가 현실 적합성을 상실한 측면도 있고, 우리 사회구조가 바뀌어서도 그렇다.

그러나 『사회학적 상상력』은 그렇지 않다. 이 책은 구체적인 현실 사회를 분석한 책이 아니고 사회학—넓게는 사회과학—을 공부하는 사람이 어떤 자세로 공부에 임해야 하고, 어떤 문제를 주제로 택해야 하는지, 그리고 학계의 연구 풍토에서 어떤 입장을 취해야 하는지를 조망한다는 점에서 오늘에도 유효하다. 무릇 사회학자를 비롯한 사회과학자들은 우리 시대의 고뇌와 쟁점들을 정면으로 응시해야 한다는 그의 주장은 연구와 생활을 일치시킨 하나의 본보기로 예나 지금이나 그리고 앞으로도 지적 생활을 새로 시작하는 젊은 학생과 학자들에게 귀감이 될 것이기 때문이다.

밀즈는 학문이나 세상에서 기득권을 갖고 허세를 부리는 것, 그리고 그런 구조를 싫어했다. 학문 용어에서도 '사회과학'이라는 말보다는 '사회 연구'라는 단어를 더 좋아했다. '과학'이라는 말 자체가 학자들만이 알고 있는 방법론으로 연구 결과에 위광을 부여하여 일반인들에게 군림하기 때문이다. 그는 방법론에만 치중하는 학자들을 추상적 경험주의자라고 불렀는데, 이들은 사회구조와 역사와 관련되는 문제보다는 사소한 문제를 연구 주제로 택한다. 그가 예를 든 것처럼 제2차 세계대전이 그가 살던 당시의 최대 사건이었지만, 추상적 경험주의자들은 이 전쟁의 원인은 연구하지 않고 미군 병사에 대한 통계 조사만 할 뿐이었다. 이들은 결국 사회구조와 역사와는 아무 관련이 없는 문제를 그들만의 방법론으로 연구하는 조사 전문 기술자가 되고 만다.

또한 밀즈는 사회 연구자들은 추상성과 일반성의 높은 수준에 매몰되어 경험적 현실을 이해하려 하지 않는 '거대 이론'의 담론에 빠져서도 안 된다고 하였다. 거대 이론가들은 역사적이며 사회구조적인 맥락을 알려 하지 않기 때문에 문제 의식 자체가 없고 비현실적이다. 그들은 오로지 끝없는 '개념' 조작만 할 뿐이다.

추상적 경험주의자들의 '방법론'과 거대 이론가들의 '개념' 숭배는 모두 사회 연구에 도움이 되지 못한다는 것이다. 그는 이러한 것들이 현실 사회에 무슨 도움을 주는가에 대해 늘 회의하는 지식인이었다.

그가 제일 좋아하는 말은 '장인'(匠人)이고 제일 싫어하는 단어는 '관료'이다. 『사회학적 상상력』 출간(1959년) 40주년 기념판에 실린 뉴욕대학교 사회학과 토드 기틀린(Todd Gitlin) 교수가 지적하듯이 그는 소속되기를 거부하는 '고독한 숙련공'이었고, 지적으로나 문화적으로나 '독립적 장인'이었다. 그는 사회 연구의 문제 의식과 주제 선택과 연구 작업, 그리고 그로 인한 정치적 행동에 이르기까지 독자적으로 판단하고 결정하였다. 그는 사회 연구자는 지적 장인으로서 자신의 이론과 방법을 가져야 한다고 주장하였다. 그러나 방법을 위한 방법, 이론을 위한 이론은 사회 연구에 아무 도움이 되지 않으며, 방법과 이론에 지배되어서는 세상을 파악하지 못한다는 것이 그의 확고한 입장이다.

이와 반대편에 있는 것이 사회 연구의 '관료화'이다. 사회를 관료적으로 연구하는 사람들은 사회를 이해하려고 하지 않고 '예측'하려고 한다. 이들은 이 세상은 확고한 규칙이 지배하고, '개념' 조작으로 이 규칙을 발견할 수 있다고 생각한다. 물론 방법론적으로는 추상적 경험주의를 이용한다.

밀즈는 기본적으로 사회 연구란 개인의 생활사와 역사를 사회구조 속에서 이해하려고 하고, 사회구조를 역사적이고 비교학적으로 고찰할 수 있는 안목을 가져야 한다고 주장하였다. 사회 연구자는 사회구조의 다양성을 그 구성 요소와 전체의 관점에서 이해하여야 한다. 즉, 부분을 이해하기 위해서 전체를 고려하고 전체를 이해하기 위해서 부분을 생각하는 노력, 다시 말해 개인 문제를 공공 문제로 공공 문제를 다양한 개인들의 문제로 전환하여 볼 수 있는 '사회학적 상상력'이 있어야 한다. 사회학자는 사회학적 상상력을 통한 역사적 변화를 파악하고, 역사적 변동에서 이성적인 인간이 차지하는 위치를 알아야만 정치적 역할을 할 수 있다는 것이다.

밀즈가 『사회학적 상상력』에서 비판한 주류 사회학의 두 경향, 즉 '개념'만 주목하는 거대 이론과 미시적 주제와 '방법론'만을 중시하는 추상적 경험주의는 오늘날 미국 학계에서 40년 전보다 더 성행하고 있다. 이것은 비단 미국만의 상황이 아니다. 1년에 두 번씩 열리는 한국의 사회학 대회 역시 세분화된 분과 토론은 활발하게 이루어지나, 밀즈가 말하는 사회구조와 역사의 관점에서 그리고 비교의 방법으로 연구 주제를 논의하는 경우는 그다지 많지 않다. 이 점에서 사회학을 공부하는 사람은 '사회학적 상상력'을 가져야 한다고 주장한 밀즈는 부활해야 한다. 또한 이것은 우리가 계속 이 책을 읽어야 하는 이유이기도 하다.

한편으로 미국에서 『사회학적 상상력』이 출간된 지 40년이 지났고 한국에서 번역본이 나온 지 30년이 다 되어가는데도 불구하고 이 책이 여전히 대학에서 읽힌다는 것은, 밀즈의 '사회학적 상상력'이 1960년대 냉전 시대를 넘어 오늘날에 이르기까지 유효하다는 것을 보여준다. '사회학적 상상력'을 통한 사회 연구와 이를 바탕으로 한 정치적 행동은 바로 지식인이 어떻게 학문 생활을 해야 하는지를 가르쳐주고 있다. 이러한 태도를 올바르게 평가하는 사람들이 있는 한, 밀즈의 '사회학적 상상력'은 40년 전과 마찬가지로 계속 살아 있을 것이다.

우리들이 번역한 『사회학적 상상력』은 홍성사와 기린원에서 출간되었다. 이번 개정판은 돌베개에서 출판을 맡아주었다. 그런데 초판을 찍던 1978년에는 지금과 달리 활판 인쇄만 있었다. 개정판에서는 당연히 컴퓨터 조판으로 바뀌었는데, 이 수고를 돌베개 편집부가 담당하였다. 지루한 작업을 말없이 수행해준 돌베개 편집부에게 말할 수 없는 감사의 말씀을 드린다.

2004년 2월
옮긴이들을 대표하여
강희경

The Sociological Imagination

5	초판 옮긴이 서문
8	개정판 옮긴이 서문

차례

15	제1장	약속
42	제2장	거대이론
73	제3장	추상적 경험주의
104	제4장	실용론의 여러 유형
132	제5장	관료적 풍조
153	제6장	과학철학
168	제7장	인간의 다양성
180	제8장	역사의 효용
205	제9장	이성과 자유에 대하여
219	제10장	정치에 대하여

240	부록	장인 기질론
277	감사의 말	
279	토드 기틀린 후기	
296	찾아보기	

제1장 약속
The Promise

현대인들은 자신의 사생활이 일련의 올가미에 걸려 있다는 느낌을 자주 갖는다. 그들은 일상 세계에서 일어나는 갖가지 문제들을 극복할 수 없다고 생각하는데, 이러한 생각은 옳을 때가 많다. 실제로 일반인들이 직접 의식하는 것이나 또는 하고자 하는 일들은 그들이 살고 있는 개인적인 생활 환경에 국한되어 있으며, 그들의 비전과 세력 역시 직업, 가족, 이웃 등의 근거리 배경에 국한되어 있다. 그밖의 다른 환경에서는 대역(代役)으로 활동하거나 혹은 방관자의 입장에 머물고 만다. 따라서 비록 모호하게나마 자신의 직접적인 생활 영역을 넘어서는 야망이나 그에 따른 위협을 의식하면 할수록 올가미에 걸린 듯한 느낌은 더욱 강해진다.

올가미에 걸렸다는 이러한 느낌의 근저에는 전체 사회구조 자체의 비개인적인 것처럼 보이는 변화가 작용하고 있다. 현대 역사의 사실은 남녀 각 개인의 성공과 실패에 관한 사실이기도 하다. 한 사회가 산업화되면 농부는 노동자가 되고 봉건 영주는 완전히 파산을 하든가 아니면 기업가로 변한다. 계급(class)의 흥망에 따라 한 개인은 취업자가 되기도 하고 실업자가 되기도 한다. 자본투자율이 오르고 내림에 따라 용기를 얻는 사람이 있는가 하면 파산을 하는 사람도 있다. 전쟁이 발발하면 보험회사 외무사원이 로켓 발사 대원이 되기도 하며 상점 점원이 레이더 대원이 되기도 한다. 또 아내는 독수공방하고 아이들은 아버지 없이 자라게 된다. 따라서 한 개인의 삶과 한 사회의 역사는 그 두 가지를 함께 이해하지 않고는 이해할 수 없다.

그런데도 사람들은 대개 자신이 겪고 있는 고통(troubles)을 역사적 변동과 제도적 모순으로 규정하려고 하지 않는다. 그들이 누리는 안락 역시 자신이 살고 있는 사회의 큰 흥망성쇠 탓이라고 생각하지 않는다. 사람들은 자기들의 생활 양식과 세계사 행로 간의 복잡 미묘한 관계를 별로 의식하지 못하기 때문에, 이 관계가 자신의 미래와 장차 자신이 주체적으로 참여할지도 모를 역사 형성에 어떤 의미를 갖는지 일반적으로 모르고 있다. 그들은 인간과 사회, 개인의 일생(biography)과 역사(history), 그리고 자아(self)와 세계(world) 사이의 상호작용을 파악하는 데 긴요한 정신적 자질이 부족하다. 그들은 개인적 문제(personal troubles)를 그 이면에 항상 존재하는 구조적인 변모를 통제하는 방식으로 다룰 줄 모른다.

그러나 그것은 당연한 일이다. 이제까지 그렇게 많은 사람들이 그토록 급격한 변동을 전체적으로 겪었던 시대가 있었던가? 미국인들이 다른 사회의 사람들이 겪은 것과 같은 파국적인 격변을 경험한 적이 없다는 것은, 이제는 금세 '단순한 과거지사(過去之事)'가 되어버리는 역사적 사실들 때문이다. 오늘날 모든 사람들에게 영향을 미치는 역사가 곧 세계사이다. 오늘날과 같은 세계사의 국면과 시기에서는, 단지 한 세대 동안에 인류의 6분의 1이 이른바 봉건적이고 후진적인 것에서 근대적이고 선진적이며 무시무시한 것으로 변모되어간다. 정치적 식민지가 해방되고, 형태가 불명확한 새로운 제국주의가 자리잡는다. 혁명이 발발하여, 사람들은 새로운 종류의 권위에 친밀한 흥미를 느낀다. 전체주의 사회가 출현했다가는 산산이 박살나기도 하고 혹은 터무니없이 성공하기도 한다. 2세기 동안 우세를 차지한 후에 자본주의는 사회를 산업장치화하는 유일한 방법이 된다. 희망에 찬 2세기가 경과한 오늘날 형식적인 민주주의마저도 전 인류의 극히 국한된 일부에서만 실현되고 있다. 세계의 저개발 지역에서는 전통적인 생활 양식이 붕괴되고 막연한 기대가 긴박한 요구로 변한다. 과잉 개발 지역에서는 권위와 폭력의 수단이 생활 전반에 만연하고 관료주의적 형태를 띤다. 이제 인류 자체의 운명이 우리 눈앞에 전개되고 있다. 양극(兩極)의 초강대국가(super-nation)는 극히 잘 정비된 거대한 노력을 제3차 세계대전을 준비하는 데 기울이고 있다.

이제는 이러한 역사의 변모 과정이 소중한 가치에 입각한 개인의 방향 설정 능력을 앞지르고 있다. 그렇다면 가치란 어떠한 것들인가? 혼란 상태에 있지 않을 때조차도 사람들은 과거의 낡은 감정이나 사고 방식이 이미 붕괴되었으며 새로운 시작이 도덕적 응고 상태라고 할 정도로 모호하다고 느낄 때가 많다. 일반인들이 갑작스레 직면한 더 넓은 세계에 대처할 자신이 없다는 것이 어찌 놀라운 일이라 할 수 있겠는가? 또 자신의 생활에 대한 이 시대의 의미를 이해할 수 없다고 해서 어찌 놀라운 일이라 할 수 있겠는가? 자아를 방어하기 위해서 도덕적으로 무감각해지고 완전히 사적(私的)인 개인으로 남고자 하는 일이 이상할 것이 있는가? 그러니 올가미에 걸린 듯한 느낌이 이상할 것이 있는가?

사람들에게 필요한 것은 정보만이 아니다. 오늘날과 같은 '사실의 시대'(Age of Fact)에는 정보 자체가 사람들의 관심을 지배하여, 그것을 소화할 능력을 압도해버리는 경우가 흔하다. 그들에게 필요한 것은 이성의 기술만이 아니다. 비록 그것을 습득하려는 투쟁이 그들의 한정된 도덕적 에너지를 고갈시키고 말지만 말이다.

그들이 실제로 필요로 하고 필요하다고 느끼는 것은 다름 아니라 세상이 어떻게 돌아가는지, 그리고 자신들 내부에서 어떤 일이 일어나는지를 선명하게 요약할 수 있도록 정보를 이용하고 이성을 발전시킬 수 있게 해주는 정신적 자질 바로 그것이다. 저널리스트와 학자, 예술가와 대중, 과학자와 편집인 들이 이른바 사회학적 상상력이라고 하는 것에 기대하는 점이 바로 이러한 자질이라는 사실을 앞으로 논의하고자 한다.

1

사회학적 상상력을 소유하고 있는 사람은 거대한 역사적 국면이 다양한 개인들의 내면 생활과 외적 생애에 어떤 의미를 갖는지 이해할 수 있다. 또 사회학적 상상력이 있는 사람은 개인이 일상적인 경험의 혼란 속에서 어떻게 자신의 사회적 위치를 잘못 인식하는가를 고려할 줄 안다. 그러한 혼란 속에서 현대 사회의 구조(framework)가 추구되고, 그러한 구조 속에서 다양한 남녀들의 심리가 공식화된다. 이러한 방법에 의해 개개인의 불안이 명백한 문제(troubles)로 인식되며 공중의 무관심이 공공 문제(public issues)에 대한 참여로 변형된다.

사회학적 상상력을 통해 얻을 수 있는 최초의 수확은—그리고 그것을 구현하는 사회과학의 최초의 교훈은—개인이 자신의 경험을 이해하고 자신의 운명을 측정하기 위해서는 자신이 살고 있는 시대 속에 위치해야 하며, 자신의 생활 기회(chances in life)를 알려면 자기와 같은 환경에 사는 모든 개인들의 생활 기회를 인식해야 한다는 생각이다. 그것은 여러 의미에서 무서운 교훈인 동시에 장엄한 교훈이기도 하다. 우리는 지고(至高)의 노력을 할 수 있으면서도 쉽사리 타락할 수 있고, 고뇌를 겪으면서도 환희를 느낄 줄 알며, 잔인성을 즐기면서도 이성의 달콤한 맛을 아는 인간 능력의 한계를 모르고 있다. 그러나 오늘날에 이르러서는 '인간성'(human nature)의 한계라고 하는 것이 놀라울 만큼 광범위하다는 사실을 알게 되었다. 모든 개인은 대대로 항상 특정 사회 속에 살며, 자신의 개인적인 일생을 살아가되 어떤 역사적 연속성 속에서 그렇게 한다는 사실을 알게 되었다. 개인은 사회와 그 사회의 역사적 추진력에 의해 형성된다. 그러나 동시에 그는 그가 살고 있다는 사실 자체만으로도 비록 미미하나마 그 사회의 형성과 그 사회의 역사적 진로에 공헌하는 것이다.

사회학적 상상력은 우리로 하여금 역사와 개인의 일생(biography), 그리고 사회라는 테두리 안에서 이루어지는 이 양자 간의 관계를 파악할 수 있게 해준다. 바로 이것이 사회학적 상상력의 과제이며 약속이다. 이러한 과제와 약속을 인식하는 것이 고전적 사회분석가의 특색이다. 그것은 둔중하면서도 다양하고 포괄적인 허버트 스펜서(Herbert Spencer), 품위 있고 고결하면서도 추문을 들추어내기 좋아했던 로스(E. A. Ross), 오귀스트 콩트(Auguste Comte)와 에밀 뒤르켐(Emile Durkheim), 또 정교하고 섬세했던 카를 만하임(Karl Mannheim)의 특징이다. 그것은 또 카를 마르크스(Karl Marx)에게서 볼 수 있는 지적 탁월성이고, 토르슈타인 베블런(Thorstein Veblen)의 현란하고도 아이러니컬한 통찰과 요제프 슘페터(Joseph Schumpeter)의 다각적인 현실 구축에 대한 실마리이기도 하다. 그것은 레키(W. E. H. Lecky)의 심리학적인 철저함과 막스 베버(Max Weber)의 심오함과 명석함의 기초를 이룬다. 그리고 그것이야말로 인간과 사회에 관한 오늘날의 연구 가운데 최고를 가리키는 신호이다.

어떠한 사회 연구도 개인의 일생과 역사, 그리고 그 둘의 사회 안에서의 교차 문제에까지 이르지 않고는 그 지적 여정을 끝냈다고 할 수 없다. 고전 사회분석가들의 특정한 문제가 무엇이든, 또 그들이 검토한 사회적 현실의 특징이 제한된 것이든 폭넓은 것이든, 자신의 연구가 약속한 바를 풍부한 상상력으로 인식하는 사람이라면 다음의 세 가지 질문을 끊임없이 한다.

(1) 이 특정 사회의 전체적인 구조는 무엇인가? 그것의 본질적인 구

성 요소들은 무엇이며, 그것들은 서로 어떻게 연관되어 있는가? 그것은 다른 여러 사회 질서와 어떻게 다른가? 사회 내의 어떤 특정 요소가 그 사회의 존속 및 변화에 갖는 의미는 무엇인가?

(2) 이 사회는 인간사에서 어떤 위치에 있는가? 그것을 변화시키는 기제(mechanics)는 무엇인가? 그것이 인류 전체의 발전에서 차지하는 위치와 의미는 무엇인가? 우리가 검토하는 특수한 사회적 성격은 그 사회가 움직이는 역사적 시기에 어떠한 영향을 주고 또 받는가? 그리고 이 시대의 본질적인 특성은 무엇인가? 이 시대는 다른 시대와 어떻게 다른가? 이 시대의 역사를 형성하는 특징은 무엇인가?

(3) 이 사회, 이 시대에서 우세한 사람들은 어떤 유형의 사람들인가? 그리고 앞으로는 어떤 사람들이 우세할 것인가? 그들은 어떤 방식으로 선택되고 형성되며, 해방되고 억압되며, 예민해지고 둔감해지는가? 이 사회, 이 시대에 우리가 관찰하는 행위와 성격에서 어떤 종류의 '인간성'이 발견되는가? 그리고 우리가 검토하는 사회의 특성 하나하나가 '인간성'에 대하여 갖는 의미는 무엇인가?

관심사가 거대한 권력국가이든 사소한 문학적 분위기이든, 가족이나 감옥 또는 신념이든 간에, 훌륭한 사회분석가라면 이러한 질문을 제기했다. 이러한 질문들이야말로 사회 내의 인간에 대한 고전적 연구의 지적 중심 축이었으며, 사회학적 상상력을 가진 사람이라면 누구나 제기하는 질문이었다. 왜냐하면 사회학적 상상력이란 한 관점에서 다른 관점으로, 즉 정치적인 것에서 심리적인 것으로, 단일 가족 연구에서 세계 각국의 정부 예산에 대한 비교 연구로, 신학교(神學校)에서 군부대로, 또는 유류산업(oil industry)에 대한 고찰에서 현대 시(詩) 연구로 시선을 옮겨가는 능력이기 때문이다. 그것은 가장 비개인적이거나 먼 곳에서 일어난 변화에서 가장 친밀한 인간 주체의 속성까지 아우르는 능력이며, 또한 그 둘 간의 관계를 볼 줄 아는 능력이다. 이러한 상상력의 발휘 그 이면에는 그 사회와 시대에 자신만의 특징과 본성으로 살고 있는 개인의 사회적·역사적 의미를 알고자 하는 충동이 있다.

간단히 말해서, 이러한 이유 때문에 사람들은 이 세계가 어떻게 돌아가고 있으며 사회 안에서 개인의 일생과 역사가 교차되는 조그만 점인 자신 속에서 어떤 일이 일어나는지를 이해하고자 할 때 그러한 사회학적 상상력을 쓰는 것이다. 대체로 현대인이 자신을 영원한 이방인은 아니라 해도 최소한 국외자(局外者)로 의식하는 것은 사회적 상대성과 역사의 변형시키는 힘을 아연 실색할 정도로 실감했기 때문이다. 사회학적 상상력은 이러한 자의식의 가장 생산적인 형태이다. 그것을 사용함으로써 한정된 생활 궤도만을 따라 사고했던 사람들이 마치 그동안 자기네가 친숙하다고 생각했던 집에서 갑자기 깨어난 듯한 느낌을 갖는다. 옳든 그르든 간에 사람들은 이제야 비로소 적절한 요약과 응집력 있는 평가, 포괄적인 방향 설정을 할 수 있게 되었다고 느낀다. 전에는 건전해보였던 지난날의 결정들이 이제는 말할 수 없이 우둔한 심성의 소산처럼 느껴진다. 경이로움을 느낄 줄 아는 능력이 다시 생기를 띤다. 그들은 새로운 사고 방식을 체득하여 가치의 전환을 경험한다. 한마디로 자기 성찰과 감수성으로 사회과학의 문화적인 의미를 깨닫는다.

2

아마 사회학적 상상력이 작용하는 데서 가장 생산적인 구별은 '환경에 대한 개인 문제'(the personal troubles of milieu)와 '사회구조에 관한 공공 문제'(the public issues of social structure)의 구별일 것이다. 이 구별이야말로 사회학적 상상력의 기본적인 도구이며 사회과학의 모든 고전적 작업의 특징이다.

'개인 문제'(troubles)는 한 개인의 성격 내에서, 그리고 남들과의 직접적인 관계의 범위 내에서 발생한다. 이 문제는 그의 자아와, 그가 직접적이고 개인적으로 의식하는 사회생활의 한정된 영역과 관계 있다. 따라서 개인 문제의 제기와 그 해결은 하나의 일생을 영위하는 실체(biographical entity)로서의 개인 내부와 그의 직접적인 환경—즉, 그의 개인적인 경험과 어느 정도의 자발적인 활동이 가능한 사회적 환경—의 범위 내에 있다. 개인 문제는 사사로운 것이며, 자신이 존중하는 가치가 위협받는다고 느낄 때 발생한다.

'공공 문제'(issues)는 이와 같은 개인의 국지적(局地的) 환경과 내적 생활 범위를 초월한다. 그것은 수많은 환경들의 전체적인 역사적 사회 제도로의 조직화와 다양한 환경이 상호 중복되고 침투하여 사회적이고 역사적인 생활로 이루어진 보다 큰 구조를 형성하는 방법과 관계 있다. 따라서 공적인 쟁점이 공공 문제이다. 즉, 공중(publics)이 소중히 여기는 가치가 위협받는 것이다. 때로는 그러한 가치란 실제로 어떤 것이며, 또 그것을 위협하는 것은 무엇인가 하는 논쟁이 일기도 한다. 이러한 논쟁은 널리 퍼진 개인 문제와 달리 일반인들의 직접적이고 일상적인 환경으로는 잘 규정될 수 없다는 성격 때문에 초점을 잃을 때가 자주 있다. 사실 공적인 쟁점은 제도적인 위기를 내포하는 경우가 많으며, 또 때로는 마르크스주의자들이 말하는 '모순' 또는 '적개심'을 내포하기도 한다.

이런 관점에서 실업(unemployment) 문제를 살펴보자. 가령 인구 10만의 어떤 도시에서 한 사람만 실업자라면, 그것은 그 사람의 개인 문제이다. 그리고 그 문제를 해결하기 위해서는 우선 그의 성격과 기술, 그리고 그의 직접적인 여러 기회를 살펴보아야 한다. 그러나 가령 취업자가 5,000만인 나라에서 1,500만 명이 실업자라면 그것은 공공 문제이며, 어떤 특정 개인에게 주어진 기회의 범위 내에서 그 해결책을 찾을 수는 없다. 기회를 발견할 수 있는 사회구조 자체가 구너져버린 것이다. 따라서 문제를 정확히 진술하고 그에 대한 해결책을 모색하려면 그 사회의 경제적·정치적 제도에 대한 고찰이 필요하며, 단지 개개인의 상황과 성격에 대한 고려만으로는 불가능하다.

전쟁을 생각해보라. 전쟁이 발발했을 때의 개인 문제는 어떻게 살아남느냐 혹은 어떻게 명예롭게 죽느냐, 전쟁의 북새통에서 어떻게 하면 돈을 버느냐, 어떻게 군대 조직으로 들어가 안전한 높은 지위에 오르느냐 혹은 어떻게 전쟁 종식에 기여하느냐 하는 등등의 문제일 것이다. 요컨대, 자기의 가치관에 따라 일단(一團)의 환경을 찾아내어 살아남느냐, 아니면 의미 있는 죽음을 맞느냐 하는 문제이다. 그러나 전쟁의 구조적인 쟁점들은 전쟁의 원인, 지휘권을 갖는 사람의 유형, 그것이 정치적·경제적·가족적·종교적 제도에 끼치는 영향, 그리고 국민국가로 이루어진 세계의 무조직적인 무책임성과 관계 있다.

다음엔 결혼에 대해서 생각해보자. 결혼 생활 안에서는 남녀의 개인적인 문제를 경험할 수 있지만, 결혼 이후 첫 4년간의 이혼율이 1,000쌍당 250쌍에 이른다고 하면 이는 결혼, 가족 및 이와 관련된 여러 제도들에 구조적인 문제가 있음을 의미한다.

또는 대도시, 끔찍하면서도 아름답고 추하면서도 멋있게 뻗어 있는 대도시를 생각해보자. 대부분의 상류층 사람들에게 '도시 문제'의 개인적 해결이란 개인용 차고가 있는 도심지의 아파트를 소유하고 도심지에서 40마일 떨어진 교외에 헨리 힐(Henry Hill: 미국의 유명한 건축설계가—옮긴이 주)이 설계하고 에크보(Garret Eckbo: 유명한 정원사—옮긴이 주)가 정원을 가꾼 100에이커짜리 저택을 갖는 것이다. 이 두 가지의 통제된 환경에서는—양쪽에 몇 명의 고용인을 두고 자가용 헬리콥터가 있으면—대부분의 사람들이 도시라는 현상 때문에 일어난 개인 환경의 문제를 많이 해결할 수 있을 것이다. 그러나 아무리 호화롭다 해도 이 모든 것이 도시의 구조적 사실에서 발생하는 공공 문제를 해결하지는 못한다. 도시라는 이 굉장한 괴물 자체에 어떤 조치를 취해야 하는가? 그것을 여러 단위 구획으로 분산하여 주거와 직장을 하나로 결합할 것인가? 혹은 현상태로 두고 개량할 것인가? 아니면 주민을 철거시킨 다음 다이너마이트로 폭파시키고 새로운 곳에 새로운 계획에 따라 신도시를 건설할 것인가? 그런 계획은 어떠해야 하는가? 그리고 어떤 선택이든 그것을 누가 결정하고 수행할 것인가? 바로 이러한 것들이 구조적인 쟁점이다. 이 문제를 제대로 해결하기 위해서는 수많은 개인 환경에 영향을 미치는 정치적·경제적 쟁점에 대한 고찰이 필요하다.

경제구조상 불황이 불가피하다면, 실업 문제는 개인적으로 해결할 수 없다. 전쟁이 국민국가 체제와 세계 각국의 불균형한 공업화에 내재하는 것이라면, 국한된 환경에서 살고 있는 개인은—정신과 의사의 도움이 있든 없든 간에—이와 같은 체제 혹은 체제의 부재로 인한 문제를 해결할 수 없다. 가족이라는 제도가 여성을 귀여운 노예로, 남성을 주된 공급자와 젖을 못 뗀 피부양자로 만들어버린다면, 가족스러운 결혼 생활 문제는 순전히 사사로운 해결책만으로는 해소될 수 없다. 과잉 개발된 거대 도시와 자동차의 과잉 발달이 과잉 개발 사회(overdeveloped society)의 내재적 특성이라면, 도시 생활의 문제가 어느 개인의 창의(創意)나 부(富)로는 해결되지 않을 것이다.

앞에서 기술한 바와 같이 우리가 여러 특수한 환경에서 경험하는 것은 구조적 변동에 기인하는 경우가 많다. 따라서 수많은 개인적 환경의 변화를 이해하기 위해서는 그 범위를 넘어서까지 살펴볼 필요가 있다. 그리고 우리가 몸담고 살고 있는 제도가 보다 포괄적이고 보다 복잡 미묘하게 상호 관련될수록 그러한 구조적 변화의 수(數)와 다양성은 증대한다. 사회구조의 관념을 인식하고 그것을 분별 있게 이용한다는 것은 극히 다양한 환경 중에서 그러한 관계를 추조할 줄 안다는 의미이며, 그것을 할 줄 안다는 것은 곧 사회학적 상상력을 지니고 있다는 의미이다.

3

그러면 오늘날의 주요한 공적 쟁점과 가장 큰 개인적 문제들은 무엇인가? 이들 문제를 파악하기 위해서는 우리가 소중히 여기는 가치 중에서 이 시대의 특징적 경향에 위협당하는 것은 무엇이고 지지받는 것은 무엇인가 하는 의문을 제기해야 한다. 위협과 지지를 모두 받는 경우라면, 어떤 두드러진 구조적 모순이 관련되어 있느냐의 문제가 될 것이다.

어떤 가치관을 품고 그것이 위협받는다고 느끼지 않을 때 사람들은 '행복'을 경험한다. 그러나 그것이 위협받는다고 느낄 때는 개인 문제로든 공공 문제로든 일종의 위기를 경험한다. 만일 그들의 모든 가치가 위협받는 것처럼 보이면 그들은 극단적인 공포의 위협을 느낀다.

그러나 사람들이 소중한 가치에 대한 인식도 없고 아무런 위협도 느끼지 않는 경우를 가정해보자. 그것은 곧 '무관심'의 경험이며, 만약 그것이 그들의 모든 가치에 관련된 것처럼 보이면 그것은 무감각이 되어버린다. 마지막으로, 사람들이 소중한 가치를 전혀 의식하지 않지만 일종의 위협을 느끼는 경우를 가정해보자. 이것이야말로 '불안'과 초조의 경험이며, 만일 그것이 일반적일 경우에는 치명적이고 종잡을 수 없는 불쾌감이 된다.

현대는 불안과 무관심의 시대이다. 이성과 분별력이 작용할 만한 터전이 정립되어 있지 않다. 개인의 삶에서는 가치와 그에 대한 위협으로 규정되는 개인 문제보다는 모호한 불안의 고통이, 명백한 공공 문제보다는 단지 어딘가 잘못된 것 같다는 어리둥절한 느낌이 더 많다. 위협을 받는 가치가 무엇이며 그것을 위협하는 것이 과연 무엇인지 밝혀진 적은 없다. 간단히 말해서, 그것들은 결정 지점까지 옮겨지지 못했다. 그러니 사회과학의 문제들로 올바로 정립될 리가 없다.

1930년대에는 경제 문제가 일단의 개인 문제인 동시에 하나의 공공 문제라는 사실을 의심하는 사람은, 착각에 빠진 일부 실업가들을 제외하고는 거의 없었다. '자본주의의 위기'를 둘러싼 이 논의에서 마르크스의 공식화와 그의 이론에 대한 실질적인 재정립들이 쟁점 구명의 주요 도구로 쓰였으며, 어떤 이들은 자신의 개인 문제를 이와 같은 관점에서 이해했다. 모든 사람들이 소중히 여기는 가치가 위협받고 있음이 명백히 보였고, 가치를 위협하는 구조적인 모순도 명백한 듯했다. 사람들은 이 두 가지를 폭넓게, 그리고 심각하게 경험했다. 그야말로 정치적인 시대였다.

그러나 제2차 세계대전 후로는 위협받는 가치가 가치로 널리 인정받지 못했을 뿐더러 위협받는다고 느껴지지도 않았다. 많은 개인적인 불안이 문제로 정립되지도 않았으며, 수많은 공중의 불안과 구조적인 중요성을 지닌 많은 결정들이 공공 문제화되지도 않았다. 이성과 자유 같은 전승된 가치들을 받아들이는 사람들에게는 불안 그 자체가 개인 문제이며, 무관심 그 자체가 공공 문제이다. 그리고 바로 이러한 불안과 무관심이라는 상황이야말로 우리 시대의 현저한 특징이다.

이 모든 것이 너무나 뚜렷하기 때문에 관찰자들은 그것을 곧 정립되어야 할 문제 자체의 변화로 해석하기도 한다. 우리가 흔히 듣는 바로는, 1950년대의 문제 또는 현대의 위기가 경제 같은 외적인 영역으로부터 옮겨가서 이제는 개인 생활의 질과 관계된다고 한다. 사실은 개인 생활이라고 부를 만한 것이 있는가 하는 문제와 관련된다. 유년 노동 대신에 만화책이, 빈곤 대신에 대중의 여가가 주된 관심의 대상이다. 많은 개인 문제들과 더불어 많은 대규모의 공공 문제들이 '정신병리학'의 관점에서 설명되는데, 이는 현대의 중대한 문제들을 호피하려는 애처로운 시도처럼 보인다. 이러한 태도는 세계 인구의 3분의 2를 무시한 채 서구 사회 특히 미국 사회에만 국한된 편협한 관심에 입각하고 있는 것 같다. 그것은 그 생활이 일어나는 거대한 제도로부터, 그리고 유아기의 내밀한 환경보다 가끔씩은 더 심각하게 개인 생활에 영향을 미치는 거대한 제도로부터 개인 생활을 임의적으로 분리시키기도 한다.

가령, 여가 문제는 노동 문제를 고려하지 않고는 언급조차 할 수 없다. 만화책 때문에 생기는 가정 문제도 현대 가족의 곤경을 사회구조상 새로운 제도와의 새로운 관계 속에서 고려하지 않고는 문제로 파악될 수 없다. 여가나 그 여가의 한심한 이용도 불안과 무관심이 현재 미국 사회의 사회적·개인적 풍토를 어느 정도까지나 형성하는가를 고려하지 않고는 문제로 이해될 수 없다. 이러한 풍토에서는 조직화된 경제 속에서 노동하는 사람들의 생애 자체의 일부인 야망(野望)의 위기를 인식하지 않고는 어떠한 '개인 생활'의 문제도 명시하고 해결할 수 없다.

정신분석학자들이 늘 지적하는 바와 같이, 사람들은 "자기들이 규정할 수 없는 막연한 내적 힘에 조종당하는 듯한 느낌을 점점 갖는다". 그러나 "인간의 주요 적(敵)과 위험물은 자신의 제어하기 힘든 본성과 자기 내부의 어두운 힘"이라는 어니스트 존스(Ernest Jones)의 주장은 결코 사실이 '아니다'. 정반대로 오늘날 '인간의 주된 위험'은 현대 사회 자체의 제어하기 힘든 힘과 함께 인간을 소외시키는 사회적 생산 방식, 점점 조여오는 정치적 지배 기술, 그리고 국제적 무정부 상태 등, 한마디로 말해서 '인간성' 자체와 인간 생활의 조건 및 목적 들의 변형에 있다.

따라서 사회과학자의 가장 중요한 정치적·지적 과제—여기서는 그 두 가지가 일치한다—는 현대의 불안과 무관심을 이루는 요소를 명백히 밝혀내는 것이다. 이것이야말로 다른 문화 분야에 종사하는 사람들—자연과학자, 예술가, 그리고 일반적인 지식인 단체—이 사회과학자에게 요구하는 핵심 사항이다. 사회과학이 현대라는 문화사적 시기의 공통분모가 되고, 사회학적 상상력이 우리에게 가장 필요한 정신적 자질이 되는 이유는 바로 이러한 과제와 요구 때문이다. 적어도 나는 그렇게 믿는다.

4

어느 지적(知的) 시대에나 한 가지 사고(思考) 양식이 당대 문화 생활의 공통 분모가 되는 경향이 있다. 오늘날에는 수많은 지적 유행이 폭넓게 받아들여졌다가 한두 해 사이에 새로운 것들로 뒤바뀌고 만다. 그러한 유행은 문화의 유희(遊戲)에 양념이 될지는 모르지만 지적 흔적을 전혀 남기지 못한다. 그러나 '뉴턴의 물리학'이나 '다윈의 생물학' 같은 사고 방식은 그렇지 않다. 이러한 지적 세계들은 각기 특정한 사상이나 표상(表象)의 영역을 넘어서까지 영향을 미쳤다. 이와 같은 사상에 입각하여 또는 그로부터 파생된 사상에 기초하여 후세의 무명학자뿐 아니라 유행을 타는 논객(論客)들까지도 견해의 초점을 재조정하고 관심사를 재정립하게 되었다.

근대에 물리학과 생물학은 서구 사회의 진지한 학문적 사고와 대중적인 형이상학의 주요 공통 분모 역할을 했다. '실험실의 기술'은 일반적으로 수용되는 절차 양식과 지적 안전의 원천이 되었다. 바로 이것이 지적 공통 분모라는 개념의 한 가지 의미이다. 즉, 사람들은 그것의 관점에서 가장 강력한 자기의 신념을 진술할 수 있으며, 다른 사고 방식은 단지 도피 내지는 초점을 흐려버리려는 수단처럼 보인다는 뜻이다.

하나의 공통 분모가 지배적이라고 해서 다른 사고 방식이나 감각 양식이 존재하지 않는 것은 물론 아니다. 그러나 적어도 일반적인 성격의 지적 관심들은 이 영역으로 흡수되는 경향이 있으며, 거기에서 가장 날카롭게 정립되고, 그렇게 정립되고 나면 해결까지는 몰라도 적어도 유익한 방향에 어느 정도 닿은 것으로 생각하는 경향이 있음을 의미한다.

이제는 사회학적 상상력이 우리 문화 생활의 주요 공통 분모가 되고 있으며, 현대의 뚜렷한 특성이 되어가고 있다. 이러한 정신적 자질은 사회과학과 심리학에서 찾을 수 있지만, 그것은 현재 우리가 알고 있는 사회과학이나 심리학의 범위를 훨씬 넘어선다. 개인이나 문화 공동체의 이러한 자질 습득은 대개 느리고 흔히 서투르다. 많은 사회학자들은 스스로 이것을 의식하지 못하고 있다. 그들은 이 상상력을 이용하는 것이 최선의 학문적 작업에 중요하며, 그것을 개발하고 이용하지 못하면 그들에게 요구되는, 그리고 그들 각 분야의 고전적 전통이 그들에게 부여하는 문화적 기대에 부응하지 못한다는 사실을 모르는 것 같다.

그러나 사실적이고 도덕적인 관심에서, 그리고 문학 작품과 정치 분석에서도 이러한 상상력의 자질이 한결같이 필요하다. 극히 다양한 표현으로 그 자질은 지적 노력과 문화적 감각의 중심적인 특징이 되었다. 지도적 위치에 있는 비평가들이 이러한 자질을 보여주며 진지한 저널리스트 역시 마찬가지이다. 사실 비평가들과 저널리스트들의 작업은 이러한 관점에서 판단되곤 한다. 일반적인 비평 범주―예를 들면 고급, 중급, 저급―는 이제는 심미적인 것만큼이나 사회학적이다. 진지한 작품으로 인간 현실의 가장 광범위한 규정을 구현하는 소설가들 역시 흔히 이러한 상상력을 지니고 있으며, 이 상상력의 요구에 답하기 위하여 노력한다. 이러한 상상력을 통하여 역사로서의 현재에 대한 방향 설정을 추구한다. '인간성'의 이미지가 점점 문제시되면서, 시민의 불안과 이데올로기적 갈등이 극심한 이 시대에 인간의 본성을 드러내보이는〔또 형성해주는〕 사회적 관례와 격변에 대해 보다 치밀하고 상상력이 풍부한 주의를 기울일 필요가 점차 커지고 있다. 상상력을 이용하려는 시도가 유행처럼 나타날 때도 있지만, 사회학적 상상력은 결코 단순한 유행이 아니다. 우리 자신의 내밀한 현실을 보다 큰 사회적 현실과 결부시켜 이해할 수 있도록 가장 극적으로 보증해주는 것은 다름 아닌 정신적 자질이다. 그것은 그저 오늘날의 다양한 문화적 감수성 중의 한 가지 자질이 아니라, 바로 '이' 감수성을 보다 광범위하고 정교하게 이용함으로써 다른 모든 감수성들이―사실은 인간의 이성 자체가―인간사에 더 큰 구실을 할 수 있게 해주는 중요한 자질이다.

 과거의 주요 공통 분모였던 자연과학의 문화적 의미가 점차 의문시되면서 하나의 지적 양식으로서의 자연과학은 다소 부적당한 것으로 여겨지고 있다. 물론 사고와 감정, 상상력과 감수성이 지닌 과학적 양식의 타당성은 처음부터 신학적 논쟁과 종교적 의문의 대상이었지만, 우리의 과학적 선조들은 그러한 종교적 의문을 뒤엎어버렸다. 오늘날의 의문들은 세속적이고 인도주의적이며, 때로는 극히 혼란스럽기도 하다. 수소 폭탄과 그것을 지구에 운반하는 방법을 발명함으로써 기술상의 절정을 이룬, 자연과학의 최근의 발전은 보다 광범위한 지적 공동체와 공중이 널리 인식하고 깊이 생각한 문제들에 대한 해결책이 되어주지 못했다. 이들 발전을 고도로 전문화된 연구의 결과로 보는 것은 정당하지만, 놀라울 만큼 신비스러운 것으로 느끼는 것은 옳지 않다. 그것들은 문제를 해결하기보다는 오히려 지적이고 도덕적인 문제를 야기시켰다. 이렇게 야기된 문제는 물리적 현상보다는 오히려 사회적 영역에 속한다. 자연 정복, 빈곤 극복은 과잉 발전된 사회에 사는 사람들에게는 거의 완성된 것으로 느껴진다. 그런데 이러한 사회에서 주요 정복 수단이었던 과학이 이제는 재평가가 필요한, 목적을 상실한 제멋대로의 존재로 느껴지고 있다.

 근대 과학에 대한 존중은 오랫동안 유지되어왔지만, 이제 과학과 결부된 기술자적 상상력과 과학기술적 에토스는 희망적이고 진보적이기보다는 오히려 공포심을 자아내고 애매모호한 듯하다. 물론 이것이 '과학'에 대한 모든 것은 아니지만, 그렇게 될지도 모른다. 자연과학에 대한 재평가가 필요하다는 사실을 절감하고 있다는 것은 새로운 공통 분모가 필요함을 의미한다. 오늘날 잔혹한 재평가를 당하는 것은 과학의 인간적인 의미와 사회적 역할, 과학의 군사적이고 상업적인 의의, 과학의 정치적 중요성 등이다. 과학에 의한 무기의 발달은 세계 정치 질서의 재조정의

'필요성'으로 이어질 것이다. 그러나 그러한 필요성이 자연과학 그 자체로 해결될 것 같지는 않다.

그동안 '과학'으로 통용되어온 많은 것들이 이제는 의심쩍은 철학으로 여겨지며, '진정한 과학'(real science)으로 간주되어온 많은 것들이 인간 현실의 혼란스러운 단편들만을 제공하는 것으로 느껴질 때가 많다. 과학자들이 전체적인 현실을 묘사하거나 인간 운명의 진정한 윤곽을 제시하려는 노력을 더 이상 하지 않는다는 느낌이 지배적이다. 더구나 '과학'은 하나의 창조적인 에토스나 지향 방식이라기보다는, 과학을 에토스나 지향으로 구현하거나 이해하지 않는 기술자들이 관리하고 경제 및 군사 전문가들이 조종하는 일단의 '과학 기계'(Science Machines)처럼 보인다. 한편, 과학이라는 이름으로 이야기하는 철학자들은 그것을 '과학주의'(scientism)로 변형시켜 과학적 경험을 인간적 경험과 동일시하면서 과학적 방식으로만 인간 문제를 해결할 수 있다고 주장한다. 이 모든 것 때문에 많은 문화계 종사자들은 과학이 허풍만 센 가짜 구세주가 아니면 고작해야 현대 문명의 극히 애매모호한 한 요소에 지나지 않는다고 느끼게 되었다.

그러나 스노(C. P. Snow)에 의하면 '두 문화', 즉 과학적인 문화와 인간주의적인 문화가 있다. 역사건 연극이건, 전기건 시건 소설이건 간에 이제까지 인간주의적 문화의 진수는 문학이었다. 그런데 요즘에는 진지한 문학이 여러 방법으로 이류 예술이 되어버렸다고들 이야기한다. 만일 이 말이 사실이라면, 그것은 단지 대중적 공중과 대중 매체의 발달 때문만은 아니며, 또 이들이 진지한 문학 작품에 대해 지니는 의미 때문만은 아니다. 그것은 오늘날의 역사의 성격 그 자체와 분별력 있는 사람들이 그러한 성격을 파악하기 위해 느끼는 필요 때문이기도 하다.

어떤 소설, 어떤 저널리즘, 어떤 예술 활동이 오늘날의 역사적 현실과 정치적 사실에 대항할 수 있을까? 지옥을 아무리 극적으로 그린다 한들 20세기 전쟁의 사태에 견줄 수 있을까? 어떤 도덕적 고발을 원시적 축적의 고뇌를 겪는 사람들의 도덕적 무감각에 견줄 수 있을까? 사람들이 알고 싶어하는 것은 사회적·역사적 현실이지만, 현대 문학은 그것을 알기 위한 적당한 수단이 되어주지 못한다. 사람들은 사실을 알고자 갈망하며, 그런 사실들의 의미를 찾고, 그들이 믿을 수 있고 그 속에서 자신을 이해할 수 있는 '커다란 전체상'을 원한다. 그들은 또한 지향할 가치, 적절한 감정 방식과 정서 양식, 동기의 어휘들을 원한다. 그러나 오늘날의 문학에서는 이런 것들을 쉽사리 찾을 수 없다. 이러한 자질이 문학에서 발견되느냐 안 되느냐는 중요하지 않다. 문제는 사람들이 종종 그런 것들을 문학에서 발견하지 못한다는 것이다.

과거에는 작가들이 비평가나 역사가의 입장에서 영국이나 미국으로 떠난 여행에 관한 글을 썼다. 그들은 사회를 하나의 전체로서 그 특성을 밝히고 그 도덕적 의미를 밝히려고 했다. 토크빌(Tocqueville)이나 텐(Taine)이 오늘날 살아 있다면 사회학자가 되지 않았을까? 텐에 관해 이런 질문을 제기하면서 『타임스』(런던)는 다음과 같이 말한다.

> 텐은 항상 인간을 사회적 동물로, 사회를 여러 집단의 집합체로 보았다. 그는 용의주도한 관찰자, 지칠 줄 모르는 현지 연구가, 사회 현상 간의 관계를 지각하는 데 특히 가치 있는 탄력성이라는 자질을 지닌 사람이었다. 그는 현재에 너무 큰 관심을 쏟았기 때문에 훌륭한 역사가가 되지 못했고, 너무 이론적이었기 때문에 소설가가 되지 못했으며, 문학을 너무 한 시대나 한 국가의 기록으로 보았기 때문에 일류 비평가가 되지 못했다. …… 그의 영국 문학에 관한 저술은 영국 문학이기보다는 오히려 영국 사회의 도덕에 관한 논평이자 자신의 실증주의를 전달하기 위한 수단이었다. 그는 무엇보다도 틀림없는 사회이론가였다.[1]

그가 '사회과학자'가 아니라 '문학가'로 남은 사실은 19세기의 사회과학이 자연과학으로 발견될 듯한 것들에 버금가는 '법칙'을 찾고자 하는 열정에 지배되었음을 입증해준다. 적절한 사회과학이 없었으므로 비평가와 소설가, 극작가와 시인 들이 개인 문제는 물론 공공 문제까지도 정립하는 주요한, 때로는 유일한 사람들이었다. 예술은 그런 감정들을 표현하고 때로는—최선의 경우에는 극적으로 날카롭게—그에 초점을 맞추기도 하지만, 그것의 이해와 경감에 필요한 지적 명료성이 부족하다. 예술은 이들 감정을, 오늘날 인간이 겪는 불안과 무관심, 그리고 거기서 초래되는 제어 불가능한 불행을 극복하려면 대항해야 하는 공공 문제와 개인 문제를 포괄하는 문제들로 파악하지 않고 또 파악하지 못한다. 실제로 예술가는 이런 노력을 잘 하지 않는다. 더구나 진지한 예술가는 그 자신이 고민투성이이며, 따라서 사회학적 상상력으로 활발해진 사회과학에서 지적이고 문화적인 도움을 받으면 작업을 잘 해나갈 수 있다.

5

나는 이 책에서 오늘날의 문화적 과제에 대한 사회과학의 의미를 규정하고자 한다. 또 사회학적 상상력 발달의 근저를 이루어온 노력을 구체화시키고, 문화적 생활뿐 아니라 정치적 생활에 대한 사회학적 상상력의 함축된 의미를 밝히며, 이 상상력을 획득하는 데 필요한 것을 제시하고자 한다. 이런 방법으로 오늘날 사회과학의 성격과 용도를 분명히 하고, 오늘날 미국의 사회과학이 처한 상황을 약간 언급하고자 한다.[2)]

---

1) *Times Literary Supplement*, 15 November 1957.

물론 어느 경우에나 '사회과학'은 사회과학자로 정당히 인정받는 사람들이 행하는 일들로 이루어지지만, 그들이 모두 같은 일을 하는 것은 아니며, 심지어 실제로 같은 종류의 일을 하는 것도 아니다. 또한 사회과학은 과거의 사회과학자들이 한 것이다. 그러나 학자마다 각기 상이한 전통을 선택하여 구성하고 재생시킨다. 내가 말하는 '사회과학의 약속'

2) 나는 '사회과학'(social sciences)이라는 말보다는 '사회 연구'(social studies)라는 말을 좋아한다는 점을 밝혀야겠다. 그 이유는 내가 자연과학자를 좋아하지 않기 때문이 아니라(오히려 그들을 매우 좋아한다) '과학'(science)이라는 말이 큰 위신과 다소 불명료한 의미를 획득했기 때문이다. 나는 그러한 위신을 훔치거나, 그 말을 철학적 은유로 사용함으로써 그 의미를 더 불명료하게 하고 싶지는 않다. 그러나 내가 '사회 연구'에 대해 쓸 경우, 독자들이 인간 학습의 모든 분야 중에서 내가 가장 결부시키기 싫어하는 과목인 고등학교 사회 과목만을 생각할까 두렵다. '행동과학'(Behavioural Science)이란 말은 전혀 불가능하다. 그것은 '사회과학'과 '사회주의'를 혼동하는 재단(財團)이나 국회의원들에게서 사회조사 자금을 빼내기 위해 고안된 선전용 책략으로 보인다. 가장 좋은 용어는 역사를 포함할 것이다(그리고 그것이 인간과 관련되는 한 심리학을 포함할 것이다). 또 가능한 한 논란의 여지가 없어야 하는데, 왜냐하면 우리는 용어를 놓고 싸우는 게 아니라 그것을 논의해야 하기 때문이다. 아마 '인간 과목'(human disciplines)이라는 말이 좋을 것이다. 그러나 염려하지 말라. 너무 크게 오해받지 않으리라는 희망을 갖고 관례에 준하여 보다 표준적인 '사회과학'이라는 말을 사용할 작정이다.
또 한 가지, 나의 동료들이 '사회학적 상상력'이라는 용어를 인정하기를 바란다. 내 원고를 읽은 정치학자는 '정치학적 상상력'이란 말을, 인류학자는 '인류학적 상상력'을 제안했다. 보다 중요한 것은 용어가 아니라 개념이며, 그것은 이 책 전체를 통하여 분명해질 것이다. 내가 그 용어를 쓴다고 해서 단지 학문적인 '사회학'만을 지지하는 것은 아니다. 이 말이 나에게 의미하는 바의 대부분은 사회학자에 의해서 전혀 표명된 적이 없다. 예를 들어, 영국에서는 학문적인 학과로서의 사회학은 주변적인 분야였지만, 많은 영국 저널리즘, 소설, 특히 역사학에서는 사회학적 상상력이 실제로 극히 발전했다. 프랑스의 경우도 비슷하다. 제2차 세계대전 후 프랑스 사상의 다양성과 대담함은 모두 운명의 사회학적 특징에 대한 현대인의 감각에 근거한 것이었으며, 이러한 경향을 담당한 것은 전문적인 사회학자가 아니라 문인(文人)들이었다. 그런데 내가 사회학적 상상력이란 말을 사용하는 이유는 다음과 같다. (1) 모든 구두 수선공이 가죽을 유일한 것으로 생각하듯이, 좋건 나쁘건 간에 나는 사회학자다. (2) 나는 역사적으로 다른 사회과학자보다는 고전적 사회학자가 정신적 자질을 보다 자주, 그리고 한층 생생하게 표현해왔다고 생각한다. (3) 나는 앞으로 기묘한 여러 사회학파를 비판적으로 검토할 작정이기 때문에 내 입장을 표명해줄 용어가 필요하다.

이 나는 내 생각 그대로의 약속으로 비치기를 바란다.

지금 사회과학자들 사이에는 자신이 택한 연구가 어떤 방향을 취할 것인가에 대한 지적이고 도덕적인 불안감이 만연해 있다. 나는 이러한 불안감과 그것을 조장하는 불행한 경향은 현대의 지적 생활이 지닌 일반적인 불안의 한 부분이라고 생각한다. 그러나 아마 이러한 불안감은 사회과학자들에게 더욱 극심할 텐데, 그들 분야의 초기 업적들을 주도한 거창한 약속 때문에, 그들이 취급하는 주제의 성격 때문에, 그리고 오늘날 유의미한 연구 작업에 대한 긴박한 요구 때문에 그것은 더욱더 심해진다.

모든 사람이 이러한 불안을 겪는 것은 아니다. 그러나 많은 사람들이 그러한 불안을 겪지 않고 있다는 사실 자체가, 사회과학의 약속에 민감하고 대부분의 현행 노력의 허례적인 범용(凡庸)을 인정할 만큼 정직한 사람들에게 한층 더 극심한 불안을 야기시키는 요인이다. 솔직히 말해서 이러한 불안을 더욱 조장하여 그 원천을 규명하고, 그 불안을 사회과학의 약속을 실현하겠다는 구체적인 욕구로 변형시켜 새로운 출발을 위한 기초 작업을 하는 것이 나의 희망이다. 요컨대 가까이에 있는 과제들과, 이루어져야 하는 과업을 수행하는 데 유용한 몇몇 수단을 제시하고자 한다.

내가 주장하는 사회과학의 개념은 아직은 유력하지 않다. 나의 개념은 '방법론적' 허세로 사회에 대한 탐구를 저해하며, 그런 탐구를 우민주의적(愚民主義的) 개념으로 채워버리거나 공적으로 중요한 문제와는 전혀 무관한 사소한 문제에 관심을 둠으로써 연구를 보잘것없는 것으로 만들어버리는 일단의 관료주의적 기술로서의 사회과학과는 정반대이다. 이와 같은 장애 요인과 난해성, 천박성 때문에 오늘날 사회 연구는 위기를 맞았으며, 그 위기로부터의 탈출구도 제시되지 못하고 있다.

어떤 사회과학자들은 '기술자들의 조사팀'의 필요성을 강조하는가

하면, 또 어떤 사람들은 개별 학자의 우위성을 강조한다. 그리고 일부에서는 연구 방법과 연구 기술의 정제에 정력을 소모하는가 하면, 다른 일부에서는 지적 장인(匠人)의 학문적 태도가 그동안 방치되었으므로 그것을 회복시켜야 한다고 생각한다. 어떤 학자들은 엄격한 기계적 절차에 따라 작업을 수행하는 데 반해, 또 다른 학자들은 사회학적 상상력을 개발하고 도입하여 사용하려고 한다. 고도의 형식주의적 '이론'에 탐닉해 있는 사람들은 남들 눈에는 아주 야릇해보이는 방법으로 개념들을 종합하고 분해하는 데 반해, 또 다른 사람들은 감수성의 범위와 이성의 한계를 넓혀주는 것이 확실할 때만 용어를 만들 필요가 있다고 주장한다. 어떤 학자들은 소규모의 환경만을 정밀하게 연구하여 종국에 가서 대규모의 구조를 '건축'하려고 하는 반면에, 다른 학자들은 사회구조 자체를 검토함으로써 그 속에 있는 수많은 소규모 환경을 '파악'하려고 한다. 또 어떤 사람들은 비교 연구를 완전히 무시한 채 특정 시대, 특정 사회의 소규모 공동체 하나만 연구하는 데 반해, 다른 사람들은 완전한 비교 연구를 통해 전세계 국가의 사회구조를 직접적으로 다룬다. 극히 짧은 일정 기간의 인간사만 정밀히 연구하는 사람들이 있는가 하면, 장기적인 역사적 시각에서만 명백히 드러나는 문제에 관심을 갖는 사람도 있다. 또 대학의 학과(學科) 구분에 따라 전문적인 연구를 하는 사람도 있고, 학과 구분에 개의치 않고 문제나 주제에 입각하여 전문적인 연구를 하는 사람도 있다. 또 역사와 한 개인의 일생과 사회의 다양성을 전체적으로 연구하는 사람이 있는가 하면, 그렇지 않은 사람도 있다.

이러한 차이, 그리고 이와 비슷한 많은 차이들이 정치적인 격렬한 논쟁이나 전문화의 나태한 안일 속에서 받아들여지기는 하지만, 반드시 양자 택일의 문제라고는 할 수 없다. 여기서는 단지 발단 형태로 이야기하고, 이 책의 끝에 가서 다시 언급하겠다. 물론 나는 판단이란 숨김없이 명백해야 한다고 생각하므로 나 자신의 편견도 모두 드러나기를 바란다.

그렇지만 나 자신의 판단과는 무관하게 사회과학의 문화적·정치적 의미를 진술하도록 할 것이다. 물론 내 편견이 다른 사람들의 편견보다 좋거나 나쁘다고는 말할 수 없다. 다만 내가 바라는 것은 나 자신이 나의 편견을 명백히 하고 시인하듯이, 나의 편견을 못마땅하게 생각하는 사람들도 내 편견을 거부함으로써 자기의 편견을 명백히 하라는 것이다. 그러면 사회 연구의 도덕적 문제, 즉 공공 문제로서의 사회과학의 문제가 분명히 인식되고, 논의가 가능해질 것이다. 그리하여 우리 모두가 자기 자신을 한층 잘 이해하게 되며, 바로 이것이 사회과학적 연구 전반에 걸친 객관성을 얻는 선행 조건이다.

간단히 말해서, 나는 이른바 고전적 사회 분석이라고 하는 것은 해석 가능하고 이용 가치가 있는 일련의 전통이며, 그것의 본질적 특성은 역사적인 사회구조에 대한 관심이고, 그것이 다루는 문제는 긴급한 공공 문제와 뚜렷한 인간적 문제와 직접 관련된다고 생각한다. 또한 나는 사회과학 내부에나 그것의 학문적·정치적 환경 내부에나 이러한 전통을 존속하는 데 대한 큰 장애물이 있고, 그럼에도 불구하고 그러한 전통을 이루는 정신적 자질이 우리의 보편적 문화 생활의 공통 분모가 되며, 비록 막연하고 혼란스럽게 다양한 탈을 쓰고 있기는 하지만 그와 같은 정신적 자질이 하나의 요건으로 인식되고 있다고 믿는다.

그런데 특히 미국의 전문 사회과학자들은 오늘날 그들이 직면한 이러한 도전을 받아들이기를 꺼리는 것처럼 보인다. 실제로 많은 이들이 사회 분석의 지적·정치적 임무를 기피하고 있다. 또 어떤 사람들은 부과된 역할을 수행할 수준조차 되지 못한다. 때때로 그들은 거의 의식적으로 과거의 낡은 책략을 표면에 내세우고 새로운 소심증(小心症)을 개발하는 것처럼 보인다. 그러나 이러한 사회과학자의 못마땅한 처신에도 불구하고, 그들이 아마 연구하고 있을 사회에 지적이고 공적인 관심이 집중되기 때문에 사실 이들 사회과학자들만이 유일한 기회를 향유하고 있음을 인정해야 할 것이다. 이러한 기회를 통하여 사회과학의 지적 약속과 사회학적 상상력의 문화적 유용성, 인간과 사회에 대한 연구의 정치적 의미가 분명히 드러난다.

6

자칭 사회학자에게는 매우 난처하게도, 앞으로의 장(章)에서 내가 고찰하려는 모든 불행한 경향들—어쩌면 하나는 예외일지도 모른다—은 일반적으로 '사회학 분야'로 간주된다. 물론 그 속에 잠재한 문화적·정치적 기피는 다른 여러 사회과학의 일상적 작업에서도 분명히 드러나지만 말이다. 정치학, 경제학, 역사학, 인류학 등의 학문이 어떻든 간에, 분명 오늘날 미국에서는 사회학이라 알려진 학문이 사회과학에 대한 반성의 핵심이 되었다. 사회학은 방법론적 관심의 핵심이 되었으며, 우리는 또한 그 안에서 '일반 이론'(general theory)에 대한 극단적인 관심을 발견한다. 실로 놀라우리만큼 다양한 지적 작업이 사회학적 전통을 전개하는 데 참여했다. 따라서 이러한 다양한 작업을 '단 하나의 전통'으로 해석하는 것은 그야말로 철면피한 짓이다. 그렇지만 오늘날 사회학적 연구로 인정되는 것이 다음의 세 방향 중 어느 한두 방향으로 움직이는 경향이 있었음은 일반적으로 동의할 것이다. 그런데 각 방향은 왜곡되어 도를 넘을 가능성이 많다.

경향 Ⅰ: 역사 이론을 향하여. 예를 들어 콩트, 마르크스, 스펜서, 밀, 베버에게 사회학은 인간의 사회 생활 전반에 관련된 백과사전적 작업이다. 그것은 역사적인 동시에 체계적이다. 과거의 자료를 다루고 이용하기 때문에 역사적이며, 역사적 자료를 이용하여 역사적 과정의 '단계'와 사회 생활의 규칙성을 밝히기 때문에 체계적이다.

인류 역사의 이론은 너무 쉽게 왜곡되어, 인류 역사의 자료에 억지로 입힌, 그리고 미래에 대한 예언적 견해(대개는 어두운 것들이다)를 초래하는 초역사적인 스트레이트 재킷(strait-jacket: 미치광이나 난폭한 죄수 등에게 입히는 구속용 재킷—옮긴이 주)이 될 수 있다. 아널드 토인비(Arnold Toynbee)와 오스발트 슈펭글러(Oswald Spengler)의 연구는 잘 알려진 예이다.

경향 Ⅱ: '인간과 사회의 성격'에 대한 체계적 이론의 정립을 향하여. 예를 들면, 지멜(Simmel)과 폰 비제(Von Wiese) 같은 형식주의자들의 저작에서는 사회학이 모든 사회 관계를 분류하고 그 불변적 특성에 대한 통찰력을 제공하기 위한 개념들을 취급한다. 간단히 말해서 사회구조의 구성요소들을 높은 수준의 일반성 위에서 정태적이고 추상적으로 관찰하는 것이다.

경향 Ⅰ의 왜곡에 대한 반동으로 역사가 완전히 버려질 수도 있다. 그리하여 인간과 사회의 성격에 관한 체계적인 이론이 너무 쉽게 정교하고 무미건조한 형식주의가 되어 '개념'을 분할하거나 끊임없이 재정리하는 일이 중심 일거리가 되어버리기 쉽다. 내가 '거대이론가'라고 부르는 학파에서는 개념 구성이 실제로 '개념'이 되어버렸다. 탈콧 파슨스(Talcott Parsons)의 연구가 현대 미국 사회학의 전형적인 예이다.

경향 Ⅲ: 당대의 사회적 사실과 문제들에 대한 경험적 연구를 향하여. 1914년경까지만 해도 콩트와 스펜서가 미국 사회과학의 주요 지주(支柱)였으며, 독일의 이론적 영향이 크기는 했지만 경험적 조사가 미국에서 중심적인 위치를 차지한 것은 상당히 일찍부터였다. 이는 경제학과 정치학이 앞서 학계에서 자리잡은 결과이기도 하다. 이러한 여건에서는 사회학이 사회의 어떤 특정 영역에 대한 연구로 규정되는 한, 그것은 다른 여러 사회과학이 취급하고 남은 찌꺼기를 연구하는 일종의 임시 고용인 같은 것이 되기 십상이다. 도시와 가족, 민족과 인종 관계, 그리고 물론 '소집단'에 대한 연구가 있다. 앞으로 보겠지만, 이러한 잡다성(雜多性)은 하나의 사고 양식으로 변형되었는데, 나는 이것을 '자유주의적 실용주의'(liberal practicality)라는 이름하에 살펴보려 한다.

당대의 사실에 관한 연구는 별로 관련도 없고 때로는 중요하지도 않은 환경에 대한 사실들의 열거가 되어버리기 쉽다. 미국의 많은 사회학 교과 과정이 이러한 예를 보여준다. 그중 사회 해체론에 관한 교재들이 단연 그러하다. 또 한편으로는 사회학자들이 거의 모든 것을 조사하는 전문 기술자가 되는 경향이 있었는데, 그들에게는 그러한 연구를 위한 기술적 방법들이 하나의 '방법론'이 되어버렸다. 조지 런드버그(George Lundberg), 새뮤얼 스토퍼(Samuel Stouffer), 스튜어트 도드(Stuart Dodd), 폴 라자스펠드(Paul F. Lazarsfeld) 같은 학자들의 대부분의 저작—더욱 심한 것은 그들의 정신적 자세이다—은 오늘날의 이와 같은 경향을 보여준다. 주의를 분산시키고 방법 자체를 위해 방법을 개발하는 이러한 경향들은 반드시 동시에 나타나지는 않지만 잘 어울리는 동반자들이다.

사회학의 특성들은 위에 열거한 전통적인 여러 경향 중의 하나 혹은 그 이상을 왜곡시킨 것으로 이해할 수 있다. 그러나 사회학의 약속 역시 이러한 경향의 관점에서 이해할 수 있다. 오늘날 미국에서는 여러 서구 사회의 사회학에서 비롯된 다양한 요소와 목표를 구현하는 일종의 '헬레니즘적' 융합이 이루어지고 있다. 위험한 점은 그러한 사회학적 풍요 속에서 다른 사회과학자들은 지나치게 성급해지고, 사회학자들은 '조사'에 급급한 나머지 진실로 가치 있는 유산(遺産)을 놓칠지도 모른다는 것이다. 그러나 우리가 처한 이러한 상황에 기회도 있다. 즉, 사회학적 전통은 사회과학 전체의 풍부한 약속에 대한 최고의 진술을 담고 있으며, 부분적으로나마 그것을 실현시킨 업적도 있다. 사회학도가 그들의 전통에서 발견할 수 있는 뉘앙스와 시사점은 간단히 요약할 수는 없지만, 그것을 자기 것으로 취하는 사회과학자는 누구나 풍부한 보상을 받을 것이다. 그것을 터득함으로써 사회과학적 작업의 새로운 방향을 설정하게 될 것이다.

나는 먼저 사회과학의 습관적인 왜곡들(제2장부터 제6장까지)을 검토한 후에 사회과학의 약속(제7장부터 제10장까지)으로 돌아오고자 한다.

제2장 | 거대이론
Grand Theory

우선 거대이론(grand theory)의 한 표본으로서 탈콧 파슨스의 『사회 체계』(*The Social System*)를 살펴보자. 이 책은 그러한 연구 방식의 태두인 파슨스의 가장 대표적인 저서로 널리 알려져 있다.

> 어떤 상황에 본질적으로 개방되어 있는 대안적 지향들(orientations) 가운데 선택의 준거 기준이나 표준으로 작용하는 공유된 상징 체계(symbolic system)의 한 요소를 가치라 부를 수 있다. …… 그러나 전체 행위의 이러한 동기 지향과 가치 지향적 측면을 상징 체계의 역할 관점에서 서로 구별할 필요가 있다. 가치 지향적 측면이란, 행위자의 단족감-박탈감이라는 관점에서 그 행위자에게 기대되는 것들이 아니라 선택 기준 그 자체의 내용에 관한 것이다. 이런 의미에서 가치 지향의 개념은 문화적 전통의 중심적인 측면을 행위 체계(action system)로 조직화하는 논리적 장치이다.
> 위에 서술한 행위에서의 가치의 역할과 규범적 지향의 파생 때문에 모든 가치는 소위 사회적 관련성(social reference)을 갖는다. …… 바로 이런 행위 체계 속에 행위가 '규범적으로 지향되어' 있다. 이는 이미 설명한 바와 같이 기대의 개념과 행위 이론에서의, 특히 행위자가 목표를 추구하는 '능동적' 상태에서의 그 기대의 위치에서 비롯된다. 이 경우 이 기대의 개념이 소위 상

호작용 과정의 '이중 우연성'(double contingency)과 결합하여 질서(order)라는 지상 최고의 문제를 발생시킨다. 이 질서의 문제는 두 가지 측면으로 구분할 수 있다. 하나는 의사 소통을 가능케 하는 상징 체계의 질서이며, 다른 하나는 기대의 규범적 측면에 대한 동기 지향의 상호성의 질서, 즉 '홉스적'(Hobbesian) 질서이다.

질서의 문제, 따라서 사회적 상호작용의 안정된 체계, 즉 사회구조의 통합 성격에 대한 문제는 행위자들의 동기를, 개인 상호 간의 행위 체계를 통합시키는 여러 규범적 문화 기준에 통합시키는 것에 그 초점을 맞춘다. 이 기준은 앞 장(章)에서 사용된 용어로 하자면 가치 지향의 여러 유형이며, 이 자체가 사회 체계의 문화적 전통을 구성하는 극히 중요한 부분이다.[1]

성급한 독자들은 다음 장으로 건너뛰고 싶은 충동을 느낄지도 모르겠다. 그러나 그 충동을 억제하기 바란다. 개념을 서로 연결시켰다 분해했다 하는 거대이론은 짚고 넘어갈 가치가 있다. 그러나 이 거대이론은 다음 장에서 고찰할 방법론적 금기(methodological inhibition)만큼 중요한 영향을 미치지는 않았다. 왜냐하면 거대이론은 하나의 연구 방법으로서 그 전파가 제한되었기 때문이다. 거대이론은 쉽사리 이해할 수 없으며, 어쩌면 전혀 알 수 없는 것인지도 모른다. 확실히 이 점은 거대이론을 보호해주는, 즉 자기 방위의 이점(利點)이다. 그러나 거대이론이 그 '선언'(pronunciamentos)으로 사회과학자의 연구 방식에 어떤 영향을 미치려고 한다면 그것은 불리한 점이다. 조롱을 위해서가 아니라 사실 그대로를 기술하기 위해서 우리는 사회과학자들이 그 이론의 성과를 어떻게 받아들였는가를 살펴보아야 한다.

---

1) Talcott Parsons, *The Social System*, Glencoe, Illinois, The Free Press, 1951, pp. 12, 36~37.

거대이론을 이해한다고 자처하고 또 그것을 좋아하는 몇몇 사회과학자는 그 이론을 전체 사회과학사의 위대한 진보로 생각한다.

거대이론을 이해한다고는 하나 그것을 좋아하지는 않는 대부분의 사회과학자들은 그것을 쓸데없이 사람을 지루하게 하는 것으로 받아들이고 있다(단지 혐오감과 조급함 때문에 그것을 이해하려고 시도하지 않는 사람들이 있다면, 실제로 이런 현상은 사라질 것이다).

거대이론을 이해하지 못하나 좋아하는 사회과학자들—이런 사회과학자들은 꽤 많다—은 그 이론의 불명료성에 불가사의한 매력을 느낀다.

거대이론을 이해하지도 못하고 또 좋아하지도 않는 사회과학자들—만일 그들의 신념을 공표할 용기가 있다면—은 진실로 임금님은 벌거숭이라고 느낄 것이다.

물론 자기들의 견해를 조정하는 사람들도 많고, 어떤 전문적인 성과를 기다리면서 참을성 있게 중립을 지키는 사람들은 더 많다. 비록 거대이론은 지독한 사상이지만, 대다수의 사회과학자들은 그것이 위험 천만하다는 것을 소문으로만 들어서 알고 있을 뿐, 실제로는 그것을 파악조차 못하고 있다.

따라서 이해 가능함(intelligibility)이라는 문제가 제기된다. 물론 이는 거대이론의 범위를 넘어서는 것이지만,[2] 거대이론가들이 그 문제에 너무 깊이 관련되어 있기 때문에 우리는 다음과 같은 것을 묻지 않을 수 없다. 거대이론은 단순히 쓸데없는 말잔치에 불과한가, 아니면 그 안에 중요한 어떤 것을 담고 있는가? 그에 대한 대답은, '거대이론에는 확실히 무언가가 깊숙이 파묻혀 있지만 그 무언가는 여전히 말해진다'라는 것이 될 것이다. 따라서 문제는 바로 이것이다. 거대이론으로부터 그 의미를 방해하는 모든 것을 제거해서 이해할 수 있기 된다면, 거대이론은 과연

---

[2] 부록 5절 참조.

무엇을 말할까?

1

그 질문에 답할 수 있는 방법은 단 한 가지이다. 즉, 이러한 방식을 지닌 사상의 대표적인 사례를 해설하여 그것을 고찰하는 것이다. 나는 이미 그 예를 선택한 바 있다. 나는 지금 여기서 파슨스의 저작이 지닌 가치를 총체적으로 평가하려는 의도가 없음을 분명히 밝혀두고자 한다. 내가 혹시 파슨스의 다른 책들을 언급한다면, 그것은 단지 이『사회 체계』에 담긴 어떤 사항을 경제적으로 명쾌하게 설명하기 위한 것이다. 『사회 체계』의 내용을 내가 해설한 것이 훌륭하다고는 생각하지 않는다. 다만, 명확한 의미만은 놓치지 않았다고 생각한다. 단언하건대, 이 해설은 원문에 있는 이해 가능한 모든 의미를 포함하고 있다. 특히 단어와 그 단어 간 관계의 정의로부터 무언가에 관한 진술을 뽑아내려고 시도할 것이다. 이 두 정의는 매우 중요한 것으로 이 두 가지를 혼동하면 명쾌한 진술을 하는 데 치명적인 오류를 범할 수 있다. 나는 앞으로 필요하게 될 점을 분명히 하기 위해서 먼저 몇 구절을 해설해보겠다.

이 장의 서두에서 인용한 구절을 해설해보면 다음과 같다.

사람들은 흔히 기준을 공유하며, 서로 그 기준을 따르기를 기대한다. 사람들이 이러한 상태에 있다면 그 사회는 질서가 유지되고 있다고 말할 수 있다.

■ 파슨스의 글
이러한 '결속'(binding in)에는 이중 구조가 있다. 첫째, 기준의 내면화 때문에 기준에 대한 동조는 자아(ego)에 대해서 개인적이고 표현적이며, 또는 수단적인 의미를 갖는 경향이 있다. 둘째, 자아의 행위에 대한 상벌(sanction) 방식으로서 타자(alter)의 반응이 구조화되는 것은 기준에 대한 자아의 동조 기능이다. 그러므로 자아 자신의 욕구 성향(need-disposition)을 성취시키는 직접적인 방법으로서의 동조는, 타자의 반응 중에 유익한 것은 끌어내고 무익한 것은 피하는 조건으로서의 동조와 일치하는 경향이 있다. 다수 행위자의 행위에 관하여 어떤 가치 지향 기준과의 동조가 이들 '두' 근거 기준(criteria)을 충족시키는 경우, 다시 말해 체계 내의 어떤 행위자의 관점에서 보더라도 그 기준과의 동조가 그 자신에게는 욕구 성향을 충족시키는 방식이고 그외의 중요한 타자에게는 그 반응을 '최적의 상태로 유지시키는' 조건이 되는 경우, 그 기준은 '제도화되었다'고 말할 수 있다.

이런 의미의 가치 유형은 항상 '상호' 행위의 문맥 안에서 제도화된다. 그러므로 가치 유형과 관련해서 통합되는 기대 체계에는 항상 두 측면이 있다. 그 하나는 준거점(point of reference)으로 간주되는 행위자, 즉 자아의 행위에 기준을 설정해주고 또 그 기준에 관련되는 기대이다. 이를 자아의 '역할-기대'라고 한다. 다른 한편으로 자아의 관점에서 보면 타자의 있음직한 '반' 작용과 관련되는 어떤 기대가 있다. 이것을 보통 '상벌'이라고 부른다. 이 상벌은 자아의 만족을 증대시키느냐 감소시키느냐에 따라서 긍정적인 상벌(보상)과 부정적인 상벌(제재)로 나누어진다. 따라서 역할-기대의 상벌과의 관계는 분명 상호적이다. 자아에게 상벌인 것이 타자에게는 역할-기대이며, 자아에게 역할-기대인 것이 타자에게는 상벌이다.

이렇게 볼 때 역할이란 어떤 특정한 상호작용 상황과 관련된 기대들 주위에 구성되는, 즉 적절한 보족적 역할로 하나 또는 그 이상의 타자들과의 상호작용을 규율하는 특정한 가치 기준들과 통합되는, 개인 행위자의 총체적인 지향 체계의 일부이다. 이 타자들은 명확하게 규정된 특정 집단일 필요는 없다. 단지 자아와 함께 특정한 보완적 상호작용 관계를 형성할 수 있는 그런 타자라면 누구라도 상관없다. 상호작용 관계에는 가치 지향의 공동 기준에 의거한 기대의 상호성이 포함된다.

역할-기대와 상벌의 제도화는 분명 정도(degree)의 문제이다. 이 정도는 다음의 두 변수가 이루는 함수이다. 즉, 가치 지향 유형의 실질적인 공유도(公有度)에 영향을 미치는 변수와 동기 지향 또는 적절한 기대의 성취에 대한 연루(commitment)를 결정하는 변수가 그것이다. 앞으로 살펴보겠지만, 여러 요인들이 이 두 변수에 의한 제도화의 정도에 영향을 미친다. 한편 완전한 제도화의 반대극은 '아노미'(anomie)이다. 아노미란 상호작용 과정에서의 구조화된 '상호 보족성'(complementarity)의 결여, 또는 모든 의미에서 규범적 질서의 완전한 붕괴를 말한다. 그러나 이 개념은 구체적인 사회 체계를 결코 기술할 수 없는 약점이 있다. 제도화에 정도의 차이가 있듯이 아노미에도 정도의 차이가 있다. 전자는 후자의 반대 면이다.

'제도'란 우리가 문제 삼는 사회 체계에서 전략적인 구조적 의미를 지니는 제도화된 역할의 복합체라고 말할 수 있다. 이 제도는 역할보다는 고도의 사회구조 단위로 간주되어야 하며, 실제로 상호 의존적인 여러 역할 유형과 그 구성 요소로 이루어져 있다.3)

■ 해설

인간은 상대방에게 반(反)한 행동을 하기도 하고 그와 동조해서 행동하기도 한다. 각자가 상대방이 무엇을 기대하는가를 고려한다. 이러한 상호 기대가 충분히 명백하고 지속적일 때 우리는 그것을 기준(standard)이라 부른다. 또 사람들은 자기의 행위에 대해 상대방이 반응해주기를 기대한다. 우리는 이처럼 기대되는 반응을 상벌이라 부른다. 이중 어떤 것은 아주 만족스럽고 또 어떤 것은 그렇지 못하다. 사람들이 기준과 상벌에 따라 행동할 때, 우리는 그들이 역할을 수행한다고 말할 수 있다. 이것은 편리한 비유이다. 그리고 사실

---

3) Talcott Parsons, *The Social System*, Glencoe, Illinois, The Free Press, 1951, pp. 88~89.

우리가 제도라고 칭하는 것도 다소 안정된 역할로 정의할 수 있을 듯하다. 어떤 제도 내에서—또는 이러한 제도들로 구성된 전체 사회 내에서—이 기준과 상벌이 인간을 통제하지 못할 때, 우리는 그것을 뒤르켐의 표현을 빌려 '아노미'라고 부른다. 그렇다면 한쪽 극단에는 기준과 상벌이 질서 정연하게 작용하는 제도가 있고, 그 반대편 극단에는 아노미가 있다. 예이츠(W. B. Yeats)가 말한 바와 같이 아노미는 그 중심이 상실된 상태이거나, 내가 말하는 바와 같이 규범적 질서가 붕괴된 상태이다.

나는 이 해설이 충실하지 않았음을 솔직히 인정해야겠다. 이 개념들이 매우 훌륭하기 때문에 나는 거기에 약간 살을 붙였을 뿐이다. 사실상 거대이론가들이 내세운 대부분의 개념들은 일단 해석해놓으면 사회학 교과서에도 써먹을 수 있을 만큼 표준적이다. 그러나 '제도'에 관한 파슨스의 정의는 불충분하다. 따라서 이 번역에다, 제도를 이루는 역할들이 항상 '공유된 기대'의 거대한 '상호 보족성'만은 아니라는 점을 덧붙여야 한다. 여러분은 군대 생활을 하거나 가족 생활은 말할 것도 없고 공장에서 근무한 적이 있는가? 바로 이 모두가 제도이다. 그 제도 내에서 어떤 사람의 기대는 다른 사람의 그것보다 좀더 급박해보인다. 그것은 그 사람이 더 많은 권력(power)을 갖고 있기 때문이다. 이를 좀더 사회학적으로 표현하자면—반드시 그런 것은 아니지만—제도란 권위(authority)의 등급화된 역할이다.

■ 파슨스의 글
동기(動機)의 측면에서 보면, 공통적인 가치에 집착하는 것은 행위자들이 어떤 가치 유형을 지지하는 공통의 '감정'을 갖고 있음을 의미한다. 결국 관련된 기대에 대한 동조는, 그 동조에 의해 획득되는 어떤 수단적 '이익', 예컨대 부정적인 제재(制裁)의 회피와 같은 것과는 비교적 관계없이 '좋은 것'으로 간주된다. 더구나 이 공통 가치에 대한 집착은 행위자의 즉각적인 만족 욕구를 충족시키기도 하지만, 어느 정도 이 동조가 행위자가 참여하는 광범위한 사회적 행위 체계에서 그의 '책임'을 규정한다는 점에서 항상 '도덕적인' 측면이 있다. 어떤 특정한 공통 가치 지향에 의해 구성된 집합체(collectivity)에 책임이 부과되는 것은 명백하다.

마지막으로, 그러한 공통 가치를 뒷받침하는 '감정'은 대개 그 특수한 구조에서 유기체가 천성적으로 가지고 있는 성향의 발로가 아니다. 감정은 일반적으로 학습되고 획득된다. 더구나 행위의 지향에서 감정의 역할은 주로 인지되고 '적응되는' 문화적 대상으로서의 역할이 아니고, 내면화된 문화 유형으로서의 역할이다. 감정은 행위자 자신의 인격 체계 구조의 일부이다. 그러므로 소위 감정 또는 '가치-태도'는 인격의 참된 욕구-성향이다. 제도화된 가치의 내면에 의해서만 사회구조에서의 행위의 순수한 동기적 통합이 발생하며, 동기의 '보다 깊은' 층을 역할-기대의 성취에 이용할 수 있다. 사회 체계가 고도로 통합되고, 집합체의 이해와 그 집합체 구성원의 사적 이해가 일치에 가까워질* 수 있는 것은 바로 이 제도화된 가치의 내면화가 고도로 발생할 때뿐이다.

공통 가치 유형과 인격의 내면화된 욕구-성향 구조의 통합은 사회 체계의 동태(動態)에서 핵심적인 현상이다. 극히 일시적인 상호작용 과정을 제외한 모든 사회 체계의 안정성이 이러한 통합의 정도에 의거한다는 것은 사회학의 기본적인 동태적 정리(定理)라고 할 수 있다. 그것은 사회 과정의 동태적 분석이라 할 수 있는 모든 분석에서의 주요 준거점이다.[4]

---

* 완전한 일치는 유명한 무마찰 기계 같은 특수한 사례로 보아야 한다. 일관된 문화 유형 체계와 동기의 사회 체계가 완전히 통합되어 있다는 것은 비록 경험으로는 알 수 없지만 그처럼 통합된 사회 체계라는 개념은 이론적으로 대단히 중요하다(파슨스의 각주).

■ 해설

사람들은 동일한 가치를 공유하고 있을 때, 서로가 기대하는 방식으로 행동하려고 한다. 더욱이 그들은 이 동조를 훌륭한 것으로 간주한다. 심지어는 그들의 당면한 이해 관계에 반(反)하는 경우에도 그렇다. 이 공유된 가치가 유전되기보다는 학습된다고 해서 인간의 동기에서 덜 중요해지는 것은 아니다. 오히려 그 가치들은 인격 그 자체의 일부이다. 이처럼 가치는 사회를 결합시킨다. 즉, 사회적으로 기대되는 것이 개인적으로 필요한 것이다. 이것은 모든 사회 체계의 안정에 아주 중요하기 때문에, 사회를 움직이는 것으로서 분석하는 입장인 나는 그것을 기본적인 출발점으로 삼으려 한다.

이런 방식으로 555페이지에 달하는 『사회 체계』를 150여 페이지 정도의 이해하기 쉬운 영어로 해석할 수 있다. 그 결과는 그리 인상적이지는 못할 것이다. 그러나 그 책의 주요 문제와 그에 대한 해결책을 가장 명료하게 서술할 수 있을 것이다. 어떤 개념이든 어떤 책이든 한 문장으로 암시할 수도 있고 20권의 분량으로 상술할 수도 있다. 문제는 무언가를 명백하게 하기 위해서 얼마나 완벽한 서술(statement)을 해야 하는가, 또 그 무언가는 얼마나 중요해보이는가, 즉 그 서술은 얼마나 많은 경험을 이해할 수 있게 하는가, 그것은 얼마나 광범위하게 문제를 해결하는가 아니면 최소한 기술할 수 있는가 하는 것들이다.

예를 들어, 파슨스의 책을 두세 문장으로 요약해보면 이렇다. "사회 질서가 어떻게 가능한가? 공통적으로 수용된 가치들로 가능하다." 이것이 전부인가? 물론 그렇지는 않지만, 그것이 주요 논점임은 틀림없다. 그러나 이것은 불공평하지 않은가? 모든 책을 이와 같이 취급할 수는 없지 않은가? 물론 그렇다. 이와 같은 방법으로 나 자신의 책을 요약하면 이렇

---

4) Talcott Parsons, *The Social System*, Glencoe, Illinois, The Free Press, 1951, pp. 41~42.

게 된다. "결국 미국을 지배하는 자는 누구인가? 누구라고 꼬집어 지적할 수는 없지만, 만약 그것이 어떤 집단이라면 권력 엘리트(power elite)가 될 것이다." 그리고 여러분이 쥐고 있는 이 책은 이렇게 요약된다. "도대체 사회과학이란 무엇인가?" 그것은 인간과 사회를 다루어야 하며, 가끔씩은 바로 그것들이기도 하다. "사회과학이란 개인 생활사(biography)와 역사를, 그리고 복잡다단한 사회구조 속에서 그 양자의 관계를 이해하려는 노력이다."

다음은 파슨스의 책을 네 문단으로 해설한 것이다.

우리가 소위 '사회 체계'라고 부르는 것을 한번 생각해보자. 이 사회 체계 내에서 개인들은 늘 서로를 염두에 두고 행동한다. 그들의 행위는 대개 질서 정연한데, 그 이유는 그 체계 내에서 생활하는 사람들의 가치 기준과 실제 행위 방식의 기준을 공유하기 때문이다. 이런 기준의 일부를 우리는 규범이라고 부른다. 이 규범에 따라 행위하는 사람들은 비슷한 상황에서는 비슷하게 행위하는 경향이 있다. 이를 '사회적 규칙성'이라 하는데, 우리는 그것을 관찰할 수 있고 또 그것은 꽤 지속적이다. 나는 지속적이고 안정된 이러한 규칙성을 '구조적'이라고 명명하겠다. 사회 체계의 규칙성을 정교하고 거대한 저울로 생각할 수도 있다. 나는 이 비유를 지금부터 잊으려 한다. 왜냐하면 사회적 균형(social equilibrium)이라는 나의 '개념'이 매우 사실적인 것으로 받아들여지기를 바라기 때문이다.

사회적 균형을 유지하는 방법에는 크게 두 가지가 있는데, 하나나 둘 모두가 실패하면 사회적 불균형을 초래한다. 그 하나는 '사회화'로서 갓난아기는 이 과정을 통하여 사회적인 인간으로 성장한다. 인간의 사회적 형성의 일부는 타자들이 요구하고 기대하는 사회적 행위를 받아들이는 동기를 습득하는 것에 있다. 두번째 방법은 '사회 통제'이다. 그것은 사람들을 제자리에 위치시키고 사람들이 스스로를 제자리에 정치(定置)시키는 모든 방법이다. 내가

'제자리'라고 표현한 것은 모든 행위는 사회 체계 내에서 전형적으로 기대되고 승인된다는 사실을 얘기한 것이다.

사회적 균형 유지라는 첫번째 문제는 사람들르 하여금 기대되고 요구받는 대로 행동하게 하는 것이다. 이것이 실패하면 두번째 문제는 그들을 제자리로 돌려보내기 위하여 모든 수단을 강구하는 것이다. 이 사회 통제를 가장 훌륭하게 분류하고 정의한 사람은 막스 베버(Max Weber)이다. 베버와 그후의 몇몇 학자들이 너무나 잘 말했기 때문에 더 부언할 것이 없다.

나를 약간 당황스럽게 만드는 문제가 하나 있다. 사회적 균형과 그것을 가능케 하는 제반 사회화와 사회 통제가 갖추어졌는데도 불구하고 왜 사람들은 제자리를 벗어나 이탈하는가? 나는 이것을 사회 체계에 대한 나의 체계적이고 일반적인 이론으로는 만족스럽게 설명할 수 없다. 그리고 명쾌하지 않은 또 하나의 문제가 있으니, 그것은 사회 변동, 즉 역사를 어떻게 설명해야 하는가 하는 문제이다. 이 두 문제에 대하여 나는 여러분에게 경험적 연구를 권하고 싶다.

이 정도면 충분할 것이다. 물론 더 자세하게 번역할 수도 있다. 그러나 '더 자세하게'가 항상 '더 적절하게'를 의미하는 것은 아니다. 나는 독자들이 직접 『사회 체계』를 조사하여 더 많은 것을 발견해내기를 바란다. 우리에게는 세 가지 과업이 있다. 첫째, 거대이론으로 대표되는 논리적인 사고 양식의 특징을 찾아내고, 둘째, 이 특정한 사례에서 볼 수 있는 어떤 일반적인 혼란을 명쾌히 하며, 셋째, 오늘날 대부분의 사회과학자가 파슨스의 질서 문제를 어떻게 제기하고 해결하는지 밝혀내는 것이다. 이 세 과제를 제안하는 목적은 거대이론가들이 그 쓸데없는 고지에서 내려오도록 돕기 위한 것이다.

2

사회과학자들 간의 심각한 차이는 사고하지 않고 관찰하는 학자와 관찰하지 않고 사고하는 학자들 간의 차이가 아니다. 그 차이는 어떤 사고를 하느냐, 또 어떤 것을 관찰하느냐, 그리고 만약 그 양자 간에 관계가 있다면 어떤 관계인가 하는 문제와 관계 있다.

거대이론의 근본 원리는 처음부터 사고 수준을 너무 일반적으로 택해서 그 종사자들은 논리적으로 관찰 수준까지 내려올 수 없다. 그들은 거대이론가들과 마찬가지로 고도의 일반성에서 역사적이고 구조적인 맥락 속에서의 문제들로 내려오지 않는다. 이와 같이 확고한 문제 의식이 결여되어 있기 때문에 그들의 저작은 현저하게 비현실적이다. 그래서 외견상 자의적(恣意的)이고 분명 끝이 없는 구별의 조작이 파생된다. 그 구별은 우리의 이해를 확대시키지도 못하며, 우리의 경험을 좀더 이해 가능하게 하지도 못한다. 따라서 거대이론은 인간 행위와 사회를 명백하게 기술하고 설명하려는 노력에 대한 어느 정도 조직된 포기로 드러난다.

어떤 단어가 무엇을 의미하는가를 고려하면 그 단어의 '의미론적' 측면을 다루는 것이고, 다른 단어와의 관계를 고려하면 그 단어의 '구문론적' 특징을 다루는 셈이다.5) 내가 이와 같은 용이한 용어들을 소개하는 것은 그 용어를 사용하면 거대이론이 구문론에 취(醉)하고 의미론에 눈멀었다는 사실을 매우 정확하고 간략하게 지적할 수 있기 때문이다. 거대이론가들은 우리가 어떤 단어를 정의하는 것은 그저 다른 사람들도 우

---

5) 우리는 단어를 그 사용자와의 관계, 즉 실제적 측면에서도 고찰할 수 있다. 그러나 여기서는 그 문제에 골머리를 앓지 않아도 된다. 바로 이것이 찰스 모리스(Charles M. Morris)가 「기호이론의 기초」(Foundations of the Theory of Sighs)라는 논문에서 아주 정교하게 체계화한 세 가지 '의미의 차원'이다. *International Encyclopedia of United Science*, Vol. I, No. 2, University of Chicago Press, 1938.

리가 바라는 대로 그 단어를 사용하도록 권고하는 것이고, 단어를 정의하는 목적은 사실(fact)에 논의의 초점을 맞추기 위한 것이며, 또 훌륭한 정의는 용어에 관한 논의를 사실에 관한 이의(異議)로 유도하여 차후의 연구를 위한 공개 토론으로 이끈다는 것을 이해하지 못한다.

거대이론가들은 문장의 구조적인 의미에 너무 몰두하고 의미론적인 관계에 너무나 무감각하며 고도의 추상화 수준에 엄격하게 매여 있기 때문에 그들이 만들어내는 '유형론'—그리고 그들이 그 유형론을 만들기 위해서 행한 작업—은 우리 주변에 있는 문제를 체계적으로, 즉 명쾌하고 질서 정연한 방법으로 규정하고 해결하기보다는 개념의 무미건조한 유희에 불과하다.

구체적인 문제를 체계적으로 배제하는 거대이론가의 저작에서 우리가 배울 가장 큰 교훈은 모름지기 자의식이 있는 사상가라면 자신이 고수하는 추상화(抽象化)의 수준을 항상 염두에 두고, 그래서 그것들을 통제할 줄 알아야 한다는 것이다. 여러 추상화 수준들을 자유자재로 그리고 명쾌하게 왕복할 수 있는 능력을 소유한 사람이야말로 상상력이 풍부한 체계적인 사상가라 할 수 있다.

'자본주의', '중간 계급', '관료제', '권력 엘리트' 또는 '전체주의적 민주주의' 같은 용어들에는 불분명한 의미가 함축된 경우가 종종 있다. 따라서 이 용어들을 사용할 때는 그러한 함축된 의미를 주의 깊게 관찰하고 통제해야 한다. 또 그런 용어들에는 종종 단순히 추측된 요인과 소견뿐만 아니라 '복잡한' 사실과 관계들이 포함되어 있다. 이것 또한 우리가 그 용어들을 정의하고 사용할 때 주의 깊게 가려내고 명쾌하게 밝혀야 한다.

그러한 개념들의 의미론적이고 구문론적인 차원을 밝히기 위해서는 각 차원의 특수성(specificity)의 위계(hierarchy)를 알아야 하며, 또 이 위계의 모든 수준을 고려할 수 있어야 한다. 예를 들어, '자본주의'라는 용어를 사용할 때는 다음과 같이 질문해보아야 한다. 자본주의는 단순히 모든 생산 수단을 사유(私有)하는 것인가? 또는 이 용어에 가격, 임금, 이윤을 결정짓는 기제(mechanism)로서 자유시장의 개념까지도 포함되는가? 그리고 이 용어는 정의상 어느 정도까지 경제 제도는 물론 정치 질서에 대한 주장을 담았다고 가정할 수 있는가?

이러한 정신적 습관이 체계적인 사고에 도달할 수 있는 관건이며, 이 습관의 결여는 '개념' 숭배에 빠지는 결과를 낳을 것이다. 그러한 습관의 결여가 초래하는 결과는 파슨스의 저서의 커다란 혼란상을 고찰할 때—특히, 지금—더 분명해질 것이다.

3

'일반 사회학 이론'의 언명을 주장하는 거대이론가들은 사실상 인간 사회의 구조적 특징들, 즉 인간 사회를 이해하는 데 있어서 기본적 요인이라고 오랫동안 그리고 정확하게 인식되어왔던 특징들을 무시하는 하나의 개념 세계를 설명하고 있다. 언뜻 보면 이는 사회학자들의 관심사를 경제학자나 정치학자의 그것과 구별하려는 의도적인 노력으로 보인다. 파슨스에 의하면, 사회학은 다음과 같다.

> 사회 체계에 관한 이론으로, 사회 체계 내의 가치 지향 유형에 대한 제도화의 현상과 그 제도화와 유형 변화의 조건, 그 유형에 대한 동조와 일탈의 조건들, 그리고 이 조건들이 사회 체계에 포함될 때의 동기적 과정을 다룬다.[6]

---

6) Talcott Parsons, *The Social System*, Glencoe, Illinois, The Free Press, 1951, p. 552.

모든 정의가 그렇듯이, 앞의 문장을 해석해서 그 가정을 제거하면 다음과 같다.

우리 사회학자들은 사람들이 무엇을 원하고 가슴속에 무엇을 간직하고 있는지 연구하고 싶어한다. 또한 왜 그렇게 다양한 가치관이 존재하며 그것은 또 왜 변하는지 알고자 한다. 그리하여 어떤 단일한 가치 체계를 발견하면, 왜 어떤 사람들은 그 가치 체계에 동조하고, 어떤 사람들은 그렇지 않은지 알고 싶어한다.

데이비드 록우드(David Lockwood)가 말한 바와 같이[7] 이러한 서술은 '권력'과 '경제 제도'와 '정치 제도'에 대한 사회학자들의 관심을 배제시킨다. 나는 거기서 한 걸음 더 나아가고자 한다. 이 서술과 파슨스의 저서 전체는 어떤 제도보다는 전통적으로 '정당화'(legitimation)라고 불려온 것을 다루고 있다. 그 결과는 분명히 모든 제도적 구조를 일종의 도덕적 영역, 더 정확하게 말하면 '상징적 영역'[8]이라 불리는 것으로 변형시킨다. 이 점을 명백히 하기 위해서 나는 먼저 도덕적 영역에 대해 약간 설명한 다음 소위 도덕적 영역의 자율성을 논의하고, 마지막으로 파슨스의 개념들로는 사회구조 분석의 가장 중요한 문제들을 제기하는 것조차 매우 힘들다는 점을 지적하고자 한다.

권위를 갖고 있는 사람들은 제도에 대한 그들의 지배를 광범위하게 신봉되는 도덕적 상징, 성스러운 표상(表象), 법률적 신조와 연결시킴으

---

7) Lockwood, 'Some Remarks on "The Social System"', *The British Journal of Sociology*, Vol. Ⅶ, 2 June 1956과 비교하라.
8) H. H. Gerth & C. W. Mills, *Character and Social Structure*, New York, Harcourt, Brace, 1953, pp. 274~277. 이것을 나는 이 절과 5절 이하에서 자유롭게 이용한다.

로써 정당화한다. 그들은 이를 필연적인 결과로 여긴다. 이 경우에 중심적인 개념들은 신 또는 신들, '다수자의 투표', '국민의 의지', '재능과 부(富)에 의한 귀족 정치', '신수왕권' 혹은 소위 지배자 자신의 비상한 능력들이다. 사회과학자들은 베버를 추종하여 이 개념들을 '정당성' 또는 간혹 '정당화의 상징'이라고 부른다.

사상가들은 이 정당성의 개념에 대하여 서로 다른 용어들을 사용했다. 모스카(Mosca)의 '정치적 공식' 또는 '위대한 미신'(great superstition), 로크(Locke)의 '주권 원리', 소렐(Sorel)의 '지배 신화', 서먼 아널드(Thurman Arnold)의 '민속'(民俗), 베버의 '정당성', 뒤르켐의 '집합표상', 마르크스의 '지배적 이념', 루소(Rousseau)의 '일반 의지', 라스웰(Lasswell)의 '권위의 상징', 만하임의 '이데올로기', 허버트 스펜서의 '공공 감정'—이것들과 그외의 유사한 개념들은 사회 분석에서 지배적 상징(master symbol)이 얼마나 중요한 위치를 차지하는지를 증명해주고 있다.

심리학적 분석에서도 개인적으로 받아들여지는 그러한 지배적 상징들은 사람들을 그들의 역할로 이끌고 역할 수행에 따르는 상벌을 부여하는 근거이며 종종 동기가 되기도 한다. 예를 들어, 만약 경제 제도들이 지배적 상징의 관점에 비추어 공적으로 정당화된다면, 사리(私利)가 개인의 행위를 정당화하는 기준으로 받아들여질 수 있다. 그러나 그 경제 제도를 '공공 봉사와 책임'의 관점에서 정당화할 필요가 있다고 일반적으로 생각한다면, 예전의 사리의 동기와 근거는 자본가들에게 죄의식이나 적어도 불안감을 심어줄 것이다. 공적으로 효력을 발하는 정당화는 얼마 안 있어 개인 동기로도 힘을 발휘한다.

어쨌든 파슨스와 기타 거대이론가들이 주장하는 '가치 지향'과 '규범적 구조'는 주로 정당화의 지배적 상징과 관련 있다. 이것은 정말로 유용하고 중요한 연구 주제이다. 지배적 상징과 제도구조의 관계는 사회과학에서 가장 중요한 문제이다. 그러나 그러한 상징들이 사회 내에서 자율적인 영역을 형성하는 것은 아니다. 그 상징의 사회적 의미는 권력구조와 권력구조 내에서 권력자의 위치를 정당화하거나 반대하는 데 이용된다는 점에 있다. 또 그것의 심리학적 의미는 권력구조에 집착하거나 그것을 거부하는 근거가 된다는 데 있다.

사회구조의 분해를 막기 위해 그러한 가치 체계나 정당화가 우세해야 한다거나, 사회구조가 그러한 '규범적 구조'에 의해 응집되거나 통일되어야 한다고 할 수는 없다. 이 '규범적 구조'가 아무리 우세하다 하더라도, 어떤 의미에서든 자율적이라고 가정해서는 안 된다. 사실상 현대 서구 사회, 특히 미국에서는 이들 각각의 가정과는 정반대되는 것이 더 정확하다는 여러 증거가 있다. 종종―제2차 세계대전 후의 미국에서는 그렇지 않지만―급진적 운동을 정당화하고 지배 권력의 가면을 벗기는 데 사용되는, 매우 잘 조직화된 반대 상징들이 있다. 미국의 정치 체계의 지속성은 참으로 독특하다. 미국은 역사상 단 한 번의 내부 혼란(남북전쟁―옮긴이 주)을 겪었다. 바로 이 사실이 파슨스를 '가치 지향의 규범적 구조'라는 이론으로 잘못 이끈 원인 중의 하나일 것이다.

에머슨(Emerson)이 말한 바와 같이, "정부"가 반드시 "사람들의 도덕적 동일성에서 비롯되는" 것은 아니다. 그렇다고 믿는 것은 정부의 정당화와 정부의 원인을 혼동했기 때문이다. 어떤 사회에 살고 있는 사람들의 도덕적 동일성이 제도적 지배자가 성공적으로 그 지배적 상징을 독점하고 때로는 강제하기까지 하는 사실에 의거하는 경우가 흔히 또는 아주 흔히 있다.

몇 백 년 전에 상징 영역은 자율적이며 그런 '가치'가 실제로 역사를 지배한다고 믿는 사람들이 그 문제를 매우 성과 있게 논의한 적이 있었다. 즉, 권위를 정당화하는 상징은 그 권위를 행사하는 사람이나 계층으로부터 분리되어 있다는 것이다. 그렇다면 이념을 사용하는 계층이나 사람들이 아니라 '이념'이 지배하는 것이다. 이러한 일련의 상징들은 연속성을 부여받기 위해 서로 연관된 방식으로 제시된다. 그래서 상징들이 '자율적'인 것으로 보이는 것이다. 이러한 진기한 관념을 더 그럴듯하게 만들기 위해서 상징들은 종종 '인격화' 되기도 하고 '자의식'을 부여받기도 한다. 그리하여 상징은 '역사의 개념'으로 생각되기도 하고, 또는 사고로 제도적 변동을 결정하는 일련의 '철학자들'로 생각되기도 한다. 혹은, 덧붙여 말하자면 '규범적 질서' 라는 개념이 맹목적으로 숭배될 수도 있다. 이는 물론 헤겔에 대한 마르크스와 엥겔스의 설명을 알기 쉽게 풀어 쓴 것이다.9)

한 사회의 '가치'가 제도를 정당화하고 사람들로 하여금 제도적인 역할을 수행하도록 유인하지 못한다면, 그것이 아무리 개인 생활 영역 내에서 중요하더라도 역사적으로나 사회적으로는 부적합하다. 물론 정당화의 역할을 수행하는 상징과 제도적 권위, 그리고 그것에 복종하는 사람들 간에는 상호작용이 일어난다. 때때로 우리는 이 지배적 상징에 인과적인 중요성을 부여하는 것을 주저해서는 안 된다. 그러나 이 지배적 상징이라는 개념을 사회 질서의 이론이나 사회 통일의 원리로 잘못 사용해서는 안 된다. 곧 보겠지만, '통일'을 구성하는 훌륭한 방법, 즉 사회구조와 같은 중요한 문제를 파악하는 데 좀더 유용하고 주목할 만한 자료에 더 근접할 수 있는 방법들이 있다.

'공통 가치'에 관심이 있다면, 처음부터 그것을 파악해서 그것으로부터 사회의 구성과 통일을 '설명'하려고 하기보다는, 일정한 사회구조를 구성하는 각 제도적 질서의 정당화를 검토함으로써 공통 가치의 개념을

---

9) Karl Marx & Friedrich Engels, *The German Ideology*, New York, International Publishers, 1939, pp. 42ff와 비교하라.

확립하는 것이 좋다.10) '공통 가치'라는 개념은 제도적 질서하에서 생활하는 대다수의 구성원이 그 질서의 정당화를 받아들일 때, 그리고 이 정당화가 그 구성원들에게 복종을 성공적으로 이끌어내거나 최소한 자기만족을 줄 때 사용할 수 있는 용어이다. 따라서 이 상징은 여러 역할들에서 마주하는 '상황을 규정'하기도 하고 지도자와 추종자의 평가에 대한 기준으로도 사용된다. 이와 같이 보편적이고 중심적인 상징을 연출하는 사회구조는 지극히 극단적이고 '순수한' 유형들이다.

저울의 반대편에는 일련의 강력한 제도들이 폭력과 폭력의 위협으로 전체 사회를 통제하고 그 가치를 강요하는 사회가 있다. 이 경우에 사회구조는 결코 와해되지 않는다. 왜냐하면 사람들이 공식 규율에 의해서 효율적으로 통제되기 때문이다. 그리고 그들은 규율을 요구하는 이 제도를 받아들이지 않으면 때때로 생계 수단을 놓치기도 한다.

예를 들어 반동적인 신문사에서 일하는 숙련 식자공은 삶을 영위하기 위해서, 그리고 실직하지 않기 위해서 고용주의 규율에 순응한다. 그는 마음속으로는, 그리고 퇴근한 다음에는 급진적인 선동가일 것이다. 대다수의 독일 사회주의자들은 마음속으로는 틀림없이 혁명적인 마르크스주의자였지만 황제의 깃발 아래 완벽하게 훈련받은 병사 노릇을 했다. 실제 행동과 상징 사이에는 상당한 거리가 있으며, 모든 통합이 반드시 상징에 근거하는 것은 아니다.11)

---

10) 예를 들어, 미국 경영자들이 공표하려 하는 '가치'에 관한 자세한 경험적 설명은 서턴(Sutton), 해리스(Harris), 케이젠(Kaysen), 토빈(Tobin) 공저, *The American Business Creed*, Cambridge, Mass., Harvard University Press, 1956을 참조하라.
11) H. H. Gerth & C. W. Mills, *Character and Social Structure*, New York, Harcourt, Brace, 1953, p. 300.

그러한 가치의 갈등을 강조한다고 해서 '합리적 일관성의 힘'까지 부정하는 것은 아니다. 언어와 행동 사이의 간극은 종종 특징적이지만, 일관성을 구하려는 분투 또한 특징적이다. 어떤 사회에서 언어와 행동 중 어느 쪽이 우세한가는 '인간의 본성'이나 '사회학 원리' 또는 거대이론의 엄명에 기초하여 선험적으로 결정되는 것이 아니다. 우리는 '순수형'의 사회, 즉 완벽하게 규율화된 사회구조를 상상할 수 있다. 이 사회의 피지배자들은 지시받은 역할을 거부할 수 없지만, 그럼에도 불구하고 지배자의 가치를 공유하지 않고, 그래서 그 질서의 정당성을 절대 신봉하지 않는다. 이것은 마치 노예들이 젓는 갤리선(그리스나 로마 시대에 노예나 죄수들에게 젓게 한 돛배—옮긴이 주)과 같다. 노예들은 거대한 기계의 톱니바퀴 같고, 주인의 채찍은 거의 필요 없다. 갤리선의 노예들은 뱃머리를 돌려놓아 유일하게 갑판 위에 서서 방향을 지시하는 주인의 분노를 유발시키기도 하지만, 배가 나아가는 방향조차도 알 필요가 없다. 이제 상상은 그만두고 설명을 시작해보자.

'공통 가치 체계'와 '강제된 규율'이라는 두 유형 사이에는 수많은 형태의 '사회 통합'이 있다. 대부분의 서구 사회는 상이한 여러 '가치 지향'을 합병시켰다. 서구 사회의 통일체는 정당화와 억압의 다양한 혼합물로 이루어져 있다. 그리고 그것은 물론 정치 제도와 경제 제도뿐만 아니라 제도적 질서에도 해당한다. 아버지는 가족에게 유산을 물려주지 않겠다고 위협함으로써, 또는 정치 질서가 그에게 허용하는 폭력을 사용함으로써 자신의 요구를 관철시킬 수 있다. 가족 같은 성스러운 소집단에서조차 '공통 가치'의 통일체가 반드시 필요한 것은 아니다. 불신과 증오도 사랑스런 가족을 한데 뭉칠 수 있다. 마찬가지로 사회도 거대이론가들이 보편적이라고 믿는 '규범적 구조'를 사용하지 않고도 아주 훌륭하게 번영할 수 있다.

나는 여기서 질서 문제에 대한 어떤 해답을 상술하려는 것이 아니라 단지 문제를 제기하려는 것뿐이다. 왜냐하면, 만약 그렇게 하지 못하면 우리는 매우 자의적인 정의의 엄명이 요구하는 대로, 파슨스가 '사회 체계'의 심장부라고 생각하는 '규범적 구조'를 '상정하지' 않으면 안 되기 때문이다.

4

사회과학에서 일반적으로 사용하는 용어인 '권력'은 사람들이 자신이 살고 있는 제도(arrangements)와 그 시대의 역사를 구성하는 사건들에 관하여 내리는 여러 결정들과 관련 있다. 때로는 인간의 결정을 뛰어넘는 사건도 발생한다. 사회 제도는 명확한 결정 없이 변동하기도 한다. 그러나 그러한 결정이 이루어지면 (그리고 그 결정을 내릴 수 있으나 실제로 내리지 않았다면) 그 결정을 내리는 (혹은 내리지 않는) 사람이 누구인가 하는 것이 바로 권력의 기본적인 문제이다.

오늘날 우리는 사람들이 결국에는 그들 자신의 동의에 지배되어야 한다고 주장할 수는 없다. 지금 널리 퍼져 있는 권력 수단 가운데에는 사람들의 동의를 조종하고 조작하는 권력이 있다. 우리가 그러한 권력의 한계를 모른다고 해서, 그리고 우리가 권력에 한계가 있기를 바란다고 해서 오늘날 대부분의 권력이 피지배자의 이성이나 양심의 인가(認可)를 전혀 받지 않고도 성공적으로 사용된다는 사실을 없앨 수는 없다.

확실히 오늘날에는 강제력이 결국 권력의 '최종' 형태라는 것을 굳이 논의할 필요조차 없다. 그렇다고 우리가 항상 그 최후 수단에만 호소하는 것은 아니다. 권위(authority: 자발적인 피지배자의 신념에 의하여 정당화된 권력)와 조작(manipulation: 권력이 없는 사람들이 인식하지 못하게 행사되는 권력)도 강압과 함께 고려되어야 한다. 권력의 성격을 생각할 때는 반드시 이 세 가지 형태를 구별하여야 한다.

현대 세계에서 권력은 중세 시대만큼 그렇게 권위적이지 못하며, 지배자의 정당화가 권력 행사에 반드시 필요한 것은 아닌 듯하다. 적어도 현대의 대단히 중요한 결정들—특히 국제 문제—의 경우에 대중을 '설득'할 '필요'가 없다. 사실이 하나하나 쌓여갈 뿐이다. 더욱이 종종 권력자들은 자신이 이용할 수 있는 이데올로기들을 선택하지도 쓰지도 않는다. 보통 이데올로기는 권력을 효과적으로 비난하는 데 대한 하나의 대응으로 등장한다. 그러나 최근 미국에서는 새로운 지배 이데올로기의 필요를 느끼게 할 만큼 효과적인 항쟁이 없었다.

물론 오늘날 지배적인 이념에서 이탈한 많은 사람들은 새롭게 충성할 곳을 찾지도 않았으며, 정치 문제에도 무관심하다. 그들은 급진적이지도 않으며, 반동적이지도 않다. 도무지 그들은 움직이켜 하지 않는다. 백치는 완전히 은둔한 사람이라는 그리스어의 정의를 받아들인다면 오늘날 여러 사회의 대다수 시민들이 백치라는 결론이 쉽게 나온다. 이러한 정신 상태—나는 이 단어를 매우 조심스럽게 사용하려 한다—는 현대 정치적 식자들 사이에 팽배한 불안과 현대 사회의 정치적 당혹감을 불러일으키는 듯하다. 지배자나 피지배자에게 지적 '확신'과 도덕적 '신념'이 권력구조의 지속과 번창에 필요한 것은 아니다. 이데올로기의 역할에 관한 한, 적극적인 정당화의 결여와 대중의 무관심 풍조는 확실히 오늘날 서구 사회의 기본적인 정치적 사실들이다.

권력에 관해서 내가 지금까지 언급한 바와 같은 견해를 취하는 사람들은 실제로 연구하는 과정에서 많은 문제에 직면할 것이다. 그러나 모든 사회에 '가치의 위계'가 있다고 생각하는 비뚤어진 파슨스의 가정은 전혀 도움이 되지 않는다. 더구나 파슨스의 가정은 중요한 문제를 명확하게 파악하는 데 걸림돌이다.

그의 도식을 받아들이려면 권력과 모든 제도적 구조, 특히 경제구조, 정치구조, 군사구조에 관한 사실을 읽어낼 줄 알아야 한다. 이 기이한 '일반 이론'에는 그러한 지배구조가 있을 자리가 전혀 없다.

이 일반 이론의 관점에서는 제도가 어느 정도, 또 어떤 방식으로 정당화되는가 하는 경험적 문제를 제대로 제기할 수 없다. 규범적 질서라는 개념과 거대이론가들이 그것을 취급하는 방법을 보면, 사실상 모든 권력은 정당화된다고 생각하게 된다. 사실을 말하자면 이렇다.

> 사회 체계 내에서 역할-기대의 상호 보족성이 제대로 유지되기만 하면, 그 다음부터는 전혀 문제가 되지 않는다. …… 상호 보족적인 상호작용 지향을 설명하는 데는 어떤 특별한 메커니즘도 필요하지 않다.12)

이러한 관점에서는 갈등이라는 개념을 효과적으로 파악할 수 없다. 구조적 대립, 대규모 반란, 혁명 같은 것들은 상상조차 할 수 없는 것이 되어버린다. 실제로 파슨스는 일단 확립된 '체계'는 안정성이 있을 뿐만 아니라 본질적으로 조화롭다고 가정하고 있다. 그의 용어를 빌려서 표현하자면, 불안 요소는 "그 체계에 흡수되어야" 한다.13) 그가 언명한 규범적 질서라는 개념은 일종의 이해 관계의 조화를 사회의 자연적 특징으로 보게 한다. 이 개념은 18세기 철학자들의 자연적 질서라는 개념처럼 형이상학적 기준점이다.14)

신비로운 갈등 제거와 경이로운 조화의 성취는 이 '체계적'이고 '일반적'인 이론에서 사회 변동과 역사를 다룰 가능성을 제거시키고 말았

---

12) Talcott Parsons, *The Social System*, Glencoe, Illinois, The Free Press, 1951, p. 205.
13) Talcott Parsons, *The Social System*, Glencoe, Illinois, The Free Press, 1951, p. 262.
14) Carl Becker, *The Heavenly City*; Lewis A. Coser, *Conflict*, Glencoe, Illinois, The Free Press, 1956과 비교하라.

다. 또한 위협을 느낀 대중과 흥분한 폭도들, 군중과 대중 운동의 '집단적 행동'—오늘날은 이런 것으로 점철되어 있다—은 거대이론가들의 규범적으로 구성된 사회구조에서는 그 자리를 잡을 수 없다. 역사 자체가 어떻게 발생하고, 그 역학과 과정은 어떠한가에 관한 어떤 체계적 개념도 거대이론에는 무익하기 때문에, 따라서 파슨스는 이 개념이 사회과학에도 도움이 되지 않는다고 믿는다. "그러한 이론을 이용할 수만 있으면, 사회과학의 황금 시대가 도래할 것이다. 그러나 우리 시대에는 오지 않으며, 십중팔구는 결코 오지 않을 것이다."15) 이는 분명 너무나 애매모호한 단언이다.

사실 거대이론의 관점에서 논하는 실제 문제는 그 어떤 것도 명확하게 진술되지 못한다. 더 심각한 문제는 그 진술이 종종 도무지 종잡을 수 없는 말(sponge-words)로 채색될 뿐만 아니라 거기에 가치 평가가 부가된다는 것이다. 예를 들어, 미국 사회를 현대 자본주의의 특징인 성공의 변화하는 성격과 의미, 형태에 대한 언급도 없이 '보편주의적 업적'이라는 '가치 유형'으로 분석하고, 미국의 계층 현상을 재산과 소득의 수준에 근거한 생활 기회(life-chances : 전화, 냉장고, 피아노 같은 그 집안의 생활 설비—옮긴이 주)의 통계는 전혀 고려하지 않고 '지배적 가치 체계'로 분석하는 것만큼 무익한 노력도 없다.16)

나는 거대이론가들이 문제를 현실적으로 다룬다 함은 그들의 관점과는 다른 방식으로, 또 어떤 때는 그것에 상충되는 방법으로 그 문제를 취급한다는 의미라는 말이 결코 과장은 아니라고 생각한다. 앨빈 굴드너(Alvin Gouldner)는 다음과 같이 말했다.

---

15) Alvin W. Gouldner, 'Some Observation on Systematic Theory, 1945~1955', *Sociology in the United States of America*, Paris, UNESCO, 1956, p. 40에서 인용한 파슨스의 말.
16) Lockwood, 'Some Remarks on "The Social System"', *The British Journal of Sociology*, Vol. Ⅶ, 2 June 1956, p. 138과 비교하라.

파슨스가 변동을 이론적으로, 그리고 경험적으로 분석하려고 시도함으로써 갑작스레 마르크스주의자의 개념과 가정을 원용하는 것은 대단히 놀라운 일이다. …… 그것은 마치 두 권의 책을 쓰면서 한 권으로는 균형에 대해 분석하고 다른 한 권으로는 변동을 연구하는 것과 같다.17)

굴드너는 계속 파슨스가 제2차 세계대전에서 패배한 독일에서 융커(19세기 중엽 프로이센의 보수적 귀족 당원―옮긴이 주)들을 '배타적인 계급 특권의 경우'로 그 근저에서부터 공격하도록 권고하고, 행정 사무를 '충원의 계급 근거'로 분석하는 방식을 밝힌다. 간단히 말해서 전체적인 경제구조와 직업구조―거대이론이 제안하는 규범적 질서의 관점이 아니라 완전히 마르크스적인 관점에서―가 갑자기 시야에 나타나는 것이다. 이는 거대이론가들이 역사적 실재와 완전히 관계를 끊지는 않았다는 희망을 품게 한다.

5

이제 파슨스의 저작에서 중요한 자리를 차지하는 듯한 질서의 문제―다소 홉스적인―로 돌아가보자. 사회과학이 발달하면서 이 문제는 계속 재정의되어왔고, 또 지금은 가장 유용하게 진술될 경우 사회 통합의 문제로 불리기 때문에 그 문제를 간략하게 말할 수 있다. 물론 그를 위해서는 사회구조와 역사 변동이라는 유효한 개념이 필요하다. 거대이론가들과는 달리 대부분의 사회과학자들은 다음과 같은 식의 대답

---

17) Alvin W. Gouldner, 'Some Observation on Systematic Theory, 1945~1955', *Sociology in the United States of America*, Paris, UNESCO, 1956, p. 41.

을 내놓을 것이다.

먼저, 무엇이 사회구조를 결합시키느냐 하는 질문에 대한 대답은 '단 하나'가 될 수 없다. 사회구조는 그 통일성의 정도와 종류에 상당한 차이가 있기 때문에 여러 대답이 가능하다. 사실 사회구조의 유형은 대개 상이한 통합 양식이라는 관점에서 생각할 수 있다. 거대이론의 수준에서 역사적 현실로 내려오면, 곧 일원론적 개념의 부적합성을 통렬히 실감하게 된다. 거대이론으로는 인간의 다양성, 1936년의 나치 독일, 기원전 7세기의 스파르타, 1836년의 미국, 1866년의 일본, 1950년의 영국, 디오클레티아누스(Diocletianus) 치하의 로마에 대해 생각할 수 없다. 이처럼 여러 사례를 단순히 열거하기만 해도 그 사회들이 공통적으로 가지고 있는 것이 무엇이든 경험적 조사로 그것을 찾아내야 한다는 사실이 확실해진다. 사회구조의 역사적 범위에 대한 가장 공허한 형식론 이상의 어떤 것을 공언하는 것은 사회 연구 작업이 이루어낸 모든 성과를 얘기할 수 있다고 큰소리치는 것과 같다.

보통 사회구조의 유형은 정치 제도와 혈연 제도, 군사 제도와 경제 제도, 그리고 종교 제도 같은 제도적 질서의 관점에서 유용하게 파악할 수 있다. 먼저 이것들을 각각의 역사적 사회 내에서 그 윤곽을 분간할 수 있도록 정의한 다음에, 이 제도들이 서로 어떤 관련을 맺고 있는가, 즉 간단히 말해 그 제도들이 사회구조를 어떻게 구성하는가를 물어야 한다. 이에 대해서 간단하게 '작업 모델'이라는 답을 제시할 수 있는데, 이 모델을 사용하면 특정 시대 특정 사회에서의 그 제도들의 '상호 결합'을 한층 분명하게 인식할 수 있다.

그러한 '모델'은 비슷한 구조적 원리 각각의 제도적 질서 속에서 움직이는 것으로 추측할 수 있다. 토크빌의 미국이 바로 그런 예이다. 고전적 자유 사회에서는 모든 제도의 질서가 자율적인 것으로 생각되고, 그 자유는 다른 질서들에 의한 조정(coordination)으로부터 요구된다. 경제 영역에는 '자유방임주의'(laissez faire)가 있고, 종교 영역에서는 여러 종파와 교회가 구원의 시장에서 공개적으로 서로 경쟁하며, 친족 제도는 개인들이 서로를 선택하는 결혼 시장에서 확립된다. 지위(status)의 영역에서는 가족의 덕을 보는 사람보다 자수성가한 사람이 높은 자리를 차지한다. 정치 질서에는 개인의 투표를 얻기 위한 정당 간 경쟁이 있다. 심지어 군사 분야에서도 민병(民兵) 모집에 상당한 자유가 있으며, 포괄적이고 매우 중요한 의미에서 한 남자는 한 자루의 소총을 의미한다. 이러한 통합의 원리―그것은 또한 이 미국 사회의 기본적인 정당화이다―는 서로 경쟁하는 독립된 개인들의 자유로운 독창성(initiative)을 바탕으로 한 제도적 질서 내에서 우위를 차지한다. 따라서 우리는 바로 이 부합(correspondence)의 사실에서 고전적 자유 사회의 통합 양식을 이해할 수 있다.

그러나 이러한 '부합'이 '질서 문제'에 대한 유일한 유형, 유일한 답은 아니다. 다른 유형들의 통합이 있다. 예를 들어, 나치 독일은 '조정'에 의해 통합되었다. 그 일반적 모델은 다음과 같다. 경제 질서 내에서는 모든 제도가 고도로 중앙집권화된다. 즉, 몇 안 되는 대기업이 모든 것을 조정, 운영한다. 정치 질서 내에서는 단편화가 좀더 이루어진다. 즉, 여러 정당이 국가에 영향력을 미치기 위해서 서로 경쟁한다. 그러나 어떤 정당도 경제적 집중화로 야기된 결과를 통제할 정도로 강력하지 못하다. 그 결과들 중의 하나가―다른 요인들이 상호작용을 하여―바로 경제 불황이다. 나치 운동은 대중의 절망감, 특히 경제 불황에 처한 하층 중간 계급(lower middle class)의 절망감을 교묘히 이용하여 정치 질서와 경제 질서, 그리고 군사 질서를 긴밀하게 부합시킨다. 하나의 정당이 정치 질서를 독점하고 재편성하면서, 권력을 쟁취하기 위하여 경쟁할 다른 모든 정당을 철폐시키거나 합병시킨다. 이를 위해서 나치당은 경제 질서에서의 독점 기업과 군사 질서에서의 엘리트와 공통적인 이해점을 찾아내야 한다. 주요한 이 세 질서에서 먼저 공통의 권력 집중 현상이 발생하고, 그러고 나서 이들 각자는 권력을 획득하기 위하여 뜻을 같이하고 힘을 합친다. 힌덴부르크 대통령의 군대는 바이마르 공화국을 보호하거나 인기 있는 호전적 정당의 종대 행진을 진압하는 일에 관심이 없다. 대기업들은 다른 무엇보다도 노동 운동을 분쇄하겠다고 공약한 나치당에 자발적으로 자금을 지원한다. 이렇게 세 유형의 엘리트들은 다소 불안한 연합에 참가하여 그 각자의 질서에서 권력을 유지하면서 사회의 나머지 부분을 조정한다. 지금까지 경쟁했던 정당들은 탄압받고 비합법화되거나 자발적으로 해체되기도 한다. 종교 제도와 친족 제도도 그밖의 모든 질서 내의, 그리고 질서 간의 모든 조직체처럼 침범당하고 조정되거나, 그렇지 않으면 적어도 중립화된다.

전체주의적 정당국가는 그 세 가지 지배 질서의 상급 기관들이 그들 자체와 그외의 제도적 질서를 조정하는 수단이다. 그것은 그저 '법에 의한 통치'를 보호하는 것이 아니라 모든 제도적 질서에 목표를 강제 주입시키는 보편적인 '주요 조직'(frame organization)이다. 그 정당은 '보조반'(auxiliaries)과 '입당'이라는 형태로 점점 확장되어 도처에 그 세력을 떨친다. 그것은 가족을 비롯한 모든 형태의 조직을 해체시키고 침투하여, 끝내 그 조직에 대한 통제권을 획득한다.

모든 제도의 상징 영역은 그 정당에 의해서 통제된다. 일부 종교 질서를 제외하고는 어떠한 제도도 그 정당에 대항하여 합법적인 자율성을 주장할 수 없다. 그 정당은 교육 제도를 포함한 공식적인 커뮤니케이션을 독점적으로 장악한다. 모든 상징들은 재조정된 사회의 기본적인 정당화 질서를 만들어낸다. 상당한 정도까지 협박 조직에 의해 유지되는 사회구조에서는 엄격한 위계 질서를 통한 절대적이고 마술적인 지도력(카리스마적 지배)의 원리가 광범위하게 공표된다.[18]

그러나 이만큼으로도 내가 분명하다고 생각하는 다음과 같은 사실을 증명하기에 충분하다. 즉, 사회구조의 통일성을 이해시켜주는 보편적 도식이라는 '거대이론'은 존재하지 않으며, '일반'(überhaupt)으로 받아들여지는, 그 역사가 깊고 지루한 사회 질서 문제에 대한 해답은 하나가 아니다. 그 문제를 해결하려면 내가 여기에 개괄한 것과 같은 다양한 작업 모델로 연구가 이루어져야 한다. 이 모델들은 역사적이고 현대적인 사회구조의 범위와의 긴밀하고 경험적인 관련하에 쓰일 것이다.

또한 이 '통합 양식'은 역사적 변동을 설명할 만한 작업 모델이 될 수 있다는 사실을 이해하는 것이 중요하다. 예를 들어, 토크빌이 살던 시대의 미국 사회와 20세기 중엽의 미국 사회를 비교해보면, 곧 19세기 구조의 결합 방식과 현대(20세기 중엽)의 통합 방식이 크게 다르다는 사실을 알 수 있다. 우리는 다음과 같은 의문을 제기할 수 있다. 그 제도적 질서들은 각각 어떻게 변했는가? 다른 제도와의 관계는 어떻게 변했는가? 이 구조적 변동의 비율과 속도는 어느 정도였는가? 그리고 이 세 경우에 그 변동의 필연적이고 충분한 원인은 무엇이었는가? 물론 대개의 경우, 적절한 원인을 찾으려면 최소한 역사적이고 비교학적인 방법을 통한 연구를 해야 한다. 우리는 사회 변동이 한 형태의 '통합 양식'을 다른 형태로 전환시켰음을 지적함으로써 사회 변동의 분석을 전체적으로 총괄할 수 있고, 따라서 광범위한 문제들을 간단하게 파악할 수 있다. 예를 들어 지난 세기의 미국 역사를 관찰해보면, 대개 부합에 의하여 통합된 사회구조가 조정에 근거한 사회구조로 변화했다는 것을 알 수 있다.

역사 이론에 대한 일반 문제는 사회구조 이론에 관한 일반 문제와 별

---

18) Franz Neumann, *Behemoth*, New York, Oxford, 1942. 이 저서야말로 역사적 사회의 구조적 분석이 어떠해야 하는가를 보여주는 정말 훌륭한 본보기이다. 앞의 설명에 대해서는 H. H. Gerth & C. W. Mills, *Character and Social Structure*, New York, Harcourt, Brace, 1953, pp. 363ff를 참조하라.

개일 수 없다. 사회과학자들이 실제로 연구 작업을 할 때, 역사와 사회구조를 통일된 방법으로 이해하는 데 그다지 큰 이론적 어려움을 경험하지 않는 것은 틀림없다. 아마도 바로 이것이 사회과학에서 노이만의 『비히모스』(주 18번 참조) 한 권이 파슨스의 『사회 체계』를 20권 합친 것보다 더 가치 있는 이유일 것이다.

물론 질서와 변동의 문제, 즉 사회구조와 역사 문제를 명확하게 진술하기 위해서 이러한 점들을 지적하는 것은 아니다. 나는 단지 이 문제들의 윤곽을 제시하고, 지금까지 그에 관하여 이루어진 연구 성과를 알리고 싶을 뿐이다. 그리고 아마 이러한 언급은 사회과학을 전망하는 한 측면을 명시하는 데도 도움이 될 것이다. 물론 사회과학의 주요한 문제 중의 하나를 다룬 거대이론가들의 방법이 얼마나 부적절한가를 지적하려는 목적도 있었다. 『사회 체계』에서 파슨스는 자신이 구성한 사회 질서의 모델이 보편적인 모델이라는 생각에 사로잡혔기 때문에 사회과학 연구에 제대로 착수할 수 없었다. 사실 그는 자신의 '개념'을 맹목적으로 숭배했다. 이 거대이론에 '체계적인' 것이 있다면, 그것은 구체적이고 경험적인 문제의 범위를 초월하는 방법일 것이다. 거대이론은 인식 가능한 모든 새로운 큰 문제를 더 정확하고 더 적합하게 제기하지 못한다. 거대이론은 사회 체계의 어떤 것을 더 명확하게 보고, 인간과 제도가 구체적인 존재로 생활하는 역사적 현실의 관점에서 어떤 문제를 해결하기 위하여 잠시 동안 큰 뜻을 품어보려는 욕구에서 발전되어 나온 것이 아니다. 거대이론의 문제, 그 전개 과정, 그 해결책은 거대하게 이론적이다.

사회과학의 연구 내에서 체계적인 개념 구성으로의 후퇴는 그저 형식에 그쳐야 한다. 그런데 독일에서는 이 형식적인 연구의 성과가 이내 백과사전적이고 역사적인 효용이 되었음을 상기할 필요가 있다. 막스 베버의 정신(ethos)이 지도한 이 연구 방법은 독일의 고전적 전통의 정점이었다. 그것은 상당 부분 사회에 관한 일반적 개념이 역사적 설명과 긴밀하게 연결되는 사회학적 연구에 의하여 가능해졌다. 고전적 마르크스주의는 근대 사회학의 발전에 주요한 역할을 했다. 즉, 기타 많은 사회학자와 마찬가지로 막스 베버도 마르크스와 대화함으로써 그의 연구에 많은 진전을 거두었다. 그러나 미국 학자의 건망증은 항상 일깨워줘야 한다. 우리는 거대이론에서 또 다른 형식주의적 후퇴를 마주하게 되며, 단순한 일시 중지에 지나지 않았던 것이 이제는 영원한 것이 되어버린 것 같다. 스페인의 속담에도 있듯이, "카드를 잘 섞는다고 카드를 잘하는 것은 아니다".19)

---

19) 파슨스의 텍스트로부터 파악할 수 있는 특수한 사회관은 직접적인 이데올로기로 사용될 수 있으며, 전통적으로 그러한 견해들은 보수주의적 사고 양식과 연관되어왔다. 거대이론가들은 거의 정치적 무대로 내려오지 않았다. 확실히 그들은 그들의 문제를 현대 사회의 정치적 상황에 거의 두지 않았다. 그렇다고 해서 그들의 연구에 이데올로기적인 의미가 없다는 것은 물론 아니다. 나는 파슨스를 이러한 문맥에서 분석하지는 않을 것이다. 왜냐하면 『사회 체계』를 적절하게 해석해보면 그 정치적 의미가 거의 표면에 드러나 있어 굳이 더 명백하게 밝힐 필요가 없기 때문이다. 거대이론은 이제 직접적인 관료적 역할을 수행하지는 않는다. 그리고 내가 지적한 바와 같이 그 이론은 대단히 난해하고 불분명하기 때문에 그것이 바라는 공중의 지지를 못 받고 있다. 이는 물론 장점이 될 수도 있다. 즉, 불분명성 덕분에 큰 이데올로기적 잠재력을 갖는다.

거대이론의 이데올로기적 의미는 안정된 지배 형태를 정당화하는 경향이 크다. 그러나 보수적 집단이 정교한 정당화의 필요성을 더 크게 느낄 때만 거대이론은 정치적 의미를 지닌다. 나는 다음과 같은 질문으로 이 장(章)을 시작했다. 『사회 체계』에 제시된 거대이론은 단순히 쓸데없는 말잔치에 불과한가, 아니면 그 안에 중요한 어떤 것을 담고 있는가? 그에 대한 나의 대답은 이렇다. 약 50%는 쓸데없는 말잔치이고, 40%는 유명한 사회학 교과서이다. 나머지 10%는 파슨스가 말한 바와 같이, 독자들의 경험적 조사에 맡길 생각이다. 나 자신의 연구에 따르면 이 나머지 10%는 애매모호하게나마 이데올로기적 효용성을 지니고 있다.

제3장 추상적 경험주의
Abstracted Empiricism

추상적 경험주의(abstracted empiricism: 말의 뜻을 정확히 번역하면 추상화된 경험주의라 해야겠으나 우리말의 편의상 추상적 경험주의라고 번역하였다—옮긴이 주)는 거대이론처럼 연구 과정에서 하나의 중요한 고리를 갖고 있으며, 그 고리가 정신을 지배하도록 내버려둔다. 이 두 연구 방법 모두 사회과학의 과제로부터 멀리 물러나 있다. 물론 방법과 이론에 대한 고찰은 우리의 과제를 탐구하는 데 중요하지만, 거대이론과 추상적 경험주의에서 이론과 방법은 한낱 장애물이 되어버리고 만다. 즉, 추상적 경험주의의 방법론적 금기(inhibition)는 거대이론의 '개념' 숭배나 매한가지이다.

1

내가 여기서 시도하고자 하는 것은 추상적 경험주의자들의 모든 연구 성과를 요약하는 것이 아니라, 단지 이 연구 양식의 전체적 성격과 몇몇 가정을 명쾌하게 밝히려는 것뿐이다. 이 연구 방식에서 공인된 연구들은 지금 어느 정도 표준 형태가 되는 경향이 있다. 실제로 이 새로운 학파는 표집 절차로 뽑은 개인들과의 면접 결과를 기본적인 '자료'로 삼는다. 그들의 대답을 분류하고 편의상 홀러리스 카드(Hollerith Card: 홀러리스는 펀치 카드를 고안한 미국의 통계학자—옮긴이 주)로 찍어 통계학적으로 점수를 계산한 다음 그것에서 상관 관계를 찾는다. 이러한 사실과, 매우 총명한 사람이라면 그 절차를 쉽게 배울 수 있다는 점 때문에 이 방법은 분명 매력적이다. 그 결과는 보통 통계적인 주장의 형태를 띤다. 즉, 가장 간단한 수준에서는 개개의 특정 결과들이 비율의 단언이고, 약간 복잡한 수준에서는 여러 질문에 대한 답변이 정교한 교차—분류(cross-classification)로 결합되었다가 다시 여러 방법에 의하여 척도(scale)를 형성한다. 그러한 자료를 조작하는 방법은 여러 가지가 있으며, 이는 자못 복잡하다. 그러나 여기서 우리가 논하려는 것은 그것이 아니다. 왜냐하면 얼마나 복잡하든 그것들은 여전히 계통적으로 수집된 자료의 조작에 지나지 않기 때문이다.

비록 여론과 커뮤니케이션의 문제를 지적 연구의 한 분야로 강조하는 개념이 이 연구 방식과 연관된 적은 없었지만, 광고와 미디어 조사와는 별도로 '여론'이 이 방식의 주요 연구 주제이다. 이 연구의 기본 틀은 누가 누구에게 무엇을 어떤 미디어를 통해서 말했으며 그 결과는 무엇인가 하는 문제를 간단하게 분류하는 것이다. 여기서 사용되는 주요 용어는 다음과 같이 정의할 수 있다.

'공중'(public)이라는 말은 방대함, 즉 수많은 사람들의 비사적(非私的)이고 비개인적인 감정과 반응을 의미한다. 이러한 여론의 성격 때문에 표본 조사가 필요하다. '의견'(opinion)이라는 말 속에는 시사적이고 일시적이며 전형적으로 정치적인 문제에 관한 의견이라는 일상적인 의미뿐만 아니라 태도, 감정, 가치, 정보 및 그와 관련된 행동도 포함되어 있다. 이것들을 적합하게

파악하기 위해서는 질문표(questionnaire)와 면접은 물론 투사법(投射法)과 척도가 필요하다.[1]

이러한 주장에서 연구 대상과 연구 방법이 서로 혼동되는 경향이 뚜렷이 나타난다. 앞의 인용 문장이 의미하는 바는 다음과 같다. 즉, 공중(公衆)이라는 단어는 내가 지금 사용하려는 바와 같이 상당수의 사람들을 말하며, 따라서 통계적으로 표본을 추출할 수 있어야 한다. 의견이란 사람들이 주장하는 바이기 때문에, 그것을 찾아내려면 반드시 사람들과 대화를 해야 한다. 그러나 간혹 그들은 응답하지 않으려 하거나 또는 못할 수도 있다. 이때를 대비해서 면접자는 '투사법과 척도'를 사용해야 한다.

여론에 대한 연구는 미국이라는 하나의 국가적 사회구조 내에서, 그것도 불과 지난 10여 년 동안에 이루어졌을 뿐이다. 아마도 그래서 그 연구들은 '여론'의 의미를 치밀하게 다듬지 못하거나, 이 분야의 주요 문제를 파악하지 못하는 듯하다. 그들은 그들에게 선택된 역사적이고 구조적인 한계 내에서는 극히 초보적인 방법으로라도 그와 같은 일을 제대로 할 수 없다.

'공중'의 문제가 서구 사회에서 떠오른 것은 전통적이고 인습적인 중세 사회의 결합이 붕괴되면서부터이다. 그것은 현대 대중 사회라는 개념으로 그 절정에 달한다. 18, 19세기에 소위 '공중'이라고 불리던 것들이 이제는 '대중'의 사회로 변화하고 있다. 더구나 사람들이 각기 매우 무력한 환경에 얽매여 있는 '대중인'으로 변모해가면서 공중의 구조적 연관성은 점점 쇠퇴하고 있다. 바로 이 점 또는 그와 비슷한 점이 공중, 여론, 그리고 매스 커뮤니케이션에 대한 연구의 선택과 설계에 필요한 기본 틀

---

[1] Bernard Berelson, 'The Study of Public Opinion', *The State of the Social Sciences*, Leonard D. White ed., Chicago, Illinois, University of Chicago Press, 1956, p. 299.

을 시사한다. 또한 민주 사회, 특히 소위 '민주주의적 전체주의' 또는 '전체주의적 민주주의'의 역사적 단계에 대해 충분히 진술되어야 한다. 간단히 말해서, 지금 시행되는 추상적 경험주의의 범주와 시각으로는 이 분야의 문제를 사회과학적으로 제기할 수 없다.

추상적 경험주의자들이 다루려고 하는 문제들―예를 들면, 대중매체 효과―은 어떤 구조적 배경 없이는 적절하게 설명할 수 없다. 거의 한 세대 동안 미디어들에 완전히 '배어 있는' 사람들만 연구한다면, 설령 고도의 정확성을 기하더라도 어떻게 이 미디어의 효과―대중 사회의 발전에 대한 그 혼합된 의미는 말할 것도 없고―를 이해할 수 있겠는가? 다양한 미디어를 많이 접한 사람과 그렇지 못한 사람을 골라내려는 시도는 광고업자에게는 의미가 클지 모르지만, 매스 미디어의 사회적 의미에 관한 이론을 발전시키는 데는 적합한 근거가 되지 못한다.

이 학파의 정치 생활 연구의 중심 주제는 '투표 행위'였다. 아마도 그것을 통계 연구에 매우 쉽게 이용할 수 있기 때문일 것 같다. 그 연구 성과의 빈약성은 그 방법의 정교함과 신중함에 맞먹는다. 정치학자들은 득표 운동을 위한 정당 기구나 정치 제도와는 무관하게 투표에 대해 철저하게 연구하는 데 흥미를 느낄 것이다. 그 예가 1940년 오하이오 주의 에리 카운티에서 실시된 선거에 대한 유명한 연구, 『인민의 선택』(*The Peoples' Choice*)이다. 이 책으로부터 부유한 농촌 신교도들은 공화당에 투표하는 성향이 있고, 이 반대 유형의 사람들은 민주당에 투표하는 성향이 있다는 사실을 알 수 있다. 그러나 미국 정치의 역동성에 대해서는 거의 아무것도 알 수 없다.

정당화라는 개념은 정치학의 중심 개념 중 하나이다. 정치학의 문제가 여론과 이데올로기와 관련될 때 특히 그러하다. 미국의 선거 정치라는 것은 여론 없는 정치이고―'여론'이라는 단어를 진지하게 생각한다면―심리학적으로 깊이 있는 정치적 의미가 결여된 투표라는― '정치적 의미'라는 구절을 진지하게 생각한다면―의혹의 시선에서 보면 '정치적 여론'에 관한 조사는 더욱더 기묘한 것이다. 그러나 이 같은 '정치 연구'에 대해서는 어떤 의문―나는 이러한 의견을 단지 의문으로만 제시하고자 한다―도 제기할 수 없다. 어떻게 그럴 수 있겠는가? 그것은 추상적 경험주의자가 인정하지 않고 또 대부분의 그 종사자들이 이용하지 않는 역사적 지식과 심리학적인 성찰을 요한다.

아마도 지난 20년 동안의 최대 사건은 제2차 세계대전일 것이다. 그 역사적·심리학적 결과는 지난 10여 년 동안 사회과학의 주된 연구 대상이었다. 그런데 이상하게도 우리는 이 전쟁의 원인에 대해서는 명확한 연구를 하지 않고 아직도 그것을 역사적으로 특정한 형태의 전쟁으로 설명하고 우리 시대의 기준점으로 삼으려고 노력하며, 어느 정도 성공을 거두었다. 전쟁에 대한 공식 기록을 제외하면 새뮤얼 스토퍼 주도하에 몇 년간 행해진 미국 군에 대한 조사가 가장 정교한 연구이다. 이러한 연구들은 사회 조사가 사회과학의 문제와 관련되지 않아도 행정적으로 사용될 수 있음을 증명해준다. 전쟁을 직접 치른 미국 병사에 관해 알고자 하는 사람들, 특히 그렇게 '사기가 저하된' 병사들이 그 수많은 전투에서 어떻게 승리를 거두었나 하는 의문을 가진 사람들은 스토퍼의 연구 결과에 분명 실망할 것이다. 그러나 그런 의문을 해결하려 하다가는 공인된 양식의 범위를 훨씬 벗어나 천박한 '탁상공론'의 영역으로 빠져들기 십상이다.

배그츠(Alfred Vagts)의 『군국주의의 역사』(*History of Militarism*) 한 권과 마셜(S. L. A. Marshall)이 『포화 속의 인간』(*Men Under Fire*)에서 사용한, 전장에서 전투원에게 접근하는 보도원 기술이 스토퍼의 책 네 권보다 훨씬 더 가치 있다.

새로운 연구 방식인 추상적 경험주의로 행해진 계층 연구에 관한 한, 새로운 개념은 만들어지지 않았다. 사실 다른 연구 방식들이 이용하는 주요 개념들이 '옮겨지지' 않았다. 대개 '사회경제적 지위'의 아주 불분명한 '지표'가 쓰였다. 추상적 경험주의자들은 '계급 의식', '허위 의식', 계급과 상반되는 지위의 개념, 그리고 통계학적으로 매력적인 베버의 '사회 계급'이라는 개념의 까다로운 문제들을 제기하지 못했다. 더욱이 소도시를 '표본 지역'으로 채택하는 연구는 그것을 아무리 집적하더라도 계급, 지위, 권력의 체계적 구조 같은 문제를 올바로 검토할 수 없음이 명백한데도 불구하고, 매우 한탄스럽게도 소도시 표본 연구는 여전히 강세를 보이고 있다.

베럴슨(B. Berelson)은 여론 연구의 변모를 논의하면서, 추상적 경험주의 방식으로 이루어진 대부분의 연구에 대해서 평가를 내렸다.

종합적으로 말해서, 이 차이(25년 전과 현재)는 여론 연구 분야에서의 혁명적인 변화를 뜻한다. 그 분야는 기술화·수량화·무이론화·단면화·특수화·특정화·제도화·'근대화'·'집단화'되었다. 다시 말해, 특유의 행동 과학으로서 '미국화'되었다. 25년 전과 더 이전에는, 탁월한 논자들이 사회의 본성과 기능에 대한 관심으로 여론을 '그 자체를 위해서'가 아니라 폭넓은 역사적·이론적·철학적 관점에서 연구하고 논문을 저술했다. 오늘날 기술 전문가들은 팀을 이루어 특정 문제에 대한 조사 계획을 세우고 그 결과를 보고한다. 25년 전에는 여론 연구가 학문의 일부였지만 오늘날에는 과학의 일부이다.[2]

---

2) Bernard Berelson, 'The Study of Public Opinion', *The State of the Social Sciences*, Leonard D. White ed., Chicago, Illinois, University of Chicago Press, 1956, pp. 304~305.

추상적 경험주의 방식의 연구를 특징지으려는 이 짧은 시도에서 내가 말하고자 하는 바는 "이 사람들은 내가 관심 있는 실질 문제를 연구하지 않았다"거나 "그들은 대부분의 사회과학자들이 중요한 문제라고 생각하는 것을 연구하지 않았다"는 것이 아니다. 내가 말하고자 하는 것은 "그들은 추상적 경험주의의 문제를 연구하기는 했으나, 그들 자신에게 기묘하게 부과한 자의적인 인식론적 범위 내에서만 문제를 제기하고 해명했다"는 것이다. 그리고 조심스럽게 표현하자면, 그들은 방법론적 금기(methodological inhibition)에 사로잡혀 있다. 이 말이 의미하는 바를 그 연구 결과로 고찰해보면, 추상적 경험주의 형식에는 아무런 주의도 기울이지 않고 세부 사항들을 계속 쌓기만 한다는 것이다. 실제로 식자공과 제본공이 제공하는 것 이외에 형식은 거의 없다. 세부 사항들은 아무리 그 수가 많다 하더라도 우리에게 어떤 확신할 만한 것을 주지는 못한다.

2

추상적 경험주의는 하나의 연구 방식으로서 실제적인 어떤 명제나 이론이 없는 것이 특징이다. 그것은 사회나 인간의 본질에 관한 어떤 새로운 개념이나 그것들에 관한 구체적인 사실에 근거하지 않는다. 추상적 경험주의자들이 전형적으로 선택하는 문제의 종류와 그들의 연구 방법을 통해 그 사실을 알 수 있다. 하지만 이러한 연구들은 이 방식의 사회 연구가 향유하는 명성을 정당화하지 못한다.

그러나 이 학파의 실제적인 성과의 특성은 이 학파를 판단할 적절한 근거가 아니다. 추상적 경험주의는 하나의 학파로서는 신참내기이고, 하나의 방법으로서는 시간이 많이 소요되며, 하나의 연구 방식으로서는 이제 겨우 보다 넓은 '문제 영역'의 범주로 들어서고 있다.

이 학파의 가장 현저한 특징—반드시 중요한 것은 아니지만—은 그것이 사용하는 행정 기구와 충원해서 훈련시킨 지식인 종사자들의 유형과 관계 된다. 행정 기구는 이제 대규모가 되었고, 그것이 점점 더 확산되고 영향력이 증대되고 있음을 암시하는 많은 증거가 있다. 지식인 행정가와 조사 기술자들—이들은 전혀 새로운 유형의 전문가들이다—은 이제 좀더 일반적인 유형의 교수와 학자들과 경쟁하고 있다.

그러나 다시 말하지만 이런 발전들은 미래 대학의 성격과 인문과학 전통, 그리고 미국 학문계에서 우세해질 정신적 자질에는 아주 중요할지 모르지만, 이런 방식의 사회 연구를 평가할 만한 충분한 근거가 되지는 않는다. 이러한 발전은 추상적 경험주의 추종자들이 인정하는 그 이상으로 나아가 그 방식의 매력과 뛰어남을 설명한다. 어쨌든 이러한 발전 덕분에 전례 없는 방식과 규모로 반숙련 기술자들에게 일자리가 주어지고 있다. 즉, 이러한 연구의 발전으로 반숙련 기술자들은 옛날의 학문적 삶의 안전성이 보장되지만 옛날과 같은 개인적 업적 성취를 요구하지는 않는 직업을 갖게 된다. 요약해서 말하면, 추상적 경험주의는 사회 연구의 미래와 그 관료화와 관련된 행정관을 동반한다.

그러나 추상적 경험주의의 가장 중요한 지적 특징은 그 종사자들이 주장하는 과학철학과 그들이 그것을 고수하고 사용하는 방식이다. 실제적인 연구 유형과 그 행정적·인적 장치의 근거를 이루는 것이 바로 이 과학철학이다. 실제 연구의 취약성과 행정 기구와 인적 장치에 대한 절실한 필요성 때문에 그들은 이 특별한 과학철학에서 지적 정당화를 찾는다.

이 점을 명백히 하는 것이 중요하다. 왜냐하면 사람들은 추상적 경험주의가 '과학'이 되고자 열망하는 그 기도의 중심에 철학 원리가 있다는 것을 쉽게 알아차리지 못하기 때문이다. 또한 추상적 경험주의자들이 그들 이론의 바탕이 되는 것이 철학이라는 것을 대개 모르기 때문에 그 점은 중요하다. 추상적 경험주의자들을 잘 아는 사람이라면 그들 중 많은 이들이 자신의 과학적 지위에만 관심이 있으며, 그들이 늘 마음속에 그리는 직업적인 자아상은 바로 자연과학자의 그것이라는 것을 부정하지 않을 것이다. 사회과학의 여러 철학적 쟁점에 관한 그들의 논의에서 변함 없는 한 가지는 그들은 '자연과학자'이며, 또는 최소한 그들이 '자연과학의 입장을 대표한다'는 것이다. 그리하여 그들은 매우 세련된 물리학자와 토론할 때나 의기양양한 물리학자 앞에서는 자아상이 단순한 '과학자'로 위축된다.3)

실제로 추상적 경험주의자들은 사회 연구 그 자체보다는 과학철학에 더 관심이 많다. 간단히 말해서 그들이 지금껏 한 일은 그들이 '과학적 방법'이라고 생각하는 한 가지 과학철학을 받드는 것이었다. 이 연구 모델은 주로 인식론적인 구조(construction)이다. 사회과학 내에서 그것의 가장 중요한 성과는 일종의 방법론적 금기였다. 즉, 추상적 경험주의자들이 선택하는 문제의 종류와 그것을 파악하는 방법이 극단적으로 '과학적 방법'에 제한되어 있다는 뜻이다. 간단히 말해서 '방법론'이 문제를 결정하는 것처럼 보인다는 것이다. 그리고 결국 그렇게 될 수밖에 없다.

---

3) 이에 대해서는 다음과 같은 예를 들 수 있다. 조지 런드버그는 여러 철학적 쟁점, 특히 '정신' 현상의 본질과 그에 대한 그의 견해와 인식론과의 관계를 논의하면서 다음과 같이 말했다. "'학파'에 대한 이러한 불확실한 정의 때문에, 그리고 특히 '실증주의'라는 용어가 여러 사람에게 이상야릇한 인상을 주기 때문에, 나는 항상 나 자신의 견해를 전통적 철학 — 실증주의는 이 전통 철학 가운데 하나로 콩트 이후로 광범위하게 쓰이기 시작했다 — 의 인습적 학파와 동일시하기보다는 '자연과학'으로 특징지으려고 애썼다." 그리고 "도드(Dodd)와 나는 공동으로 자연과학자들의 견해를 받아들여, 경험과학의 자료는 인간의 감각을 통한 상징화된 반작용('감각기관'의 반응을 포함한 우리의 모든 반응)으로 이루어진다는 가정에 입각하여 연구를 진행했다". 그리고 "모든 자연과학자들과 마찬가지로 우리는 다음과 같은 견해를 분명히 거부한다." 'The Natural Science Trend in Sociology', *The American Journal of Sociology*, Vol. LXI, No. 3, November, 1955, pp. 191~192.

여기서 표명한 '과학적 방법'은 일반적으로 사회과학 연구의 고전적 계보로 여겨지는 것에서 발생한 것도 아니고, 또 그것의 일반화도 아니다. 그것은 주로 자연과학의 한 철학을 적당히 수정한 것이다.

사회과학의 철학은 크게 두 종류의 시도로 이루어진 듯하다. (1) 철학자들은 사회 연구 과정에서 실제로 일어나는 일을 조사하여 그중에서 가장 유망해보이는 연구 절차들을 일반화하고 체계적으로 정리한다. 이는 대단히 까다로운 작업으로, 곧잘 헛소리로 끝나버리기도 한다. 그러나 사회과학자가 모두 이것을 수행하면 어려움을 훨씬 덜 수도 있고, 또 사회과학자라면 마땅히 해야 하는 일이다. 그러나 지금까지는 별다른 성과가 없었으며, 극히 한정된 방법에만 적용되어왔다. (2) 내가 추상적 경험주의라고 부른 사회 연구 방식은 사회과학 연구를 위한 프로그램과 규준을 형성하기 위해서 '자연과학의 철학'을 재천명하고 채택하려는 듯하다.

방법이란 어떤 것을 이해하거나 설명하기 위하여 사람들이 사용하는 절차이다. 방법론은 바로 그러한 방법을 연구하는 것이다. 즉, 그것은 연구자들이 연구 작업을 하면서 행하는 것에 대한 이론을 제공한다. 방법에는 여러 가지가 있기 때문에 방법론은 필연적으로 개괄적인 경향이 있고, 따라서 대개는 연구자들에게 구체적인 절차를 제공해주지 못한다. 물론 그럴 수도 있다. 인식론은 그 연구자들이 '지식'의 근거와 한계, 즉 그 성격에 몰두하기 때문에 방법론보다 훨씬 더 개괄적이다. 현대 인식론자들은 그들의 동기를 근대 물리학의 방법에서 취하려고 한다. 근대 물리학의 관점에서 지식에 관한 일반 문제를 제기하고 설명하려 하기 때문에 그들은 사실상 물리철학자나 마찬가지이다. 자연과학자 중에는 이러한 철학적 연구에 관심이 있는 이들도 있고, 그저 재미 삼아 하는 이들도 있다. 또 대부분의 철학자들이 인정하는 현재의 모델에 찬성하는 자연과학자도 있고, 그렇지 않은 학자도 있다. 그리고 수많은 과학자들은 그것을 전혀 인식하지 못하고 있다.

물리학은 엄밀한 수학적 이론에서 정확하고 엄밀한 실험적 문제들을 도출해낼 수 있는 단계에 도달했다고 한다. 그것은 그 단계에 이르지 못했다. 왜냐하면, 인식론자들이 자신들이 구성한 연구 모델 내에서 그러한 상호작용을 언명했기 때문이다. 그 순서가 거꾸로 된 것처럼 보인다. 과학의 인식론은 이론 물리학자와 실험 물리학자들이 사용하는 방법에 기생하고 있다.

노벨 물리학상 수상자인 폴리카프 쿠슈(Polykarp Kusch)는 소위 '과학적 방법'이란 것은 존재하지 않으며, 그 이름으로 불리는 것은 지극히 간단한 문제들이라고 단언했다. 또 다른 노벨 물리학상 수상자인 퍼시 브리지먼(Percy Bridgman)은 거기에서 한 걸음 더 나아가 "과학적 방법이라는 것은 존재하지 않는다. 과학자의 연구 방법의 중요한 특징은 '어떤 장애물도 없다'라는 신념으로 그저 최선을 다하는 것이다"라고 말했다. 윌리엄 베크(William S. Beck)는 "발견의 공학은 아직 밝혀지지 않았다. …… 나는 창조적 과정은 개인의 감정적 구조와 긴밀히 연결되어 있기 때문에…… 그 창조적 과정을 일반화하는 것은 어려운 문제라고 생각한다"라고 말했다.[4]

3

방법의 전문가들은 또한 한두 분야의 사회철학에도 전문가가 되는 경향이 있다. 오늘날의 사회학에서 그들에 대해 짚고 넘어가

---

4) William S. Beck, *Modern Science and the Nature of Life*, New York, Harcourt, Brace, 1957.

야 할 중요한 점은 그들이 전문가라는 것이 아니라 그들의 전문성이 사회과학 전체의 전문화 과정을 촉진시킨다는 것이다. 더구나 그들은 방법론적 금기에 따라서, 그리고 전문화 과정을 구체화시키는 연구 기관의 관점에서 그 과정을 촉진시킨다. 그들의 전문화는 연구 분야에 따라서 주제를 전문화하는 어떤 도식의 제안이나 사회구조의 문제를 조망할 수 있는 어떤 개념도 아니다. 그것은 내용이나 문제, 영역과는 관계가 없는 '방법' 사용에만 근거한 계획된 전문화이다. 이 모든 것은 가끔씩 나타나는 현상이 아니다. 언제든지 실증될 수 있는 점들이다.

추상적 경험주의의 주도 면밀한 대변자인 폴 라자스펠드는 하나의 연구 방법으로서의 추상적 경험주의와 사회과학 내에서의 그 역할에 관해서 가장 명확하고도 직접적으로 진술했다.[5]

라자스펠드는 '사회학'을 '사회학' 특유의 방법이 아닌 방법론적 전문화의 관점에서 하나의 전문 분야로 정의한다. 이런 관점에서 보면, 사회학자는 모든 사회과학을 다루는 방법론자이다.

그렇다면 이것은 우리가 가장 명백히 밝힐 수 있는 사회학자의 첫번째 역할이다. 사회학자는 말하자면 새로운 인간사가 경험과학의 조사 대상이 되려 할 때 사회과학자들의 군대에서 수색대의 역할을 맡는 것이다. 첫걸음을 내딛는 것은 사회학자이다. 그는 사회철학자, 개인 관찰자, 해설가와 조직적인 팀으로 구성된 경험적 연구자와 분석가 사이를 연결해주는 징검다리이다. …… 역사적으로 말하면, 우리는 사회적 주제를 관찰하는 세 가지 주요 방법

---

[5] 'What is Sociology?', Universitets Studentkontor, Skrivemaskinstua, Oslo, September, 1948(mineo). 이 논문은 조사 연구소를 설립하면서 전체적인 지도(指導)를 구하는 사람들을 위해 쓴 것이다. 그만큼 간략하고 분명하며 권위가 있어 현재 나의 목적에 매우 적합하다. 이보다 더 정교하고 우수한 서술도 물론 있다. 예를 들면, Lazarsfeld & Rosenberg ed., *The Language of Social Research*, Glencoe, Illinois, The Free Press, 1955를 참조하라.

을 구별할 줄 알아야 한다. 즉, 개인 관찰자에 의한 사회 분석, 조직화되고 성숙한 경험적 과학, 그리고 사회 행동의 어느 특수한 분야의 사회학이라 불리는 과도적 단계가 그것이다. …… 나는 사회철학으로부터 경험적 사회학으로 넘어가는 이 과도기에 지금까지 이루어진 성과에 대해서 논평하는 것이 매우 유익하다고 생각한다.6)

'개인 관찰자'가 이상하게도 '사회철학자'와 동일시되는 점에 주목하기 바란다. 또한 이것이 지적인 프로그램과 행정적 계획의 진술이라는 사실에 주목하라. "어떤 영역의 인간 행동은 명칭, 연구소, 예산, 자료, 인원 등을 갖춘 조직화된 사회과학의 대상이 된 데 반하여, 기타 다른 영역들은 미개발 상태에 있다." 그러나 어떤 영역이든 개발되거나 '사회학화될' 수 있다.

사실 우리는 인간의 행복을 연구하는 사회과학의 명칭조차 가지고 있지 않다. 그러나 그러한 학문을 방해하는 제약은 하나도 없다. 행복의 등급에 관한 자료를 수집하는 것은 수입, 저축, 가격에 관한 자료를 수집하는 것보다 더 어려운 일도 아니고 돈이 더 들어가는 일도 아니다.

그렇다면 일련의 전문화된 '사회과학'에 산파 역할을 하는 사회학은 아직 '방법'의 대상이 되지 않은 문제 영역과 '완전히 발달한 사회과학' 사이에 있다. '완전히 발달한 사회과학'이라는 것이 무엇인지에 대해서는 명확하게 밝혀지지 않았지만, 오직 인구학과 경제학만이 그 자격을 갖춘 듯하다. "인간사를 과학적 방법으로 다루는 것이 필요하고, 또 그것

---

6) 'What is Sociology?', Universitets Studentkontor, Skrivemaskinstua, Oslo, September, 1948, pp. 4~5.

이 가능하다는 것에 대하여 이의를 제기하는 사람은 없다. 지난 100여 년 동안 우리는 여러 방면의 인간 행동을 다루는 경제학과 인구학 같은 완전히 발달한 학문을 갖게 되었다." 20여 페이지에 달하는 이 논문에 '완전히 발달한 사회과학'에 대해서는 더 이상 상술되어 있지 않다.

사회학이 철학을 과학으로 변화시킬 의무가 있다고 할 때, 이것이 의미하고 가정하는 바는 '방법'이 너무나 뛰어나기 때문에 변화될 영역의 전통적인 학문적 지식이 필요 없다는 것이다. 확실히 그러한 지식은 이 언명이 암시하는 것보다 더 많은 시간을 요할 것이다. 이 말의 뜻은 정치학에 관한 다음과 같은 우연한 언급으로 명확하게 이해할 수 있다. "⋯⋯그리스인들은 정치과학을 갖고 있었으며, 독일인들은 국가정치학(Staatslehr)을 논하고, 앵글로색슨인들은 정치학(political science)을 얘기한다. 그러나 아직까지 이 정치학 분야의 서적들이 다루는 것을 명확하게 이해시킬 수 있을 만큼 훌륭한 내용 분석을 한 사람은 한 명도 없다."[7]

따라서 완전히 성숙한 경험적 사회과학자들의 조직적인 팀과 비조직적이고 개인적인 사회철학자들이 양립한다. 사회학자는 '방법론자'로서 후자를 전자로 변화시킨다. 요컨대, 그는 한편으로는 지적이고, 아니 오히려 '과학적'이고, 다른 한편으로는 행정적인, '과학을 만드는 사람'(sciencemaker)이다.

"〔'사회철학'과 '개인 관찰자'에서 '조직적이고 완전히 성숙한 경험적 과학'으로의〕 변화는 대개 다음의 네 단계를 거친다."

---

7) 'What is Sociology?', Universitets Studentkontor, Skrivemaskinstua, Oslo, September, 1948, p. 5 "어떤 자료를 내용 분석한다는 것은 본질적으로 선험적 범주 체계에 따라 문서(용어, 문장, 주제)의 작은 단위를 분류하는 일이다." Peter H. Rossi, 'Methods of Social Research, 1945~1955', *Sociology in the United States of America*, Hans L. Zetterberg ed., Paris, France, UNESCO, 1956, p. 33.

(1) "먼저 강조점이 제도와 관념의 역사에서 사람들의 구체적인 행위로 바뀐다." 이 과정은 그리 단순하지 않다. 제6장에서 보겠지만, 추상적 경험주의는 평범한 경험주의가 아니다. '사람들의 구체적 행위'는 그 연구 단위가 아니다. 곧 나는 추상적 경험주의가 선택하는 것은 소위 '심리학주의'(psychologism)이며, 더구나 그들이 개인적 환경에 지배되어 사회구조의 문제를 끈질기게 회피한다는 사실을 증명해보일 것이다.

(2) 라자스펠드는 계속 말한다. "두번째로, 인간사의 한 부분만을 연구하는 것이 아니라 그것을 다른 부분들과 연결시키는 경향이 있다." 나는 그렇게 생각하지 않는다. 마르크스나 베버나 스펜서의 저서들과 추상적 경험주의자의 저서를 비교해보기만 해도 그 말이 틀렸음을 알 수 있다. 하지만 그 의미는 통계적인 상관 관계에 한정되어 있다.

(3) "세번째 경향은 오직 일회적인 사회 상황이나 문제보다는 반복하여 발생하는 상황이나 문제를 연구하려 한다는 것이다." 이는 구조적인 고찰을 언급하려는 시도로 생각할 수 있다. 왜냐하면 사회 생활의 '반복'이나 '규칙성'은 기존 구조에 부착되어 있기 때문이다. 예를 들어, 미국의 정치 운동을 이해하려면 먼저 정당의 구조와 경제 방면에서의 정당의 역할 등을 알아야 한다. 그러나 라자스펠드가 말하려는 것은 이것이 아니라, 선거란 많은 사람들이 비슷한 행위를 하는 것이고, 또 그 선거들은 되풀이되기 때문에 개인의 투표 행위는 통계학적으로 연구할 수 있고, 몇 번이나 재연구할 수 있다는 것이다.

(4) "마지막으로, 역사적인 사회 사건보다는 현대적인 사회 사건을 더 강조한다." 추상적 경험주의가 역사를 강조하지 않는 것은 그 인식론적 선호 때문이다. "…… 그러므로 사회학자는 필요한 자료를 쉽게 얻을 수 있는 현대 사건을 주로 취급할 것이다." 이러한 인식론적 편향은 실재 문제들을 사회과학 연구의 방향 설정점으로 파악하는 것과는 대조를 이룬다.8)

이러한 문제를 더 자세하게 고찰하기에 앞서, 사회학에는 두 가지 임무가 더 있다는 라자스펠드의 진술을 완전하게 보고해야겠다.

…… 사회학적 조사는 과학적 절차를 새로운 영역들에 적용시키는 것에 있다. 그것들(라자스펠드의 소견들)은 사회철학으로부터 경험적인 사회 연구로의 전환기에 지배적일 수 있는 분위기를 조야하게 특징짓는다. …… 사회학자는 새로운 부문의 인간사를 연구하기 때문에, 자신이 원하는 자료를 스스로 수집해야 한다. …… 사회학자의 두번째 주요 역할이 등장한 것은 바로 이런 상황과 관련되어서이다. 이때의 사회학자는 다른 사회과학을 위한 '연장을 만드는 사람'(toolmaker)이 되어야 한다. 사회학자들이 자료를 수집하면서 겪은 많은 문제들을 얘기해보고자 한다. 그는 사람들에게 그들이 행하고 보고 원하는 것이 무엇인가를 빈번이 물어야 한다. 그런데 사람들은 그들의 행위를 기억하지 못하는 경우가 종종 있다. 또 사회학자들에게 그것을 말하기를 대단히 싫어한다. 또 그들은 우리가 알고자 하는 것을 정확하게 이해하지 못한다. 그래서 중요하고도 복잡한 면접 기술이 개발되었다. ……

…… 그러나 [사회학자들은] 역사적으로 세번째 기능인 '해석가'의 노릇을 해왔다. …… 사회 관계의 기술과 해석은 구별하는 것이 좋다. 해석 수준에서 우리는 주로 '왜'라는 일상 용어가 포괄하는 문제들을 취급한다. 왜 사람들은 전보다 덜 출산하는가? 왜 사람들은 시골에서 도시로 이주하려고 하는가? 왜 선거는 이기고 지는가? ……

이것을 설명할 수 있는 기본적 기술은 통계학적인 것이다. 우리는 자녀가 많은 가족과 적은 가족을 비교해야 한다. 자주 일을 쉬는 사람과 매일 아침 출근하는 사람을 비교해야 한다. 그러나 그들의 '무엇'을 비교해야 하는가?[9]

8) 모든 인용문은 Lazarsfeld, 'What is Sociology?', Universitets Studentkontor, Skrivemaskinstua, Oslo, September, 1948, pp. 5~6에서 발췌한 것이다.

사회학자가 갑자기 백과전서적인 입장을 취하는 것처럼 보인다. 사회과학의 모든 부문에는 해석과 이론이 있지만, 여기서 우리는 '해석'과 '이론'이 사회학자의 영역이라는 말을 듣게 된다. 이들 다른 해석들이 아직 과학적이지 못하다는 것을 깨달으면 그 의미는 분명해진다. 사회학자가 철학을 과학으로 변형시킬 때 행하는 '해석'의 종류는 통계학적 연구에서 유용하게 쓰이는 '해석 변수들'이다. 더욱이 사회학적 현실을 심리학적 변수로 축소시키는 경향을 주목하기 바란다.

우리는 사람들의 인격과 경험, 태도에 무언가가 있다고 가정해야 한다. 그런데 그 무언가는 외부에서 볼 때는 똑같아 보이는 상황에서 사람들이 서로 다르게 행동하게 만든다. 이때 필요한 것은 경험적 조사로 검증할 수 있는 설명적 관념과 개념이다.

'사회 이론' 전체가 그러한 개념들, 즉 통계학적 발견을 해석할 때 사용하는 변수들의 체계적인 집합이다.

우리가 이러한 개념을 사회학적이라고 칭하는 것은 그것이 여러 사회 행동에 적용되기 때문이다. …… 사회학자들은 가격이나 범죄 또는 자살이나 투표 통계의 분석 같은 특수한 영역에서 찾을 수 있는 경험적 결과를 해석하는 데 유용한 이 개념들을 수집하고 분석해야 할 의무가 있다. 사회 이론이라는 용어는 이러한 개념과 그 상호 관계를 체계적으로 제시하는 데도 가끔 사용된다.10)

---

9) Lazarsfeld, 'What is Sociology?', Universitets Studentkontor, Skrivemaskinstua, Oslo, September, 1948, pp. 7~8, 12~13.

이왕 말이 나온 김에 덧붙이자면, 이 진술이 사회학자가 실제로 지금까지 해온 역사적 역할에 관한 이론인지—이 경우에 그 진술은 확실히 부적합하다—아니면 사회학자가 모든 것을 해석하는 산파 기술자와 파수꾼이어야 한다는 암시인지—물론 이 경우에 사회학자는 자기 자신의 실재 문제를 연구하기 위하여 그 권유를 거절할 수도 있다—확실히 알 수 없다. 그렇다면 그것은 사실인가 격언인가, 아니면 진술인가 계획인가?

아마 그것은 과학의 자연사(自然史)로 위장된, 기술 철학의 선전이자 행정력에 대한 예찬일 것이다.

조사 기관에 안주하는 과학을 만드는 사람, 연장을 만드는 사람, 해석의 파수꾼으로서의 사회학자의 개념—그 개념에 의하여 가장 분명하게 서술되는 연구 방법 전체는 말할 것도 없고—은 지금부터 내가 보다 체계적으로 지적하려고 하는 몇 가지 문제를 내포하고 있다.

4

추상적 경험주의자들은 그들의 연구 성과가 빈약한 것이 그 '방법'에 내재한 어떤 특징 때문이 아니라 돈과 시간이라는 '우연적 성격'의 원인 때문이라고 주장한다.

첫째, 그러한 방식의 연구는 돈이 대단히 많이 들기 때문에 일반적으로 연구 자금을 댈 수 있는 재단에 의해 수행되었다. 게다가 그들의 관심사는 산만하고 통일성이 없었다. 따라서 조사자는 진정한 조사 결과를

---

10) Lazarsfeld, 'What is Sociology?', Universitets Studentkontor, Skivemaskinstua, Oslo, September 1948, p. 17.

집적할 수 있는, 즉 좀더 의미 있는 방식으로 결과를 낼 수 있는 문제를 선택할 수 없었다. 그들은 최선을 다했다. 그러나 일련의 유익한 실재 문제에는 관심을 가질 수 없었고, 그래서 실질 문제와는 관계없이 작업할 수 있는 방법을 발전시키는 일에 전념할 수밖에 없었다.

간단히 말해서, 진리의 경제학—조사 비용—이 진리의 정치학—중요한 쟁점을 명확히 밝히고 정치적 논쟁을 보다 현실에 근접시키기 위한 조사의 이용—과 갈등 관계에 있는 것 같다. 결론은 만약 사회 조사 연구소가 국가 전체의 과학 기금 가운데 25%를 갖고, 그 돈을 마음대로 쓸 수만 있다면 상황은 지금보다 훨씬 더 좋아질 거라는 것이다. 이것이 정당한 기대인지 아닌지 나는 확신할 수 없다. 다른 사람들도 마찬가지이다. 그것은 선전 활동을 위해 사회과학 연구를 단념한 행정적 지식인들의 신념이다. 그러나 이것을 '진정한' 쟁점으로 삼으면 모든 지적 비판의 타당성은 상실되고 말 것이다. 더군다나 한 가지 점만큼은 명백하다. 즉, 그 '방법'이 비용이 많이 들기 때문에 그 종사자들은 그들의 연구를 상업적이고 관료적인 일에 종종 이용했으며, 이것이 그 방식에 영향을 미쳤다는 것이다.

두번째 변명은, 비평가들이 너무 조급하게 군다는 것이다. 나는 '과학의 필요 조건'에 관한 장중한 토론은 10년이 아닌 100년을 단위로 벌어지고 있음을 알고 있다. 추상적 경험주의자들은 그렇게 이루어진 연구를 하나하나 축적하면 사회에 관한 중요한 결과들이 그 연구로부터 일반화될 수 있다고 말한다. 이런 식의 정당화는 사회과학의 발전을 기묘한 빌딩 블록 쌓기로 보는 것이다. 그것은 이러한 연구들이 본질적으로 '단위'가 될 수 있으며, 미래의 어느 시점에서 그 단위들이 '쌓이고' '서로 끼워 맞춰져' 확실하고 확고한 전체 상을 '세울' 수 있다고 가정한다. 이것은 단순한 가정(assumption)이 아니라, 명백한 방침(policy)이다. 라자스펠드는 '경험과학'을 이렇게 정의했다.

'경험과학'은 구체적인 문제를 연구하고, 자세하고 신중하고 많은 시간을 들인 조사의 결과들을 종합함으로써 보다 광범위한 지식을 구축해야 한다. 더 많은 학생들이 사회과학을 전공하는 것은 분명 바람직스러운 현상이다. 그것이 하룻밤 사이에 세상을 구원해줄 것이기 때문이 아니다. 그것이 사회 사건을 이해하고 통제할 수 있게 해주는 통합된 사회과학의 발전이라는 힘든 과제를 가속화시켜줄 것이기 때문이다.[11]

우선 정치적 불명료성은 차치하더라도, 그 암시된 공언은 연구 결과가 '종합'될 수 있고, 또 그것이 '통합된 사회과학'이 될 것이라는 가정으로 그 연구를 사소한 조사들로 좁히는 것이다. 나는 이와 같은 연구가 결국 부적합한 이론으로 전락할 수밖에 없는 이유를 그 조사자들이 얻어내는 결과의 빈약성이라는 외적 원인보다는 그 연구 방법과 공언에 내재한 원인에서 찾으려 한다.

나의 첫번째 요점은 이론과 조사의 관계와 거대한 개념 구성과 지엽적 설명의 우선권에 대해 사회과학자들이 채택해야 하는 방침과 관계있다.

물론 이론 없는 경험적 자료의 맹목성과 경험적 자료가 결여된 이론의 공허성은 사회과학의 모든 학파가 인정한다. 그러나 우리는 철학적 윤색보다는 그 관행과 결과를 검토해야 한다. 라자스펠드의 솔직한 진술에서는 '이론'과 '경험적 자료' 같은 중요한 개념들이 아주 명확해진다. '이론'은 통계적 발견을 해석하는 데 유용한 변수들이고, '경험적 자료'는 그 수가 대단히 많고 반복적이며 측정 가능한 통계적으로 규정된 사

---

11) Lazarsfeld, 'What is Sociology?', Universitets Studentkontor, Skrivemaskinstua, Oslo, September, 1948, p. 20.

실과 관계들에 한정되며, 이는 실제 작업에서 강력하게 암시되고 입증된다. 이론과 자료가 이렇게 제한되어 있기 때문에 그 상호작용을 아무리 얘기한다 해도 거의 인정을 받지 못한다. 아니, 사실상 전혀 인정을 받지 못하고 있다. 그러나 이론과 자료 같은 용어들을 제한할 철학적인 근거는 전혀 없으며, 또 이미 내가 지적한 바와 같이 사회과학의 연구에서도 그 근거는 없다.

포괄적 개념을 검토하고 재구성하기 위해서는 상세한 설명의 근거가 마련되어야 하지만, 그 상세한 설명들이 '종합'되어 반드시 포괄적인 개념을 구성할 필요는 없다. 상세한 설명으로 무엇을 선택해야 하는가? 그 선택의 기준은 무엇인가? '종합'이란 무엇을 의미하는가? 종합이란 보기처럼 그렇게 간단한 기계적인 일이 아니다. 우리는 포괄적 개념과 상세한 설명(이론과 조사)의 상호작용을 고찰해야 하지만, 동시에 거기에서 파생되는 문제도 고려하지 않으면 안 된다. 사회과학의 문제는 일반적으로 사회적·역사적 구조와 관련된 용어들로 표현된다. 만약 우리가 그런 문제들을 현실적으로 받아들인다면, 구조적 중요성을 띤 문제를 해결하거나 명확히 하는 데 유용한 추론을 끌어낼 수 있을 거라는 확신이 서지 않는 한 소규모 영역들을 상세히 연구하는 것은 어리석은 짓처럼 보인다. 모든 문제를, 산만하게 흩어져 있는 개인들과 그들의 산만한 환경에 대한 통계적이든 아니든 산만한 정보에 대한 산만한 요구들로 보는 관점을 가정하면, 그런 문제들을 올바르게 '해석할' 수 없다.

아이디어에 관한 한, 상세한 조사 연구에 투자한 이상의 것을 뽑아낼 수 없다. 경험적 조사로부터 얻는 것은 정보인데, 그 정보로 무엇을 할 수 있는가는 연구 과정에서 그 특정한 경험적 연구를 좀더 거대한 구성의 점검점(check point)으로 사용했는가의 여부에 달려 있다. 과학을 만드는 사람이 사회철학을 경험과학으로 전환시키고 본거지가 될 연구소를 설립하면서 방대한 연구 성과가 나왔다. 그러나 이 연구들의 주제 선택에 대한 원리나 이론은 사실 없다. 우리가 이미 살펴본 바와 같이 '행복' 도 주제가 될 수 있고, 시장 행태도 주제가 될 수 있다. 추상적 경험주의 의 '방법'을 사용하기만 하면 그에 의한 연구 성과들—엘미라(Elmira: 미국 뉴욕 주 남부의 도시—옮긴이 주)에서부터 자그레브(Zagreb: 유고슬라비아 서북부 사마 강 부근의 도시—옮긴이 주), 상하이(上海)까지 흩어져 있는—이 쌓여서 결국 인간과 사회에 관한 '성숙하고도 조직적인' 과학이 될 것이라고 가정할 뿐이다. 그러는 사이 경험적 연구는 다음 연구를 진행시켜 나간다.

이러한 연구들은 아무리 '쌓이더라도' 더 중요한 결과를 얻어내지 못할 것이다. 이것을 입증하기 위해서 나는 추상적 경험주의가 실제로 지향하는 사회 이론을 고찰할 것이다. 모든 형태의 경험주의는 형이상학적인 선택—무엇이 가장 현실적인가 하는 선택—을 할 수 있는데, 이제 우리는 이 특정한 연구 방식이 요구하는 선택에 대해 잠시 검토해보아야 한다. 여기서 나는 추상적 경험주의가 소위 심리학주의[12])에 불과하다는 사실을 지적하고자 한다. 그러한 주장은 추상적 경험주의의 기본적인 정보원이 개인들의 표본이라는 사실에 근거한다. 추상적 경험주의가 제기하는 질문들은 개인들의 심리적 반응의 관점에서 표현된다. 따라서 이런 방식의 연구에서는 사회의 제도적 구조가 개인들에 관한 자료로 이해될 수 있다는 가정이 필요하다.

---

12) '심리학주의'는 사회 현상을 개인들의 속성에 관한 사실과 이론으로 설명하려는 시도이다. 역사적으로 말하면 그것은 하나의 슬로건으로서 사회구조의 실재에 대한 명백한 형이상학적 거부에 근거하고 있다. 후세의 신봉자들은 그것을 개인적 환경으로 축소시키는 구조의 개념을 전개한다. 보다 일반적인 방법으로, 또 사회과학의 현행 조사 방침에 관한 우리의 직접적인 관심의 입장에서 보면, 심리학주의는 우리가 일련의 개인과 그들의 환경을 연구하면 그 성과들이 쌓여 종국에는 사회구조에 관한 지식을 얻을 수 있다는 개념에 기초하고 있다.

그러나 구조의 문제와 개인의 행동에 대한 그 설명적 의미를 인식하기 위해서는 보다 더 포괄적인 경험주의가 필요하다. 예를 들어, 미국 사회—특히 일반적으로 '표본 지역'이 되는 일정 시점의 어느 미국 도시—의 구조 내에는 매우 많은 사회적·심리적 공통 분모가 있기 때문에 사회학자가 고려해야 하는 다양한 행위는 그렇게 간단하게 알 수 없다. 비교학적이고 역사적인 구조에까지 시야를 넓혀야만 그 다양성과 문제의 형성 과정을 얻어낼 수 있다. 그러나 추상적 경험주의자들은 인식론적 독단(dogma)에 빠져 있기 때문에 항상 몰역사적이고 비교학적이지도 않다. 그들은 소규모 영역을 다루고, 심리학주의에 빠져 있다. 그들은 문제를 규정할 때나 발견된 미시적 사실을 설명할 때나 역사적 사회구조라는 기본적 개념을 결코 사용하지 않는다.

환경에 관한 연구에서도 추상적 경험주의는 그리 지각력을 발휘하지 못한다. 우리의 연구에 근거해서나 정의상으로 보나 우리는 특정한 환경의 사람들(피면접자)은 종종 환경 변화의 원인을 알지 못하며, 이 변화들은 구조적 변화의 관점에서만 이해될 수 있다는 것을 알고 있다. 물론 이러한 일반적 관점은 심리학주의와는 정반대이다. 우리의 방법에 대한 그 암시는 명백하고 간단하다. 즉, 정밀한 연구를 위해서 환경을 선택할 때 구조적 중요성을 띤 문제를 근거로 해야 한다는 것이다. 환경 내에서 추출되고 관찰되는 '변수'의 종류는 우리가 구조를 연구할 때 중요하게 여기는 바로 그 '변수'여야 한다. 물론 환경 연구와 구조 연구 간에는 양 방향의 상호작용이 있어야 한다. 사회과학은 띄엄띄엄 흩어져서 제각기 이불의 한 부분을 누비질하는 부인들로부터 발전되어 나온 것이 아니다. 그 각각의 조각들이 아무리 정확하게 규정된다 하더라도 그렇게 기계적으로 외적으로 간단하게 연결되지 않기 때문이다.

그러나 추상적 경험주의자들이 반숙련 분석가들의 다소 표준화된 통계 분석을 통하여 '자료를 수집'하고 '그것을 분석'하는 것은 아주 흔한 일이다. 그리고 나서 사회학자는 혼자 또는 집단으로 고용되어 정말로 자료를 분석한다. 이제 다음 논점으로 넘어가보자.

최근 추상적 경험주의자들은 경험적 연구의 서문으로서 한두 장에 걸쳐 '문제의 문헌'을 개괄하는 경향이 있다. 이는 물론 좋은 징조이며, 어느 정도 기존 사회과학에서 받는 비판에 대응하려는 조치인 것 같다. 그러나 실제로 추상적 경험주의자들은 대개 자료가 수집되고 '완전히 서술된' 다음에 그 작업을 행한다. 더욱이 그 일은 상당한 시간과 인내를 요하기 때문에 바쁜 조사 기관들은 종종 보조원들에게 그 일을 맡긴다. 보조원이 만드는 적요서(memorandum)는 경험적 연구를 '이론'으로 둘러싸고 '그 연구에 의미를 부여하고', 또는—자주 언급되는 바와 같이—'그것으로부터 더 나은 얘기를 끄집어내려는' 시도로 재구성된다. 이는 아무것도 안 하는 것보다는 나을 것이다. 그러나 그것은 이 특수한 경험적 연구가 보다 포괄적인 개념과 가정을 경험적으로 검증하기 위해서 선택되고 기획되고 실행되었다고 성급히 가정해버리는 외부인들을 오도하기도 한다.

나는 이것이 통상적인 관례라고는 생각하지 않는다. 사실 그것은 사회과학의 '문헌'을 그 자체로, 그리고 그것에 포함된 개념과 이론과 문제를 파악할 수 있을 만큼 오랫동안 진지하게 생각하는 사람들의 경우에 통상적인 일이다. 그때에야 비로소 문제와 개념의 포기 없이 그 의미들이 추상적 경험주의의 '방법'에 즉각 적용될 수 있는 특수한 소규모 문제로 번역될 수 있다. 물론 모든 사회과학자들이 그런 번역을 하지만, 그들은 '경험적'이라는 용어를 현대의 개인들에 관한 추상적·통계적 정보에 한정하거나, '이론'을 '해석 변수'의 집합에 한정시키지 않는다.

그러한 논의에는 흥미로운 속임수가 사용된다. 내가 검토하는 유형의 연구를 논리적 관점에서 분석해보면, '자료'의 해석과 설명에 사용되는

'흥미로운 개념들' 이 다음의 두 가지를 암시하고 있음을 알 수 있다. (1) 면접으로 얻을 수 있는 수준 이상의 구조적·역사적 '요인'. (2) 면접자에게 공개하는 수준 밑에 깔린 심리적 '요인들'. 그러나 그 연구가 공식화되고 '자료'가 수집되는 용어들에 구조나 심리적 깊이 같은 개념들은 전형적으로 배제된다는 점이 중요하다. 이 용어들은 이런 방향의 어느 한쪽을 가리킬 수도 있지만, 추상적 경험주의로 공인된 특정적이고 '명확한' 변수는 아니다.

그 주된 이유는 명백하다. 실제로 다소 의도적인 면접—기본적인 정보원—은 기묘한 사회적 행동주의를 요한다. 조사의 행정적이고 재정적인 사정을 생각하면, 이것은 거의 불가피한 현상이다. 왜냐하면 기껏해야 반숙련된 면접사가—숙련도와는 관계없이 누구나—시간과 기술이 많이 필요한 면접으로 얻을 수 있는 심층적 자료를 20분간의, 심지어는 하루 종일의 면접으로도 획득할 수 없는 것은 분명하기 때문이다.13) 또한 평범한 표본 조사로는 역사를 지향하는 연구로부터 획득할 수 있는 구조에 대한 정보 같은 것을 얻을 수 없다.

그러나 추상적 경험주의도 구조와 심층 심리의 개념들을 끌어들이고 있다. 특수한 관찰 결과를 설명할 때는 임기응변으로 일반적인 개념을 이용한다. 보통 일반적인 개념은 연구 결과의 '세밀한 기록' 의 '기초 준비'에 대한 구조적이거나 심리적인 문제를 공식화하는 수단으로 사용된다.

---

13) 이왕 말이 나온 김에, 발견에 열중하는 추상적 경험주의가 형식이 빈약하고 심지어는 공허하기까지 한 이유는 그 연구자가 직접 체험한 관찰을 거의 또는 아예 포함하지 않기 때문이라는 사실을 지적해야겠다. '경험적 사실' 이란 관료 조직으로 통솔되는 반숙련자들에 의해 수집된 사실이다. 추상적 경험주의는 사회적 관찰을 위해서는 고도의 기술과 날카로운 감각이 필요하며 사실을 발견하기 위해서는 상상력이 풍부한 마음으로 사회 현실 속으로 뛰어들어야 한다는 점을 종종 잊고 있다.

어떤 조사 공장(shop)에서는 세부적인 사실이나 관계가 폭넓은 명제에 의해 설득력 있게 '설명될' 때 가끔 '선명하다'(bright)는 용어를 쓴다. 또 미세한 변수들이 그 의미가 확장되어 폭넓은 문제를 설명하는 데 쓰이면, 그 결과를 '참하다'(cute)라고 부른다. 내가 이런 말을 하는 것은 지금 내가 보고하는 절차를 망라하는 '공장 언어'(shop language)가 출현하고 있다는 사실을 지적하기 위해서다.

그 결과 일반적 논점을 설명하는 데 통계가 사용되고, 통계를 설명하는 데 일반적 논점이 사용된다. 일반적 논점은 검증되지도 않을 뿐더러 구체화되지도 않는다. 그것은 수치에 예속되고, 그 수치는 그것에 예속된다. 이 일반적인 논점과 설명은 다른 수치로도 사용될 수 있다. 그리고 그 수치 또한 다른 일반적 논점으로 사용될 수 있다. 이러한 논리적 속임수는 추상적 경험주의가 추상화를 통해 배제시킨 구조적·역사적·심리적 의미를 그 연구에 부여하기 위한 것이다. 이런 방법과 그의 다른 방법으로 추상적 경험주의는 '방법'에 집착하는 동시에 그 빈약한 연구 성과를 교묘하게 감출 수 있다.

그러한 절차는 각 장의 첫 문단들과 '일반 서론', 그리고 때때로 '덧붙여져 있는' '해석'의 장(章)이나 절(節)에서 흔히 볼 수 있다. 나의 목적은 이미 이루어진 연구를 자세하게 검토하는 것이 아니다. 나는 단지 독자들이 스스로 그 연구를 검토할 수 있는 예리한 안목을 갖출 수 있도록 주의를 환기시키고 싶을 뿐이다.

요지는 간단하다. 즉, 어떤 종류의 사회 조사든지 관념(idea)에 의해 발전한다. 그리고 그것은 사실에 의해서만 다듬어진다. 이는 역사가가 19세기 러시아 지식인들의 입장과 세계관을 설명할 때나, 추상적 경험주의자들이 '왜 사람들은 투표하는가'라는 문제를 조사할 때나 똑같이 해당되는 사실이다. 추상적 경험주의의 의례(ritual)가 일반적으로 좀더 정교한 편이며, 확실히 더 허례가 있다. 연구 성과의 논리적 상태도 이와 다르지 않다.

　마지막으로, 추상적 경험주의의 그리 신통치 않은 성과를 다음과 같은 질문으로 설명할 수 있다. 사실이기는 하지만 중요하지 않은 것과 중요하기는 하지만 꼭 사실은 아닌 것은 반드시 서로 긴장 관계에 있는가? 이 질문을 좀 다듬어서 표현하자면, 도대체 사회과학을 연구하는 사람들은 어느 수준의 검증에 만족해야 하는가? 우리는 물론 우리의 요구를 너무 엄격하게 해서 아주 상세한 설명만을 건질 수도 있고, 또 너무 엄밀하지 못해서 아주 거대한 개념들만 만들 수도 있다.

　방법론적 금기에 사로잡힌 사람들은 '통계학적 의례'라는 정교한 제조 공장을 거치지 않고는 현대 사회에 대해 일언반구도 하지 않으려 한다. 그들이 연구해내는 것이 비록 중요하지는 않을지언정 사실이라는 말을 흔히 한다. 그러나 나는 이 말에 동의할 수 없다. 오히려 그 말이 어떻게 진실일 수 있는가 하는 의혹이 생긴다. 정확성 또는 가짜 정밀성이 여기서 얼마나 많이 '진리'와 혼동되는지, 그리고 얼마나 추상적 경험주의가 유일한 '경험적' 연구 방법으로 인식되는지 궁금해진다. 만약 독자들이 신중하게 부호화되고(coded) 펀치된(punched) 1,000시간 정도의 면접 조사를 1, 2년 동안 세심하게 연구해보면, '사실'이란 영역이 실제로 얼마나 유연한지 알게 될 것이다. 그리고 '중요성'에 대해 말하자면, 정력적인 연구자들이 자신이 독단적으로 헌신하는 '방법' 때문에 세부 사항들을 연구하는 데 모든 정력을 쏟아 붓는다면 이것이야말로 확실히 중요한 문제이다. 대부분의 이런 연구는 그 대변자들이 주장하는 '과학의 엄격한 요구'에 대한 헌신보다는 단순한 의례의 추종—덕분에 상업적 가치나 기금을 얻을 수 있다—이 되어버렸다.

　정확성이 방법 선택의 유일한 기준은 아니다. 정확성이 '경험적'이나 '진리'와 혼동되어서는 안 된다. 그러나 종종 그런 일이 벌어지고 있다.

물론 관심이 있는 문제를 연구할 때는 될 수 있는 한 정확해야 한다. 그러나 아무리 흥미롭고 까다로운 '방법'에 관한 논쟁이 일어나더라도, 방법이 문제를 제한하는 일은 없어야 한다.

만약 우리가 역사 속에서 발생하는 진짜 문제를 인식한다면 진리와 중요성의 문제는 저절로 해결될 것이다. 따라서 그런 문제를 가능한 한 신중하고 정확하게 연구해야 한다. 지금까지 사회과학에서 중요한 연구는 일반적으로 보다 상세한 정보로 주요점이 기록되는 매우 정교한 가설이었고, 지금도 마찬가지이다. 사실 중요한 문제와 주제를 정면으로 다루는 그외의 다른 연구 방법은 적어도 아직까지는 나오지 않았다.

중요한 혹은 더 일반적으로 말해서 의미 있는 문제를 연구해야 한다는 것은 도대체 무슨 의미인가? 그리고 무엇에 의미가 있단 말인가? 이 시점에서 꼭 짚고 넘어가야 할 점은, 우리의 연구가 어떤 의미에서든 정치적이거나 실제적이거나 도덕적인 의미를 지녀야 하는 것은 아니라는 사실이다. 내가 하고 싶은 말은, 모름지기 연구란 사회구조의 개념과 그 사회구조 내에서 일어나는 일과 진정한 관계를 맺어야 한다는 것이다. '진정한 관계'라 함은 우리의 연구가 그러한 개념들과 논리적으로 연관되어야 한다는 뜻이다. 그리고 '논리적으로 연관된다' 함은 연구의 문제 설정 단계와 그 설명 단계에서 폭넓은 설명과 상세한 정보 사이에 분명한 상호 왕복의 길이 열려 있어야 한다는 의미이다. '의미 있는' 이라는 말의 정치적 의미에 대해서는 나중에 언급하기로 하겠다. 이제 추상적 경험주의만큼이나 신중하고 엄밀한 경험주의가 연구에서 우리 시대의 사회 문제와 인간 문제를 배제해버렸음을 확실히 알 수 있다. 따라서 이러한 문제를 이해하고 연구하려는 사람들은 신념(belief)을 파악하는 그 밖의 다른 방법을 찾아 나서야 한다.

5

경험주의의 특수한 방법—철학과는 구별되는—이 여러 문제를 연구하는 데 분명히 적합하고 편리하면, 이 방법 사용을 반대할 사람은 아무도 없을 것이다. 우리는 물론 적당한 추상화를 통해 어떤 문제든 정확하게 접근할 수 있다. 본질적으로 측정 불가능한 것은 없다.

즉시 통계적 절차를 쓸 수 있는 문제라면 항상 그렇게 하도록 노력해야 한다. 예를 들어, 엘리트에 대한 이론을 만들기 위해 장군들의 사회적 출신을 알아야 한다면, 당연히 그들의 사회 계층의 비율을 찾아내야 한다. 또 화이트 칼라의 실질 소득이 1900년 이후 상승했는지 하락했는지 알려면, 일정 가격 지수에 의해 조정된 직업별 수입을 연도별로 추계해야 한다. 그러나 이런 방법을 일반화하여 그것을 유일한 방법으로 여길 필요는 없다. 이 모델을 절대적인 규준(canon)으로 생각할 필요는 없다. 그것은 유일한 경험적 방식이 아니다.

구조적 전체와 관련된 문제를 해결하기 위해서는 전체에 대한 덜 정확한 관점에 따라 밀도 있고 정확한 연구에 필요한 특정의 미시적 요점들을 선택해야 한다. 그것은 우리 문제의 필요에 따라 이루어진 선택이지, 인식론적 독단에서 나온 '필연'이 아니다.

사소한 문제를 상세하게 연구하는 것에 반대할 권리가 있는 사람은 없을 것이다. 이와 같은 연구가 요하는 협소한 시야는 정확성과 확실성을 추구하기 위해서는 어느 정도 불가피하다. 그것은 또한 어느 누구도 반대할 수 없는 지적 노동의 분화, 즉 전문화의 한 부분이기도 하다. 그러나 우리는 다음과 같은 질문을 던져야 한다. 만약에 이러한 연구가 하나의 전체로서 사회과학을 구성하는 몇몇 학문적 분업의 일부라면, 다른 부문들은 도대체 어디에 존재하는가? 또 이와 같은 연구를 좀더 큰 전체상으로 구성하는 그 '분업 체계'는 어디에 있는가?

거의 모든 연구 방법의 종사자들이 비슷한 주의를 내세우는 경향이 있음을 기억하자. 개념 창고를 세우는―이 오래된 농담은 결코 헛소리만은 아니다―모든 사람들은 오늘날 자신의 개념적 암시를 아주 잘 인식하고 있다. 특수한 개별성을 정밀하게 만들어내는 모든 이들―많은 이들이 그렇게 하고 있다―은 '경험적 검증의 패러다임(paradigm)'을 아주 잘 알고 있다. 이해하려는 모든 체계적 시도는 〔경험적인〕 섭취와 〔이론적인〕 소화 간의 일종의 교체를 포함하며, 개념과 관념은 사실에 대한 조사를 이끌어야 하고, 관념을 점검하고 재구성하기 위해서 상세한 조사를 해야 한다는 사실은 누구나 인정하는 바이다.

방법론적 금기의 결과, 연구자들은 경험적 섭취보다는 방법에 대한 본질적으로 인식론적인 문제에 집착하게 되었다. 많은 연구자들, 특히 젊은 학자들은 인식론에 대해서 잘 알지 못하기 때문에, 그들을 지배하는 일련의 규준에 대해 극히 독단적인 태도를 취하는 경향이 있다.

한편, '개념'의 맹목적 숭배로 연구자들은 대개 구문론적 성질을 띠는 고도의 일반화 수준에 집착하여 사실 수준으로 내려오지 못한다. 이 두 경향 또는 학파는 사회과학 연구 과정의 일시적 중단 시기에 존재하고 번성한다. 그러나 그 안에서 작은 일시적 중단이어야 할 것은, 이런 표현을 해도 괜찮다면, 불모(不毛)의 출입구가 되어버렸다.

지적으로 살펴보면, 이 학파들은 고전적 사회과학의 포기를 나타낸다. '방법'과 '이론'을 지나치게 정교화하기 때문이다. 즉, 실질적인 문제를 다루지 않는 것이다. 만약 학설과 방법의 흥망이 순전히 그들 간의 지적 경쟁에 달려 있다면―더 적합하고 성과가 좋은 것은 상승하고, 부적합하고 성과가 없는 것은 주변으로 밀려난다―거대이론과 추상적 경험주의는 지금과 같은 우위를 차지하지 못했을 것이다. 거대이론은 철학자들 사이에서 소수의 경향으로 젊은 학자들이 경험하는 것쯤일 터이고, 추상적 경험주의는 과학철학자들의 하나의 이론, 그리고 여러 가지 사회 연구 방법의 유용한 부속물에 지나지 않을 것이다.

 이 두 학파는 서로 공존하고 그 우월을 경합하지만, 만약 그외의 다른 학파는 존재하지 않는다면, 우리의 상황은 그야말로 비극이 되고 말 것이다. 실제로 이 두 학파들은—거대이론은 형식적이고 불분명한 몽매함으로, 추상적인 경험주의는 형식적이고 공허한 교묘함으로—인간과 사회를 연구하는 데 거의 아무 도움도 되지 않는다는 것을 스스로 확인시켜줄 뿐이다.

제4장 | 실용론의 여러 유형
Types of Practicality

사회과학의 혼란은 '과학적'일 뿐만 아니라 도덕적이며, 지적일 뿐만 아니라 정치적이다. 이러한 혼란이 계속되는 이유 중의 하나는 이 사실을 무시하려고 하기 때문이다. 여러 사회과학 학파들의 문제와 방법을 판단하려면, 우리는 지적인 문제와 더불어 많은 정치적 가치에 대해서 입장을 분명히 해야 한다. 왜냐하면 '누구의' 문제인가를 알지 못하고는 어떤 문제도 명확하게 진술할 수 없기 때문이다. 어떤 사람에게 문제가 되는 것이 반드시 다른 사람에게도 문제가 되는 것은 아니다. 문제라는 것은 각자가 관심을 갖는 대상과, 그 관심을 어떻게 의식하느냐에 따라 달라지기 때문이다. 더욱이 달갑지 않은 윤리 문제가 하나 발생한다. 즉, 사람들이 항상 자기에게 이해 관계가 있는 것에만 관심을 가지는 것은 아니다. 사회과학자들이 믿는 것만큼 누구나가 그렇게 합리적이지는 않다. 이 두 사실은 인간과 사회를 연구하는 사회과학자들이 그들의 연구로 도덕적이고 정치적인 결정을 가정하고 암시한다는 사실을 의미한다.

1

　　사회과학 연구는 항상 가치 평가의 문제를 수반한다. 사회과학 전통들은 독단적인 해결책을 내놓거나 여러 입장을 절충하거나, 또는 매우 이성적이고 사려 깊은 관점을 제시하기도 했다. 이 가치 평가의 문제는 대개 직접적으로 해결되기보다는 고용된 조사기술자의 응용사회학에서처럼 산만한 대답들만 가정될―혹은 채택될―뿐이었다. 기술의 중립성을 아무리 주장하더라도 조사기술자들은 이 문제를 피할 수 없다. 사실상 그들은 다른 사람들이 그 문제를 대신 해결하게 한다. 하지만 지적 장인(intellectual craftsman)은 자신이 활동하는 사회와 그 사회 내에서의 자신의 역할에 대해 자신의 연구가 갖는 정치적·도덕적 의미는 물론이고 그 연구의 가정과 암시를 명확히 인식할 것이다.

　　가치 판단은 사실의 서술이나 개념의 규정으로부터 추론될 수 없다는 견해는 이제 너무나 널리 퍼져서 진부하게 여겨질 정도이다. 그렇다고 해서 사실의 서술과 개념의 규정이 판단과 무관하다는 뜻은 아니다. 대부분의 사회적 쟁점에 가치 평가의 편견은 물론 사실의 오류와 불명확한 개념들이 서로 뒤엉켜 있음을 쉽게 알 수 있다. 그와 같은 뒤엉킴을 논리적으로 푼 후에야 그 쟁점이 진정으로 가치의 갈등을 포함하는지 알 수 있다.

　　그런 갈등이 존재하는지를 판단하고, 만약 존재한다면 가치와 사실을 구분하는 것이 사회과학자들이 종종 주장하는 주된 임무 중의 하나이다. 서로 뒤엉킨 것을 풀어냄으로써 문제를 재규정하여 해결책에 이르기도 한다. 왜냐하면 그 작업을 통해서 동일한 이해 관계에 의한 가치들 간에도 서로 불협화음이 있을 수 있음이 밝혀지기 때문이다. 새로 등장하는 가치는 이전의 가치를 희생의 제물로 삼지 않고는 실현될 수 없으며, 이해 관계가 있는 사람은 행동하려면 자신이 가장 소중히 여기는 것이 무

제4장 실용론의 여러 유형

엇인가를 분명히 인식해야 한다.

그러나 근본적으로 대립된 이해 관계에 의해 가치의 갈등이 첨예화되어 논리적 분석이나 사실적 조사로도 해결되지 않을 경우에는, 인간사에서의 이성의 역할도 끝장나버린다. 우리는 가치의 의미와 그 결과를 명백히 밝히고, 가치들이 서로 공존하게 하며, 어느 것이 더 실제적으로 우선하는가를 확인할 수 있다. 또 가치를 사실로써 무장시킬 수도 있다. 그러나 이럴 경우 우리를 기다리는 것은 오직 주장과 반론일 뿐이다. 그렇다면 우리는 그저 항변하거나 설득할 수밖에 없다. 그리고 결국 그 마지막에 이르면 도덕적 문제는 권력의 문제가 되고, 또 최후에 이르면 권력의 최종 형태는 억압이 된다.

우리는—흄(Hume)의 유명한 격언이 언명하는 바와 같이—우리가 존재한다는 믿음으로부터 우리가 어떻게 행동해야 하는지를 추론해낼 수 없다. 또한 우리가 이렇게 행동해야 한다고 해서 타인도 그렇게 행동해야 하는 것은 아니다. 끝에는, 만약 그 끝이 온다면 우리는 우리와 견해가 다른 이들의 머리를 쥐어박을 수밖에 없다. 그 끝이 오지 않도록 기원하자. 그동안에 최대한 합리적으로 그 문제를 논의해야 한다.

가치는 연구하는 문제를 선택하는 데 연루된다. 또한 가치는 문제를 파악하는 데 쓰이는 주요 개념에도 연관되며, 문제 해결 과정에도 영향을 미친다. 개념에 관해서는 가능한 한 '가치 중립적인' 용어를 많이 사용하고, 그래도 여전히 남아 있는 가치적 의미를 분명히 인식하고 명확히 표명해야 한다. 문제들에 관해서는 역시 어떤 관점에서 문제가 선택되는지를 분명히 하고, 문제 해결 과정에서는 그 해결책이 연구자를 어느 방향으로 인도하건 그 도덕적·정치적 의미가 무엇이건 간에 편향적인 가치 평가를 하지 않도록 최선을 다해야 한다.

사회과학 연구를 그 결론이 밝은가 어두운가, 부정적인가 건설적인가를 근거로 판단하는 비평가들이 있는데, 이 같은 태양 숭배적 도덕가들은 최후에는 서정적인 감정의 고양(高揚)을 원한다. 그들은 낙관주의가 튼튼하게 존재한다는 것에 행복감을 느낀다. 우리는 그 낙관주의로부터 한 발 더 새롭고 활기차게 나아간다. 그러나 우리가 이해하고자 하는 세계가 항상 우리 모두에게 정치적 희망과 도덕적 만족을 주는 것은 아니다. 그래서 사회과학자들은 가끔씩 즐거운 백치 노릇 하기가 어렵다고 느낀다. 개인적으로 나는 천하없는 낙천주의자이지만, 나를 즐겁게 해주느냐 아니냐에 따라서 어떤 것을 판단할 수는 없었다. 우선은 그 대상을 정확하게 인식하여 분명히 서술해야 한다. 만약 그것이 어두운 것이라면 불행한 일이고, 희망으로 이끄는 것이라면 다행이다. 한편, '건설적인 계획'과 '희망적 기록'을 강력하게 요구하는 것은 아주 불쾌한 사실(fact)이라도 그것에 맞설 수 없는 무능력의 징후이다. 그리고 그것은 진실이나 거짓, 그리고 합당한 사회과학 연구에 대한 판단과 아무 관계가 없다.

자신의 지적 능력을 사소한 환경의 세부 사항에 소비하는 사회과학자라도, 자신이 살고 있는 시대의 정치적 갈등과 정치 세력을 전혀 연구하지 않는 것은 아니다. 그는 적어도 간접적으로나 결과적으로 자신이 살고 있는 사회의 체제를 '받아들이는' 셈이다. 그러나 사회과학의 본질적인 지적 과업을 수행하려는 사람은 단순히 사회구조를 상정하는 것으로 그치지 않는다. 그는 사회구조를 명확히 구명하여 그것을 하나의 전체로 연구하려고 한다. 이러한 작업을 맡는 것이 바로 사회과학자들의 주요한 '판단'이다. 그리고 미국 사회에 대한 허위 사실들이 많이 퍼져 있기 때문에, 미국 사회를 단순히 중립적으로 기술하는 것은 종종 '야만적 자연주의'(savage naturalism)로 간주된다. 물론 사회과학자가 가정하거나 받아들이거나 암시하는 가치를 은폐하기란 그리 어려운 일이 아니다. 누구나 알고 있듯이, 그를 위한 꼴사나운 수단은 언제든 준비되어 있다. 사회과학, 특히 사회학의 전문 술어는 주로 중립자의 매너리즘에 대한 이상야릇한 열정의 소산이다.

    사회를 연구하고 그 연구 결과를 발표하는 일에 전 생애를 보내는 사람은 자신이 원하든 원치 않든, 또는 자신이 의식하든 의식하지 않든 간에 도덕적으로, 그리고 대개는 정치적으로 행동하고 '있는' 셈이다. 따라서 문제는 그가 이러한 상황을 직시하여 마음을 정하느냐, 아니면 그것을 자기 자신과 타인에게 모두 은폐시켜 도덕적으로 표류하느냐 하는 것이다. 오늘날 미국의 많은, 아니 대부분의 사회과학자들은 선뜻 혹은 거북하게 자유주의자들이다. 그들은 어떤 정열적인 헌신에 대한 만연한 공포에 순응한다. 그들이 '가치 판단'을 비난하면서 진정으로 원하는 것은 '과학적 객관성'이 아니라 바로 이 '공포'이다.

    나는 가르치는 것과 책을 쓰는 것은 결코 같은 일이 아니라고 생각한다. 어떤 사람이 책을 출판하면 그것은 그때부터 공공 재산이다. 독자들에 대한 저자의 유일한 책임은 모든 노력을 기울여서 훌륭한 책을 쓰는 것이며, 그는 그 책에 대한 최종 재판관이다. 그러나 교사는 그 이상의 책임이 있다. 학생들은 어느 정도는 감금된 청중이나 마찬가지이고, 그들에게 귀감이 되는 교사에게 어느 정도 의존한다. 교사의 최고 직무는 소위 자율적이고 주체적인 정신이 어떻게 활동하는가를 모든 노력을 기울여 학생들에게 보여주는 것이다. 교수법(敎授法)이란 상당 부분 소리내어 명료하게 사고하는 기술이다. 저자는 저서를 통하여 종종 자신의 사고 결과를 독자들에게 납득시키려 한다. 그러나 교사는 교실에서 학생들에게 사고하는 방법과 사고가 원만하게 이루어졌을 때의 느낌이 얼마나 상쾌한가를 보여주어야 한다. 따라서 교사는 가정과 사실과 방법과 판단을 반드시 명확히 해야 한다. 교사는 어떤 것도 숨겨서는 안 되지만, 자신의 선택을 제시하기 전에 여유를 갖고 항상 도덕적 대안들의 전 범위를 되풀이해서 명시해야 한다. 그런데 그런 방식으로 책을 쓰는 일은 대단히 지루하고 터무니없이 자의적일 것이다. 그래서 탁월한 강사들이 대개

졸작밖에 쓰지 못하는 것이다.

케네스 볼딩(Kenneth Boulding)만큼 낙관적이기도 어렵다. "우리 실증주의자들이 인간의 과학을 비인간화시키려고 온갖 노력을 다 해도 도덕과학이 남게 마련이다." 그러나 라이오넬 로빈스(Lionel Robbins)의 견해에는 동조하지 않을 수가 없다. "오늘날 문명이 위험에 처하게 된 주요 원인 중의 하나는 자연과학적으로 훈련받은 사람들이 경제적인 것과 기술적인 것의 차이를 인식하지 못하기 때문이라고 해도 결코 과언이 아닙니다."[1]

2

이 모든 것 그 자체는 그리 놀랄 일이 아니다. 직접 직면하지는 않더라도 널리 알려진 사실이기 때문이다. 오늘날 사회 조사는 군 장성과 사회사업가, 회사 경영자와 교도소 소장에게 직접적인 도움이 되고 있다. 이러한 '관료적 이용'은 점차 증대해왔으며, 앞으로도 틀림없이 그럴 것이다. 이 연구들은 또한 사회과학자나 그밖의 다른 사람들에 의해 '이데올로기적으로' 이용된다. 사실 사회과학의 이데올로기적 의미는 사회적 사실로서의 그 존재 자체에 내재해 있다. 모든 사회는 그 자신의 이미지, 특히 권력 체계와 권력자의 통치 방법을 정당화하는 이미지와 주의를 가지고 있다. 사회과학자가 창출하는 이미지와 관념은 그 사회의 지배적인 이미지와 일치할 수도 있고 그렇지 않을 수도 있지만, 그 이미

---

[1] 이 두 구절은 Barzun & Graff, *The Modern Researcher*, New York, Harcourt, Brace, 1957, p. 217에서 인용하였다.

지와 관념은 항상 지배적인 이미지에 대한 암시를 내포한다. 이러한 암시가 알려지면 대개 논쟁거리가 되고, 그러고는 여러 목적에 사용된다.

그 이미지와 관념은 권력 분배구조와 권력자의 지배를 정당화하여 권력(權力)을 권위(權威)로 변화시킨다.

지배구조와 지배자를 비판하거나 그 정체를 폭로함으로써 권위를 제거시킨다.

권력과 권위의 문제 밖으로 사람들의 관심을 돌림으로써 사회 자체의 구조적 현실을 조망할 수 없게 만든다.

이러한 쓰임새가 반드시 사회과학자의 의도는 아니다. 그렇게 보일지도 모르지만, 사회과학자들은 줄곧 자기 연구의 정치적 의미를 인식했다. 오늘날처럼 이데올로기가 풍미하는 시대에 그들 중 어느 한 사람이 그것을 모른다 해도 그의 동료 중의 누군가는 알고 있을 가능성이 높다.

명백한 이데올로기적 정당성에 대한 요구는, 거대한 권력의 새로운 제도가 등장하기는 했지만 정당화되지 못했을 때, 그리고 이전의 권력이 그 구속력의 범위를 벗어날 때 크게 확대되었다. 예를 들어, 미국에서 권위에 정당성을 부여해온 것은 주로 18세기 이래의 자유주의적 교의였지만, 오늘날의 현대적 기업의 권력은 그 교의에 의해 자동적으로 정당화되지는 않는다. 모든 이해 관계와 권력, 모든 열정과 편견, 모든 증오와 희망은 다른 이해 관계의 주의와 상징, 교의, 힘과 경쟁하는 데 쓸 이데올로기적 장비를 획득하려고 한다. 대중매체가 점점 확대되고 가속화될수록 그 효과는 반복으로 인해 감소된다. 따라서 새로운 주의와 신념과 이데올로기가 계속 요구하는 오늘날과 같은 대중매체와 홍보 시대에 사회 연구가 이데올로기의 공급에 대한 요구에서 면제된다면 그것은 이상한 일일 것이고, 또 사회 조사자가 그것을 제공하지 못한다면 더욱더 이상한 일일 것이다.

그러나 사회과학자가 자신의 관료적 역할이나 이데올로기적 역할을 인식하건 못하건 간에, 사회과학자로서 연구를 한다는 그 사실만으로도 그는 어느 정도 관료적 역할이나 이데올로기적 역할을 하는 셈이다. 게다가 그 두 역할은 서로 관련되어 있다. 극히 형식적인 조사 기술일지라도 관료적 목적으로 이용하면, 그 조사를 근거로 한 정책 결정은 쉽게 정당화된다. 또 사회과학의 발견 사실을 이데올로기적으로 이용하는 것은 곧 관료제적 조작의 일부분이다. 오늘날에는 권력을 정당화하고 어떤 특정 정책을 성공시키려는 시도들이 '인사 행정'과 '홍보'의 일부분으로 전락해버리는 경우가 흔하다.

역사적으로 보면 사회과학은 관료적으로보다는 이데올로기적으로 더 많이 이용되었다. 비록 그 균형이 흔히 바뀌기도 하지만, 오늘날에도 그러한 듯하다. 어떤 부분에서 이데올로기적 이용은 대부분의 현대 사회과학이 마르크스의 연구와의 비공식적인 논쟁이자 사회주의 운동과 공산주의 정당의 도전에 대한 반영이었다는 사실에 기인하고 있다.

고전 경제학은 하나의 권력 체계로서의 자본주의의 주요 이데올로기였다. 이 점에서 고전 경제학은 '유리한 오해를 받아왔다'. 마르크스의 연구는 오늘날 소련의 선전 담당원들에게 이용되고 있다. 경제학자들이 자연법의 형이상학과 공리주의의 도덕철학에 끈질기게 집착했다는 사실은 경제학의 역사적이고 제도적인 학파들이 내놓은, 고전적이고 신고전적인 교의에 대한 비판에 의해 명백해진다. 그러나 이 학파들 자체는 보수적, 자유주의적, 또는 급진적 '사회철학'과 관련시켜서만 이해할 수 있다. 특히 1930년대 이후, 정부와 기업체의 자문역이 된 경제학자들은 행정 기술을 개발하고 정책에 관한 의견을 피력하고 상세한 경제보고서 양식을 확립했다. 이 모든 것들은 반드시 명백하게는 아니지만 아주 활발하게 이데올로기적으로 관료적으로 이용되고 있다.

오늘날 경제학의 혼란은 방법과 관점과 더불어 정책의 문제를 포함하는 혼란이다. 저명한 경제학자들은 서로 모순되는 견해를 발표했다. 예를 들어, 가디너 민즈(Gardiner C. Means)는 그의 동료들이 '18세기'의 원자론적 기업상에 집착한다고 공격하면서, 거대한 기업체가 가격을 형성하고 통제하는 새로운 경제 모델을 제창한다. 반면에 바실리 레온티예프(Wassily Leontief)는 동료들이 순수 이론가와 사실 수집가로 분열되고 있음을 비판하고, 투입(input)과 산출(output)에 관한 복잡한 도식을 제안한다. 그러나 콜린 클라크(Colin Clark)는 그런 도식은 "시시콜콜하고 시간만 낭비하는 무의미한 분석"에 지나지 않는다고 공격하고, 경제학자라면 무릇 어떻게 '인류의 물질적 부'를 증진시킬 것인가를 늘 염두에 두어야 한다고 주장하면서 세금의 감소를 제안한다. 하지만 존 갤브레이스(John K. Galbraith)는 미국은 이미 지나치게 부유하고 더 이상의 생산은 우매한 행위에 지나지 않으므로 물질적인 부의 증가에 더 이상 관심을 두어서는 안 된다고 주장한다. 그리하여 그는 공공 서비스를 증대시키고 세금―특히 판매세―을 더 징수해야 한다고 피력한다.[2]

극히 통계학적인 성질을 띠는 인구학조차도 토머스 맬서스(Thomas Malthus)가 최초로 제기한, 사실에 관한 논쟁과 정책의 갈등에 깊이 연루되었다. 대부분의 이 문제들은 문화인류학 식민주의의 사실과 감정에 깊이 관심을 가졌던 이전의 식민 지역을 중심으로 한다. 자유주의적 또는 급진적인 관점에서 볼 때, 식민지의 경제적·정치적 문제는 일반적으로 빠른 경제적 진보, 특히 산업화에 대한 요구로 규정된다. 인류학자들은 옛 식민지 지배자들처럼 격변과 긴장을 회피하려는 논쟁에 극히 신중하게 참여했다. 그런데 그 격변과 긴장은 오늘날의 저개발 지역에서는 거의 불가피하게 변화를 수반한다. 문화인류학의 내용과 역사는 물론 식민주의의 사실로 '설명되지는' 않겠지만, 그 사실들은 그것에 무관하지

---

[2] *Business Week*, 2 August 1958, p. 48에 게재된 경제학자들에 관한 보고를 비교하라.

않다. 문화인류학은 특히 단순한 사회 민족의 통합과 인간성의 사회적 상대성을 주장하고 서구인들에게 반(反)지역주의를 선전함으로써 자유주의적·급진주의적 목적에 쓰이기까지 했다.

어떤 역사가들은 현재의 이데올로기적 목적에 도움이 되기 위해 과거를 재구성하는 데 열심이다. 비근한 예로 남북전쟁 후의 주식회사와 그 밖의 기업사에 대한 미국의 '재평가'를 들 수 있다. 지난 수십 년 동안의 미국 역사를 주의 깊게 살펴보면서, 우리는 그것이 어떠한 역사든 또는 어떠해야 하는 역사든 간에 미국의 역사가 국가적이고 계급적인 신화를 끈질기게 재구성하고 있다는 것을 알아야 한다. 사회과학이 새롭게 관료적으로 이용되면서 특히 제2차 세계대전 이후에 '미국의 역사적 의미'를 찬미하려는 시도가 있어왔다. 이 찬미 속에서 어떤 역사가들은 보수적인 분위기와 그 정신적·물질적 수혜자들에게 역사를 유용하게 적용시켰다.

특히 제2차 세계대전 이후의 국제 관계를 다루면서 정치학자가 미국의 정책을 반대했다고 해서 비난받을 수는 없다. "지금까지 정치학이라는 학문이 이룩한 거의 모든 연구 결과는 각주(脚註)가 붙은 합리화, 이와 같은 정책의 행상(行商)에 지나지 않는다"3)라는 닐 호턴(Neal Houghton) 교수의 주장은 좀 지나친 듯하다. 그러나 그가 언명한 그 사실을 철저한 검토 없이 그냥 폐기시켜서는 안 된다. 또 아널드 로고(Arnold Rogow) 교수의 "중대한 쟁점에 대하여 어떠한 해결책이 있었는가?"4)라는 질문에 대답하려면, 오늘날 대부분의 정치학이 중요한 정치적 현실의 이해와는 무관하지만 공식적인 정책과 정책 부재에 대한 과학적 합리화와는 무관하지 않다는 사실을 인식해야 한다.

내가 이처럼 사회과학의 용도와 그 의미를 언급하는 것은 그것을 비

---

3) 서부 정치학협회에서의 연설, 1958년 4월 21일.
4) *American Political Science Review*, September, 1957.

판하기 위한 것도, 편견을 증명하기 위한 것도 아니다. 단지 사회과학은 관료적 관습과 이데올로기적 쟁점에 불가피하게 관련되어 있으며, 이러한 관련성 때문에 오늘날 사회과학의 다양성과 혼란이 야기되었고, 그 정치적 의미를 은폐하기보다는 명확하게 천명해야 한다는 것을 상기시키고자 할 뿐이다.

3

19세기 후반 미국의 사회과학은 개혁 운동과 개량 활동에 직접적으로 연관되었다. '미국 사회과학협회'가 조직한 '사회과학 운동'이라는 것은 정치적 전술에 의존하지 않고 사회 문제에 '과학을 적용시키려는' 19세기 후반의 시도였다. 간단하게 말하면 그 회원들은 하층 계급 사람들의 고민을 중산 계급의 쟁점으로 변형시키고자 했다. 그러나 20세기 초반에 이 운동은 종말을 고하였다. 그것은 이제 개혁이라는 급진적인 중산 계급 이데올로기를 갖고 있지 않았다. 복지에 대한 열망은 사회사업, 자선사업, 아동 복지, 교도소의 개선 같은 한정된 영역으로 변형되었다. 그러나 '미국 사회과학협회'를 계기로 수많은 전문 단체가 생겨나고, 그에 따라 수많은 사회과학 학과가 출현했다.

개혁을 주창하는 초기 중산 계급의 사회학은 한편으로는 대학의 몇몇 전공 학과로, 또 다른 한편으로는 보다 특수하고 제도적인 복지 활동으로 분열되었다. 그러나 이렇게 분열되었다고 해서 대학의 학과가 도덕적으로 중립적이고 과학적으로 썩지 않는다는 의미는 아니다.

미국에서는 자유주의가 실질적으로 모든 공적 수사학과 이데올로기의 근원이자 모든 사회 연구의 정치적인 공통 분모였다. 그 이유는 이미 잘 알려진 역사적 조건, 특히 봉건주의의 부재, 따라서 반자본주의적인 엘리트와 지식인에 대한 귀족주의적 편견의 부재 때문이다. 여전히 경영 엘리트의 중심적인 세계관을 형성하는 고전 경제학의 자유주의는 계속 정치적으로 이용되어왔다. 가장 치밀한 경제 분석에서도 균형 또는 균형 상태라는 개념이 많이 사용되고 있다.

또한 자유주의는 약간 산만한 방식으로 사회학과 정치학을 형성시켜 왔다. 미국의 사회학자는 그들의 유럽 선배들과는 달리, 한 번에 하나의 경험적인 세부 사실과 하나의 환경 문제를 채택하는 경향이 강했다. 한 마디로 말해서, 그들은 주의를 분산시키는 경향이 있었다. '지식의 민주주의적 이론'에 따라 그들은 모두 사실은 동일하게 창조되었다고 가정했다. 더욱이 그들은 모든 사회 현상에는 틀림없이 수많은 미세한 원인들이 있다고 주장한다. 소위 이러한 '다원주의적 인과 관계'는 '단편적인' 개혁을 주장하는 자유주의적 정치에 특히 잘 이용된다. 사실 사회적 사건의 원인은 필연적으로 무수하고 산재해 있으며 미세하다는 관념은 이른바 자유주의적 실용론의 관점이다.5)

미국의 사회과학에 역사적으로 암시되는 하나의 방향이 있다면, 그것은 틀림없이 산발적인 연구, 사실 조사, 그에 따른 다원적 원인의 혼란이라는 교의에 대한 편향일 것이다. 이들이야말로 하나의 사회 연구 방식으로서의 자유주의적 실용론의 본질적인 특징이다. 왜냐하면 모든 것이 수많은 '요인'에 의해 발생된다면, 우리는 실제로 무슨 행동을 하든 극히 조심해야 하기 때문이다. 우리는 사소한 사실들을 많이 취급해야 한다. 그래서 어떤 사소한 사실을 먼저 개혁하려고 시도하고 그 결과를 지켜보는 것이 현명하다. 그리고 독단적으로 판단하거나 너무 웅대한 행동 계

---

5) Mills, 'The Professional Ideology of Social Pathologists', *American Journal of Sociology*, September, 1943과 비교하라.

획을 세우는 것은 좋지 않다. 그리고 현재 작용하는 모든 복합적인 원인을 아직 알지 못하고, 또 어쩌면 결코 알 수 없을 거라고 생각하는 관용적인 태도로 서로 상호작용하는 사태를 관망해야 한다. 우리는 개인 생활을 연구하는 사회과학자로서 수많은 사소한 원인을 알고 있어야 한다. 또 실제 활동하는 사람으로서 현명하게 행동하려면 개인 생활을 하나씩 점진적으로 개혁해 나가야 한다.

"조심조심 걸어라, 세상살이는 그렇게 단순한 것이 아니다"라고 누군가가 말한 적이 있다. 사회를 미세한 '요인'으로 나눈다면, 어떤 일을 설명할 때 그중 몇몇이 필요하겠지만 그 모든 요인을 전부 파악하고 있다고 확신할 수는 없다. '유기적 전체'의 형식적인 강조, 적합한 원인—일반적으로 구조적인—의 고려 실패, 그리고 한 번에 하나의 상황만을 검토해야 한다는 강제 등이 '현상태'의 사회구조를 이해하는 데 걸림돌이 된다. 균형을 맞추기 위해 이제 다른 견해들을 살펴보기로 하자.

먼저 '원리적 다원론'이 '원리적 일원론' 만큼이나 독단적이라는 것은 분명한 사실이 아닌가? 둘째, 원인을 연구하면서 그것에 압도당하지 않는 방법은 없는가? 사회과학자가 사회구조를 조사할 때 해야 하는 일이 바로 이런 것 아닌가? 그런 연구들을 통해 확실히 우리는 어떤 사태의 적절한 원인을 발견할 수 있고, 또 그 원인을 발견함으로써 인간이 인간사(人間事)를 형성할 때 정치적·행정적 행위를 위해 이성을 사용할 수 있는 기회를 부여하는 전략적 요인의 관점을 열게 된다.

그러나 자유주의적 실용론의 '유기적' 형이상학에서는 조화로운 균형의 경향이 있는 것은 무엇이든 강조된다. 모든 것을 '지속적 과정'으로 보면 갑작스런 속도의 변화와 혁명적 단절—우리 시대의 특징이다—과 같은 것들을 놓친다. 설령 놓치지 않더라도 그저 '병리적'이고 '부적응된' 것의 징후로 인식될 뿐이다. '관습'(mores)이라든가 '사회'와 같은 중립적인 단어가 시사하는 형식성과 가상의 통일성 때문에 현대 사회의 구조를 파악할 가능성이 줄어든다.

자유주의적 실용론의 단편적 성격의 원인은 무엇인가? 왜 이 사회학은 분산된 개인의 생활 영역만을 다루는가? 대학 학과의 기묘한 구분 때문에 사회과학자들이 문제를 단편적으로 처리하게 되었는지도 모른다. 특히 사회학자들은 옛 사회과학의 대표자들이 사회학을 위한 자리가 있음을 선뜻 인정하려 하지 않는다고 느끼는 것 같다. 콩트나, 탈콧 파슨스 같은 거대이론가들처럼 사회학자들은 사회학이 경제학과 정치학으로부터 독립하여 독자적인 영역을 갖기를 원했다. 그러나 학문적 경쟁에서 학과의 영역 제한—혹은 전반적인 능력의 결여—이 자유주의적 실용론의 낮은 추상화 수준과 그 실행자들이 사회구조의 문제를 고찰하지 못하는 것에 대한 적절한 변명이 되지는 못한다.

많은 사회학 저서들이 대상으로 삼은 대중을 고찰해보자. '체계적'이거나 '이론적'인 대부분의 사회학 저작은 교사들이 강의실에서 교과서로 쓰기 위한 것들이다. 사회학은 대학에서의 존재 기반을 구축하기 위하여 다른 학과들과 종종 투쟁해왔기 때문에 그만큼 교과서의 필요성이 커졌다. 오늘날 교과서는 사실들을 조직적으로 정비하여 어린 학생들이 그것을 써먹을 수 있게 하지만, 조사 연구와 발견의 요지에 초점을 맞추지는 않는다. 따라서 교과서는 어느 정도 확립된 개념을 예증하기 위하여 사실을 기계적으로 수집한 것에 불과하다. 이처럼 수집 축적된 사소한 사실을 종합하여 교과서적인 배열을 하는 데서 새로운 관념의 조사 가능성과 관념과 사실 간의 상호작용은 그리 중요하지 않다. 낡은 관념과 새로운 사실이 새로운 관념—이것은 교실에서 사용되는 교과서의 '채택' 수효를 제한하기 때문에 종종 위험스럽게 여겨진다—보다 더 중요한 경우가 많다. 교수는 어떤 교과서를 쓸 것인지 또는 안 쓸 것인지를 판단하고, 채택된 교과서의 장점이라고 생각되는 것을 결정한다. 결국, 새로운 강의록을 만들어내는 데는 시간이 많이 걸린다는 점을 기억해야 한다.

그런데 이 책들은 어떤 학생들을 위해 씌어지는가? 그들은 대부분 중간 계급의 청년들이었다. 그들은 주로—특히 중서부 학교에서—농민이나 소기업 경영자 출신들이다. 그리고 그들은 전문직 종사자나 하급 관리자가 되어가는 중이다. 그들을 위해 책을 쓰는 것은 상승하는 중간 계급이라는 특수한 대상을 위해 쓰는 것이다. 저자와 대중, 교사와 학생은 모두 비슷한 사회 경험을 한다. 그들은 자신이 어디서 왔으며 어디로 가는지, 그리고 그들의 진로를 방해하는 것은 무엇인지를 다 같이 잘 알고 있다.

개인적인 생활 영역을 연구하는 예전의 실용론적 사회학은 정치 문제를 거의 근본적으로 다루지 않는다. 자유주의적 실용론은 탈정치적이거나 혹은 일종의 민주주의적 기회주의를 열망하는 경향이 있다. 자유주의적 실용론자들은 정치 현상을 다룰 때도 '반사회적인 것' 또는 '부패'의 관점에 치중해서 일반적으로 그 현상의 '병리적인' 특징을 고찰한다. 또 다른 문맥에서 그들이 생각하는 '정치적'이라는 것도 정치적 '현상태'의 적당한 기능과 동일시되기 때문에, 법과 행정과도 쉽게 동일시된다. 자유주의적 실용론은 정치적 질서 그 자체를 거의 검토하지 않는다. 정치적 질서는 그저 매우 견고하고 손이 닿지 않는 먼 곳의 체제로 인식될 뿐이다.

자유주의적 실용론은 사회적 지위를 이용해서 어느 정도의 권위를 행사하여 일련의 개별적 사례를 통제할 수 있는 사람들에게나 알맞다. 재판관, 사회사업가, 정신위생학자, 교사, 지역 개혁가 들은 '상황'의 관점에서 생각하려고 한다. 그들의 세계관은 현재의 기준에 제한되어 있고, 그들의 전문적 작업은 그들을 일련의 '사례'에만 얽매여 있는 직업적 무능력자로 만들어버린다. 그들이 사회를 바라보는 관점과 경험은 너무나 비슷하고 동질적이기 때문에 관념 간의 경쟁이나 견해 차로 인한 논쟁이 벌어질 소지가 전혀 없다. 그래서 그들은 사회구조의 전체상을 구성하지 못한다. 자유주의적 실용론은 개인적 생활 영역을 도덕적으로 설명하는 사회학이다.

'문화 지체'라는 개념은 '유토피아적'이고 진보적인 사고 양식의 한 부분이다. 그 개념은 발전하는 기술과 '보조를 맞추기 위해서' 무언가를 변화시킬 필요가 있음을 암시한다. '지체되는' 것이 무엇이건 그것은 현재 존재하지만, 그 이유는 과거에 있다. 따라서 이것에 대한 판정은 시계열(時系列)에 관한 서술의 가면을 쓰고 등장한다. 자유주의적이고 희망적인 분위기에서 살고 있는 사람들은 불공평한 '진보'를 평가하는 주장으로서 문화 지체라는 개념을 즐겨 사용한다. 이 개념은 그들에게 어떤 변화가 요구되는지, 그리고 마땅히 '일어났어야 하는데도' 일어나지 않은 변화가 무엇인지 얘기해준다. 그것은 또한 그들이 어떤 부분에서 진보를 이루었고, 어떤 부분에서 진보하지 못했는지 말해준다. 물론 병리적 '지체'의 탐지는 그것의 역사적 외양 때문에, 그리고 '요구된다'와 같은 의사(疑似) 객관적인 구절 속으로 난폭하게 밀고 들어오는 작은 프로그램들 때문에 다소 복잡해진다.

문제를 문화 지체의 관점에서 설명하는 것은 평가를 가장하는 것이지만, 여기서 보다 중요한 문제는 자유주의적 실용론자가 과연 어떤 종류의 평가를 해왔는가 하는 것이다. '제도' 일반이 '기술과 과학'에 비해 뒤처졌다는 개념은 많은 사람들이 알고 있다. 그것은 '과학'과 질서 정연한 진보적 변화에 대한 긍정적 평가이다. 간단히 말해서 그것은 계몽주의의 자유주의적인 계승이다. 계몽주의는 합리주의적이며, 자연과학을 사고와 행동의 모델로서 절대적으로 그리고 이제는 정치적으로 순진하게 지지하며, 시간 개념을 진보로 찬미한다. 이 진보 관념은 한때 유력했던 스코틀랜드의 도덕철학을 통해 미국 대학에 유입되었다. 남북전쟁 후부터 1920년대 말까지 미국 도시의 중간 계급은 생산 수단을 소유하는 '동시에' 사회적 지위와 정치적 권력을 획득했던, 상승하는 경영자층이었다. 대학에 재직중인 전(前) 세대의 사회학자들 대부분은 이러한 상승 계층 출신이거나 아니면 그들과 활발하게 교류했다. 그들의 학생들—그들의 사상을 수용하는 공중—은 바로 그 계층 출신들이었다. 진보의 개념은 대개 소득과 지위 면에서 상승하는 사람들에게 적합하다.

문화 지체의 개념을 사용하는 사람들은 한 사회의 다른 영역들의 상이한 '변동률'을 그 배후에서 조종하는 이익 집단과 정책 결정자들의 위치를 대개 고찰하지 않는다. 문화 부문이 변등률에 따라 변화할 수 있다는 관점에서 보면, 오히려 '지체되는' 것은 기술이다. 이는 확실히 1930년대의 경우였고, 예를 들어 가내 수공업 기술과 개인 수송에서는 여전히 타당한 얘기이다.

'지체'라는 개념을 사용한 대다수 사회학자와는 달리 베블런은 '지체, 누출(leak), 마찰' 같은 개념을 사용하여 '공업 대 상업'을 구조적으로 분석했다. 그는 '지체'가 어느 지점에서 위기를 야기시키는가를 문제 삼았다. 그는 기업가적 규준에 따라 행동하는 경영자의 훈련된 무능력이 어떻게 생산과 생산성의 효과적인 사보타주(sabotage)를 초래하는지 밝히려고 노력했다. 그는 또한 사적 소유 체계에서 이윤 형성의 역할을 어느 정도 알고 있었지만, 그로 인한 '비효율적인' 결과에 대해서는 조금도 개의치 않았다. 그러나 그의 최대의 공적은 '지체'의 구조적 역학을 구명한 것이다. 하지만 대부분의 사회과학자는 이러한 특수한 구조적 입지점을 상실한, 즉 정치적으로 표백된 '문화 지체'의 개념을 사용하고 있다. 그들은 항상 단편적인 방법으로 문화 지체의 개념을 일반화하여 그것을 모든 것에 적용시켰다.

4

　　실용적 문제를 구명하는 것은 곧 평가를 하는 것이다. 자유주의적 실용론자들에게 '문제'가 되는 것은 (1) 중간 계급적인 소규모 도시의 생활 양식으로부터 벗어나는 것, (2) 안정되고 질서 정연한 농경 원리에 어긋나는 것, (3) '문화 지체'의 낙관적인 진보적 주의에 배치되는 것, (4) 적절한 '사회 진보'에 순응하지 않는 것 등이다. 그러나 무엇보다도 자유주의적 실용론의 요점은 (5) '적응'과 그에 반대되는 '부적응'의 개념이다.

　　이 개념은 대개 어떤 구체적인 내용이 없는 빈 껍데기이다. 그러나 또한 그 내용은 사실상 소도시적인 중간 계급과 관념적으로 연관되어 있는 규범과 특징에 동조하라는 선전일 경우도 많다. 그러나 이러한 사회적이고 도덕적인 요인들은 '적응'이라는 용어로 암시된 생물학적 은유의 탈을 쓰고 있다. 사실 그 용어는 '존재'와 '생존' 같은 사회적으로 공허한 용어를 동반한다. '적응'이라는 '개념'은 생물학적 은유에 의해 형식적이고 보편적인 것이 된다. 그러나 그 용어의 실제적인 사용은 소규모 지역 사회 환경의 목적과 수단의 수용을 분명하게 만든다. 대다수 저술가들은 부여된 목적을 달성하기 위해 덜 파괴적이라고 여겨지는 기술을 제안한다. 그들은 기본 인권도 제대로 누리지 못하는 상황에 처한 집단이나 개인들이 전체적인 제도 체제를 바꾸지 않고 이 목적을 달성할 수 있는지 없는지는 대개 검토하지 않는다.

　　적응이란 개념은 한편에 '사회'가 있고, 또 다른 한편에 '개인적인 전입자(轉入者)'가 있는 사회적 상황에 가장 직접적으로 적용할 수 있다. 전입자는 그 사회에 '적응'하지 않으면 안 된다. '전입자 문제'는 초기 사회학자들의 중심적인 관심거리였고, 그 문제를 서술하는 데 사용되는 개념이 모든 '문제'를 공식화하는 일반적인 모델의 일부가 되었다.

부적응이라는 특수한 사례를 자세히 검토함으로써, 이상적으로 '적응되었다'고 판단되는 사람의 유형을 쉽게 추측할 수 있다.

전(前) 세대의 사회학자들과 자유주의적 실용론자들이 가슴속에 품고 있는 이상적인 인간은 '사회화된' 사람들이다. 이것은 윤리적 관점에서 '이기적인' 사람과 종종 상치된다. 사회화된 인간은 항상 타인을 생각하며 타인에게 친절하다. 그는 수심에 잠겨 생각에 몰두하는 일도 없고, 우울해 하지도 않는다. 반면에 약간 외향적이기도 해서 자신이 살고 있는 지역 사회의 관행에 열심히 '참가하려' 한다. 또 그는 이 지역 사회가 적응 가능한 속도로 '진보하도록' 돕는다. 그는 몇몇 지역 사회 조직에 참가해 구성원으로서 그곳을 위해 일한다. 완전한 '참여자'가 아니더라도 분명 그는 잘 살아갈 수 있다. 그러나 그는 인습적인 도덕과 동기에 순응하는 것이 행복하다. 또 훌륭한 제도의 점진적인 진보에 참여하는 것이 행복하다. 그의 아버지와 어머니는 결코 이혼하지 않는다. 그의 가족은 결코 잔인하게 파괴되지 않는다. 그의 야망은 일정한 한도를 벗어나지 않기 때문에 그는 적어도 어느 정도까지는 성공을 거둔다. 그러나 그는 '몽상가'가 되지 않기 위해 자신에게 주어진 수준 이상의 문제는 생각하지 않는다. 그는 본래 야망이 작은 사람이기 때문에 일확천금을 노리지 않는다. 그의 미덕 중의 어떤 것은 매우 일반적인 것이어서 그 의미를 파악할 수 없다. 그러나 그중에는 매우 구체적인 것도 있어서 우리는 그 지방적 상황에 적응한 사람의 미덕이 미국 소도시에서 청교도적 이상으로 살아가는 독립적인 소규모 중간 계급의 규범과 상통한다는 것을 알 수 있다.

자유주의적 실용론의 이 즐거운 작은 세계는 틀림없이 어딘가에 존재할 것이며, 만약 존재하지 않는다면 그것을 만들어야 한다. 그 세계를 만드는 일에 우리 전 세대의 미국 사회학자들만큼 가장 이상적으로 적합한 사람은 없으며, 자유주의적 실용론만큼 그 과업에 유용한 개념도 없다.

5 | 　　지난 몇 십 년 동안 옛 실용론과 더불어 하나의 새로운 실용론—사실은 여러 개이다—이 등장했다. 자유주의는 개혁 운동이라기보다는 복지국가에서의 사회 공무 행정이 되었다. 사회학은 개혁의 추진력을 상실하고 말았다. 단편적인 문제와 다원적인 인과론을 지향하는 경향은 기업체와 군과 국가에 의해 보수주의적으로 이용되었다. 그런 관료적 기구가 경제·정치·군사 질서에서 부각됨에 따라 '실용적'이라는 말의 의미는 변해버렸다. 즉, 이 큰 제도들의 목적에 도움이 되는 것이 곧 '실용적'이었다.6)

　'산업에서의 인간 관계'를 다루는 학파가 새로운 비자유주의적 실용론(illiberal practicality)의 간단한 예가 될 것이다.7) 비자유주의적 실용론의 입장에서 경영자와 노동자를 언급하는 '문헌'에 나타난 모든 용어를 조사해보면, 경영자들은 '지성적—비지성적', '합리적—비합리적', '유식—무식' 같은 선을 따라 주로 얘기되는 데 반하여, 노동자들은 '행복—불행', '능률적—비능률적', '사기가 높은—사기가 떨어진' 같은 관점에서 주로 얘기된다는 사실을 알 수 있다.

　이 학파의 학자들이 명시적이든 묵시적이든 암시하는 바는, 노동자들을 행복하고 능률적이고 협력하게 하려면 경영자는 지성적이고 합리적

---

6) '사회 문제'의 전공 분야 — 이 분야는 자유주의적 실용론을 채택하는 대학에서 그 위치가 높다 — 까지도 옛 실용론에서 새로운 실용론으로의 변화를 반영했다. '사회 해체'는 결코 이전과 같은 과정을 밟지 않는다. 1958년 현재 실용론자들은 자신들이 다루는 가치에 대해서 한층 더 치밀하게 인식하고 있다. 정치적으로 이 분야는 어느 정도 복지국가의 일반적 이데올로기, 비판적인 압력 집단, 행정상의 부속물이 되었다.
7) '메이오 학파'(The Mayo School)에 대한 상세한 설명은 Mills, 'The Contributions of Sociology to Studies of Industrial Relations' (산업관계 조사연구회 제1회 연차총회 회의록에 수록)를 참조하라.

이고 유식하기만 하면 된다는 공식이다. 이것이 산업에서의 인간 관계에 대한 정치적 공식인가? 그렇지 않다면, 다른 어떤 것이 포함되어 있는가? 또 만약 그렇다면, 실용론적으로 말해서 이 공식은 산업 관계의 문제를 '심리화' 하는 것은 아닌가? 그것은 지금은 안타깝게도 경영자의 비지성과 노동자의 불행한 비합리성으로 야기돈 인간 관계의 취약성 때문에 혼란에 빠진, 이해 관계의 자연 조화라는 고전적 공식에 근거하는 것은 아닌가? 보다 원활하고 덜 골치 아픈 경영 능률을 확보하기 위하여 고용자들을 더 잘 이해하고, 경영에 반대하는 그들의 사적 유대감에 대항함으로써 그들에 대한 조종 능력을 확대하며, 권위주의적 태도를 완화하라는 충고를 인사 관리자는 어느 정도까지 받아들이는가? 이 모든 것은 사기(morale)라는 '개념'에 그 초점을 맞추고 있다.

현대 산업에서의 노동이란 어떤 위계 질서(hierarchy) 내에서의 노동을 말한다. 거기에는 하나의 권위 체계가 있으며, 따라서 그 이면에는 하나의 복종 체계가 있다. 대부분의 작업은 반(半)관습적(semi-routine)이다. 즉, 생산을 고도화하기 위해서는 각 노동자의 작업을 분업화하고 유형화할 필요가 있다는 것이다. 이 두 가지 사실—산업구조에서의 위계 질서적 성격과 대부분의 작업에서의 반관습적인 특성—을 종합해서 고찰해보면 현대 산업에서의 노동은 규율, 즉 권위에 대한 재빠르고 다소 유형화된 복종을 수반한다는 사실이 선명하게 드러난다. 따라서 사기의 문제를 올바로 이해하는 데는 인간 관계 전문가들이 잘 다루려고 하지 않는 권력이라는 요인이 중요하다.

결국 공장은 사회적 관계가 형성되고 노동이 이루어지는 장소이기 때문에 사기를 규정하기 위해서는 객관적 기준과 주관적 기준을 모두 고려해야 한다. '주관적' 사기는 자발적으로 일하려 하고, 또 즐거운 마음으로 하며 그것을 즐기기까지 하는 것을 의미한다. '객관적' 사기는 최소한

의 비용과 노력과 시간으로 능률적으로 노동하는 것을 의미한다. 따라서 현대 미국 공장에서의 사기는 경영의 입장에서 판단할 때 노동의 능률적인 수행을 초래하는 노동자의 즐거운 복종과 연관된다.

'사기'의 개념을 명확하게 하기 위해서는 그 기준으로 사용되는 가치들을 밝혀야 한다. 여기에 관련된 두 가치는 노동자의 즐거움과 만족도, 그리고 노동자가 자신의 노동 생활 과정을 결정하는 권한의 정도이다. 더 폭넓게 생각해보면, 자기의 노동을 스스로 결정하고 또 그것에 대해 지극히 행복을 느끼는 자수 성가한 장인(craftsman)의 특징적인 '사기' 유형이 있다. 그것이 바로 애덤 스미스-제퍼슨의 소외되지 않은 인간이며, 또 휘트먼(Whitman)이 말하는 '옥외에 사는 인간'이다. 또한 그러한 인간형을 상정하는 데 필요한 모든 가정은 위계적인 대규모 노동 조직이 도입되면서 쓸모없는 것이 되어버렸다. 사실상 고전적 사회주의는 바로 이 요인의 도입에 의하여 고전적 자유주의로부터 다소 엄격한 논리로 연역될 수 있다. 그렇다면 '사기'의 두번째 유형은 '노동자의 통제'라는 고전적 개념에 투영된 것으로 볼 수 있으며, 또 실제로 그랬다. 이 유형은 대규모 집단 노동이라는 객관적 조건하에서 노동하는 소외되지 않은 사람들을 위한 형태이다.

이 두 유형의 '사기'와는 대조적으로 인간 관계 전문가들이 생각하는 '사기'는 무력하지만 즐겁게 일하는 노동자의 사기이다. 물론 이 범주에는 다양한 종류의 사람들이 포함되지만, 요점은 권력구조의 변화 없이는 어떠한 집단적 장인 의식(意識)이나 자기 통제도 불가능하다는 것이다. '인간 관계' 전문가들이 그리는 사기는 소외되어 있기는 하나 통제되고 인습적인 '사기'의 기대에 순응한 사람들의 사기이다. '인간 관계' 전문가들은 현재의 산업 체제가 확고하며 경영자의 목적이 곧 모든 이의 목적이라고 생각하기 때문에, 현대 산업의 권위구조와 그 구조 내에서의 노동자의 역할은 전혀 검토하지 않는다. 그들은 사기 문제를 매우 제한된 관점에서 규정하고, 그들의 고객인 경영자에게 자신들의 기술을 써서 현재의 권력 체제 내에서 피고용자들의 사기를 진작시킬 수 있는 방법을 보여주려 한다. 그들은 피고용자들을 조종하려고 한다. 그들은 피고용자들이 노동 생활을 수행하는 범위 내에서 '분통을 터뜨리는' 것을 허용한다. 그들이 '발견한' 사실을 살펴보자. (1) 현대 산업의 권위구조('공식적 조직') 내에서 지위 형성('비공식적 조직')이 이루어진다. (2) 지위 형성은 종종 권위에 도전하고, 권위의 행사에 반항하여 노동자를 보호한다. (3) 따라서 노동자들의 능률을 향상시키고 '비협조적인' 움직임(노동 조합과 노동자 연대)을 격퇴하기 위해서 경영자들은 이러한 지위 형성을 분쇄시키기보다는 오히려 그것을 자신의 목적('조직 전체의 집합적 목적')에 이용하려고 노력해야 한다. (4) 집단의 일원인 노동자를 조종하기 위해서는 권위주의적으로 명령하기보다는 그 비공식적 조직을 인식하고 연구해야 한다. 한마디로 말해서, 인간 관계 전문가들은 현대 사회의 전반적 경향을 확대하고 지적 방법으로 합리화시켜 경영 엘리트들을 도와주었다.[8]

[8] 물론 사회과학자가 '산업에서의 인간 관계' 학파보다도 이러한 연구 분야를 소홀히 다루었다는 것은 아니다. 오히려 매우 훌륭한 연구가 이루어졌으며, 또 지금도 진행중이다. 예를 들면 찰스 린드블롬(Charles E. Lindblom), 존 던랩(John B. Dunlap), 윌리엄 폼(William Form), 델버트 밀러(Delbert Miller), 윌버트 무어(Wilbert Moore), 알렌(V. L. Allen), 세이모어 립세트(Seymour Lipset), 로스 스태그너(Ross Stagner), 아서 콘호저(Arthur Kornhauser), 윌리엄 화이트(William H. Whyte), 로버트 더빈(Robert Dubin), 아서 로스(Arthur M. Ross) 등의 연구가 있다. 이밖에도 수많은 예가 있다.

사회과학의 위대한 19세기 테마 중의 하나는 근대 자본주의 혁명에서 사람들이 구조적 변화에 의해 점점 무력해졌으며, 동시에 반항아가 되어 심리적으로 무엇인가를 요구하게 되었다는 것이다. 따라서 역사 발전의 중심 노선은 이렇게 될 것이다. 합리적 의식과 지식이 확산되면서 노동자들은 새로운 집단적 통합 속에서 소외로부터 의기양양한 프롤레타리아 계급의 사기로 도약할 것이다. 마르크스는 구조적 변동을 지적한 점에서는 매우 타당했지만, 그 변동의 심리적 결과에 대해서는 오류를 범하고 제대로 파악하지 못했다.

사기라는 개념으로 지적·정치적 절정에 도달한 산업 사회학의 이론적 문제는 우리가 권력과 노동자의 개인 생활에 대한 그 권력의 의미를 체계적으로 고찰할 때 만나는 소외와 사기의 수많은

6

새로운 실용론은 사회과학, 그리고 사회과학자의 새로운 이미지이다. 이러한 비자유주의적 실용론을 배태한 새로운 기관들이 출현했다. 산업 관계 센터, 대학의 조사 연구소, 기업체와 공군과 정부의 새로운 조사 기관 등등이 바로 그것이다. 이들 조사 기관은 사회의 최하층에서 겨우겨우 살아가는 사람들―비행 소년, 품행이 방정치 못한 여자, 이주 노동자, 미국인화되지 못한 전입자―에게는 전혀 관심을 기울이지 않는다. 오히려 실제로도 상상으로도 그 사회의 최상 계급에 속하는 사람들, 특히 뛰어난 기업 경영자와 상당한 예산을 집행하는 장성들과 관계를 맺는다. 사회과학자들은 그 역사상 처음으로 복지 기관과 군(郡) 농사 고문 이상의 사적·공적 권력과 직업적인 관계를 맺었다.

그들의 지위는 학문적인 것에서 관료적인 것으로 변하고, 그들의 대중은 사회개혁가에서 정책결정자로 변하고, 그들의 문제를 선택하는 주체는 그들 자신에서 그들의 새로운 고객으로 변한다. 학자들 스스로도 학문적으로 문제를 덜 일으키고 행정적인 실용성을 구축하려 한다. 그들은 일반적으로 '현상태'를 받아들이기 때문에 행정가들이 당면하는 문제와 쟁점의 관점에서 문제를 설정하려 한다. 그들은 안절부절 못하고 사기가 저하된 노동자와 인간 관계를 조정할 줄 모르는 경영자들을 연구한다. 그들은 또한 대중매체와 광고 회사의 상업적·기업적 목적을 위해 부지런히 봉사한다.

새로운 실용론은 '인간 관계'를 다루는 행정 기술가와 하나의 권력 유형을 탐구하는 문제이다. 그 문제를 위해서는 구조적 변화가 동반하는 심리적 변화의 정도와 각 변화 단계에서의 원인을 고찰해야 한다. 현대인의 노동 생활을 연구하는 사회과학의 약속은 바로 이러한 방향에 있다.

체로서 기업 경영체를 새롭게 정당화하고자 하는 수요가 크게 증가하는데 따른 학문적 반응이다. 행정 기술가와 이데올로기에 대한 새로운 수요는 충성(loyalty)의 요충지가 되고자 경쟁하는 노동 조합의 등장과 불경기 동안 기업에 대한 대중들의 적대감 같은 미국 사회의 변동, 현대 주식회사의 거대한 권력 규모와 그 집중화, 복지국가의 확장과 그에 대한 공적 승인, 그리고 복지국가의 경제 업무에 대한 개입의 증가로 초래되었다. 이러한 발전은 최고 실업계 내부에서 경제적으로 실용적인 보수주의가 정치적으로 치밀한 보수주의로 변한 때문이다.

유토피아적 자본주의의 '자유방임주의적' 이미지를 가지고 있는 실용론적 보수주의자들은 정치적 경제에서 노동조합이 필수적이거나 유용하다는 것을 결코 인정하지 않았다. 기회가 있을 때마다 그들은 노동조합이 분쇄되거나 제한되어야 한다고 주장했다. 실용론적 보수주의자들의 공공 목표는 지금 이 시점에서 개인적 이익을 획득할 수 있는 자유였다. 이러한 노골적인 관점은 대다수의 소규모 경영자층, 특히 소매상인들과 대규모 경영자층 사이에서 여전히 우세하다. 이들 가운데 가장 큰 제너럴 모터스(General Motors)와 U. S. 스틸(U. S. Steel)은 그들의 확고한 보수주의의 '실용성'에서 대기업체 중에서도 단연 으뜸이다. 역사적으로 보아 실용론적 보수주의는 경영자들이 새로 만들어지거나 매우 정교한 이데올로기의 필요성을 절실하게 느끼지 않는다는 사실에 의거했다. 그들의 이데올로기 내용은 광범위하게 퍼져 있는 확고한 공적 관념과 아주 일치한다.

새로운 권력 핵심이 등장했지만 아직 정당성을 획득하지 못하고, 또 기존 권위의 상징 속에 숨을 수도 없을 때 정당화를 위한 새로운 이데올로기가 필요하다. 보수주의적 목적으로 자유주의적 상징을 사용하는 것이 특징인 치밀한 보수주의자들은 추문을 폭로하는 조사가들과 개혁적인 저널리스트들이 한창 기업체들을 공격하던 20세기 초엽까지 거슬러

올라간다. 대공황의 분위기와 와그너법(Wagner Act)의 통과로 실용론적 보수주의자들이 재등장했고, 그들은 제2차 세계대전 동안과 그후에 점차 세력을 확장했다.

우익의 실용론적 대중들과는 대조적으로 치밀한 보수주의자들은 자유주의국가의 행정 체계 내에서 강력한 노동조합과 강력한 실업계가 서로 대치하는 경제구조에서 이윤을 추구하는 정치적 상황에 매우 민감하게 반응한다. 그들은 또한 노동조합과 정부가 노동자와 시민의 충성심을 얻으려고 경쟁을 벌일 때 그들의 권력을 정당화하기 위한 새로운 상징의 필요성에 주의를 기울인다.

실업가가 새로운 실용론에 관심을 가지는 것은 대체로 명백해보인다. 그러나 교수들은 어떤가? 그들의 관심사는 무엇인가? 실업계 대변자들과는 달리 교수들은 실용론의 금전적·경영적 또는 정치적 의미에 거의 관심이 없다. 교수들에게 그러한 결과는 다른 목적, 즉 교수들 자신의 '경력'을 위한 수단이다. 교수들이 새로운 조사 활동과 자문 역할로 수입이 조금이나마 느는 것을 좋아하는 것은 사실이다. 그들은 경영자들에게 문제 없이 이윤을 챙길 수 있도록 도와주는 일에 만족하기도 하고 만족하지 않기도 할 것이다. 또 기존 경영자층의 권력을 위한 더 수용 가능한 새로운 이데올로기를 구축해냄으로써 의기 충천할 수도 있고 그렇지 않을 수도 있다. 그러나 그들도 학자인 이상 학문 외적인 목적을 달성했다고 해서 마냥 만족하는 것은 아니다.

교수들의 참여는 어느 정도 실업계와 정부의 전반적인 규모 확대와 관료적 성격, 그리고 기업체·정부·노동조합 간의 새로운 제도적 관계로 인한 새로운 직업 기회에 대한 반응이다. 이러한 발전은 전문가에 대한 수요의 증가와 그에 따른 대학 내외에서의 직업 개방을 의미한다. 고등 학문의 중심지인 대학은 이러한 외부의 요구에 응해 탈정치적인 기술자를 점점 더 많이 배출하는 경향이 있다.

대학에 남아 있는 사람들은 옛 교수의 경력과는 다른 새로운 종류의 경력을 쌓을 수 있다. 그 새로운 경력은 학계의 '신종 매니저'(new entrepreneur : 학계에서 마치 권투계의 매니저처럼 프로젝트를 주선하는 사람을 말한다—옮긴이 주)라 불린다. 이 야심찬 유형의 자문역은 대학 외부에서 명성과 작은 권력까지 확보함으로써 대학 '내'에서의 경력을 증진시킬 수 있다. 특히 그는 대학에 상당한 자금을 보유한 연구 교육 기관을 설립하여 학계와 사무가들과의 접촉을 주선할 수 있다. 현실 세계를 외면하는 동료들 사이에서 그러한 신종 매니저가 대학 사무를 이끄는 경우가 많다.

미국에서의 학문적 직업은 야망이 큰 교수들을 단순한 학문적 경력으로는 만족시키지 못한다. 교수라는 직업에 부여되는 명성은 학문을 성취하느라 치렀던 경제적 희생에 비하면 보잘것없다. 대학 교수의 보수와 생활 수준은 비참한 경우가 많았고, 그래서 대다수 학자들의 불만은 학문 이외의 영역에서 권력과 위세를 향유하는 사람들보다도 그들이 훨씬 더 똑똑하다는 인식으로 한층 더 고조된다. 그런 불운한 교수들에게 사회과학을 행정적으로 이용하는 새로운 현상은 굳이 학장이 될 필요 없이 행정관이 될 수 있는 대단히 만족스러운 기회였다.

그러나 이 같은 새로운 경력이 교수들을 학문적 질곡으로부터 꺼내주는 반면, 그들을 만족할 수 없는 무언가에 빠뜨릴지도 모른다는 증거가 여기저기 젊은 학자들 사이에서도 나타나고 있다. 어쨌든 이 모든 것에 대해 많은 우려가 있고, 학계의 새로운 매니저들은 그들의 목표가 무엇인지 자주 잊는 듯하다. 그리고 이 같은 불분명한 목표가 어떤 조건하에서 성공적으로 달성될 수 있는지조차 인식하지 못하는 것 같다. 이것이 바로 미친 듯이 활동하려고 하는 그들의 조급한 정신 상태의 근원이 아니겠는가?

미국 대학 사회는 그것이 연루하게 된 새로운 실용론에 대하여 실제로 개방적이다. 대학 내외에서 활동적으로 연구하는 사람들이 행정관리 기구의 전문가가 되어가고 있다. 그에 따라 그들의 주의력과 정치적 사고의 폭은 좁아진다. 하나의 집단으로서 미국의 사회과학자들은 정치적인 일에 크게 관여하지 않았다. 기술자의 역할을 맡으면서 그들은 탈정치적인 세계관을 갖게 되었고, 정치적 관여―만약 이것이 가능하다면―를 덜 하게 되었으며, 또 정치 문제를 파악하는 능력도 사용하지 않는 바람에 퇴화해버리고 말았다. 이것이 바로 저널리스트가 사회학자, 경제학자, 그리고 말하기가 좀 미안하기는 하지만 특히 정치학자보다도 더 정치적으로 민감하고 정치적 지식이 풍부한 이유이다. 미국의 대학 체계는 정치 교육을 거의 실시하지 않는다. 또한 현대 사회에서의 전반적인 권력 투쟁을 평가하는 방법도 거의 가르치지 않는다. 대다수의 사회과학자는 지역 사회의 반항적인 부분과 지속적인 접촉을 거의 또는 전혀 하지 않았다. 일반적인 학문 연구자는 그 경력을 쌓아가는 과정에서 좌익계 언론과는 상호 교육적인 관계를 전혀 맺지 않는다. 정치적 지식인들을 지지하거나 그들에게 직업은 물론이고 명성을 부여하는 운동은 전혀 없는 탓에 미국의 대학 사회는 노동계와 아무런 관계도 맺지 않는다.

이 모든 것이 의미하는 바는 미국의 학자들이 그러한 상황 때문에 이데올로기를 바꾸지 않고도, 정치적 죄의식을 느끼지 않고도 새로운 실용론을 채택한다는 것이다. 누구든 '팔고 있다'고 생각하는 것은 적절하지도 않을 뿐더러 지극히 순진한 견해이다. 왜냐하면 그런 가혹한 말은 팔 수 있는 무엇인가가 있을 때만 쓸 수 있기 때문이다.

제5장 | 관료적 풍조
The Bureaucratic Ethos

지난 25년 동안 사회과학의 정책적 활용과 정치적 의미에는 결정적인 변화가 하나 일어났다. '사회 문제'를 연구하는 예전의 자유주의적 실용론은 여전히 계속되지만, 경영자적이고 조작적인 종류의 좀더 새로운 보수주의적 용도도 점차 무색해지고 있다. 이 새로운 비자유주의적 실용론은 여러 형태를 띠지만, 문학 전반에 영향을 미치는 일반적인 경향이다. 나는 그 경향의 합리화를 한 예로 그 풍조(ethos)를 논하고자 한다. 폴 라자스펠드는 "사회학자가 되려는 학생들에게는 최후의 경고의 말이 필요하다"라고 썼다.

> 그는 세계의 정세를 걱정하는 것 같다. 새로운 전쟁의 위험, 사회 체제 간의 대립, 그리고 국내의 급격한 사회 변동 때문에 그는 사회 문제에 관한 연구가 절실하다고 느꼈을 것이다. 그러나 몇 년 동안만 사회학을 연구하면 현존하는 모든 문제를 해결할 수 있으리라 기대하는 것은 대단히 위험한 일이다. 불행히도 그렇지 못하니 말이다. 그는 자기 주변에서 발생하는 일들을 더 잘 이해하는 방법을 배우게 될 것이다. 때때로 성공적인 사회 행동의 실마리를 발견하기도 할 것이다. 그러나 사회학은 '사회 공학(social engineering)을 위한 확실한 터전'을 마련해줄 수 있는 단계까지는 아직 이르지 못했다. 자연

과학이 세계사에 큰 흔적을 남기기까지 갈릴레이부터 산업혁명까지 250여 년이라는 시간이 걸렸다. 경험적 사회 조사는 이제 겨우 30~40년간의 역사를 갖고 있을 뿐이다. 만약 사회학이 세계의 중대한 문제를 신속하게 해결해 줄 것이라고 기대한다면, 또 사회학에 즉각적인 실용적 결과만을 요구한다면, 사회학의 자연스러운 발전 진로를 방해하게 될 것이다.[1]

최근에 '새로운 사회과학'이라 불리는 것은 추상적 경험주의와 새로운 비자유주의적 실용론을 일컫는다. 그 용어는 방법과 효용의 두 측면을 모두 지칭하고 있고, 그것은 매우 적절하다. 왜냐하면 추상적 경험주의의 기술과 그 관료적 활용은 이제 항상 결합되기 때문이다. 나의 논점은 이러한 양자의 결합이 관료주의적 사회과학을 발전시켰다는 것이다.

현재 실행되는 추상적 경험주의는 그 존재와 영향의 모든 측면에서 '관료적' 발전을 나타내고 있다. (1) 사회 연구의 각 단계를 표준화하고 합리화하려는 시도 때문에 추상적 경험주의의 지적 작업 자체가 점차 '관료적으로' 되어가고 있다. (2) 이러한 작업은 인간에 대한 연구를 대개 집합적이고 체계적으로 만든다. 추상적 경험주의를 알맞게 적용시키는 연구 기관과 정부 기관, 관청국에서는 능률제일주의를 표방하는 기업체의 회계 부서만큼이나 합리화된 관행이 발생한다. (3) 이러한 두 가지 발전은 이 학파에 속한 연구자들 사이에서의 지적이고 정치적인 정신 자질의 선택 및 형성과 관련된다. (4) 추상적 경험주의가 실업계―특히 광고 전달 부문―와 군기관과 대학에서 점차 실행되면서 '새로운 사회과학'은 관료적 고객의 목적이 무엇이든 간에 그것에 도움을 주었다. 이러한 조사 방법을 장려하고 실행하는 사람들은 그들의 관료 고객과 고관들

---

[1] Paul Lazarsfeld, 'What is Sociology?', Universitets Studentkontor, Skivemaskinstua, Oslo, September, 1948, pp. 19~20.

의 정치적 관점을 취한다. 그 관점을 취하면 당연히 그것을 수용하게 되어 있다. (5) 이러한 조사 활동이 공공연한 실용적 목적에 효과가 있다면 그것은 현대 사회의 관료주의적 지배 형태의 능률과 명성—그리고 그 정도의 우월성—을 증대시키는 일에 도움이 된다. 그러나 이 명백한 목적에 효과적이든 아니든—문제는 여전히 남지만— 그것은 관료주의적 풍조를 문화적·도덕적·지적 생활 영역에까지 확산시키는 데 기여한다.

1

도덕적으로 부패하지 않는 방법을 발전시키는 일에 가장 열정적인 사람들이 '응용 사회과학'과 '인간 공학'에 깊이 연관된 사람들이라는 것은 역설적이다. 추상적 경험주의 방식으로 연구하는 것은 대단히 비용이 많이 들기 때문에, 몇몇 대규모 기관들만이 감당할 수 있다. 예를 들면 기업체, 군기관, 국가, 그리고 그것들에 부속된 광고·진흥·홍보 기관들이 있다. 그리고 재단도 있지만, 책임자들은 실용적인, 즉 관료적으로 적절한 새로운 규범에 따라 행동하는 경향이 있다. 결과적으로 추상적 경험주의는 제한된 제도적 기관에서만 그 뿌리를 내릴 수 있었다. 예를 들어, 1920년대 이후의 광고와 시장 기관, 1930년대 이후의 기업체와 신디케이트 여론 기관, 1940년대 이후의 수많은 대학 조사 연구소, 그리고 제2차 세계대전 중의 연방정부 조사국 등이다. 그 제도적 유형은 지금도 확산되고 있으며, 추상적 경험주의의 보루로서 여전히 유지되고 있다.

비용이 많이 드는 이 기술은 그 형식주의 때문에 비용을 기꺼이 부담할 수 있는 사람들에게 필요한 정보를 제공하는 일에 특히 도움이 된다. 구체적인 문제에 새롭게 초점을 맞추었고, 그것은 실용적—즉, 금전적이며 행정적인—행위의 대안을 명백히 구명하기 위한 것이었다. '일반 원리'가 발견된 다음에야 사회과학이 '건전한 실용론적 지침'을 제공할 수 있다는 것은 전혀 타당하지 않다. 행정가는 종종 특정의 사소한 사실들과 그들 간의 관계를 알아야 하며, 그것이 바로 행정가가 필요로 하고 알고자 하는 전부이다. 추상적 경험주의자들은 자신들만의 실질적인 문제를 정하는 데는 거의 관심이 없기 때문에, 구체적인 문제의 선택을 다른 사람에게 선뜻 맡겨버린다.

응용 사회 조사를 하는 사회학자는 일반적으로 '공중'을 언급하지 않는다. 그는 어떤 특정 이해 관계와 곤란한 상황에 빠진 특정 고객들을 상대한다. 이 같은 공중으로부터 고객으로의 변화는 고매한 객관성 개념, 즉 불분명하고 산만한 것에 대한 민감한 반응과 소규모로 분열되어 독자적일 수 있는 조사자의 개인적 관심에 의존하는 그 개념을 훼손시킨다.

모든 '사상 학파'는 연구자의 경력에 의미가 있다. '훌륭한 연구'는 기존 학파에게 인정받는 연구이며, 그리하여 학문적인 성공은 지배적인 학파의 주의(主義)를 얼마나 능동적으로 받아들이느냐에 달려 있다. 서로 의견이 다른 '학파'가 많거나 아니면 적어도 몇 개라도 존재한다면, 그것도 확장되는 직업 시장에서라면, 이러한 요구 조건은 아무에게도 짐이 되지 않는다.

연구자 자신의 개인적인 한계를 제외한다면, 사회과학의 독자적인 장인과 최고 수준의 연구 사이를 가로막는 장애물은 거의 없다. 그러나 그런 독자적인 연구자들은 적당한 규모의 추상적 경험주의를 추구할 수 없다. 왜냐하면 그러한 연구는 조사 기관이 적절한 자료나 작업 과정(workflow)을 제공할 수 있을 만큼 발달한 후에야 진행이 가능하기 때문이다. 추상적 경험주의를 실행하려면 조사 기관과, 학문적으로 말하자면 방대한 자금이 필요하다. 조사 비용이 늘어나고 조사팀이 생기고, 연구 양식 자체가 돈이 많이 들면서 노동 분업에 대한 조직적인 통제가 나타난다.

제각기 도제(apprentice)를 갖고 제각기 작업(craft)을 수행하는 직업 동료들의 모임으로서의 대학 개념은, 제각기 정교한 노동 분업과 그에 따른 두뇌 기술자의 분업 조직을 갖춘 일단의 연구 관료 조직으로서의 대학 개념으로 바뀌고 있다. 이 두뇌 기술자들을 능률적으로 이용하기 위해서는 그들이 쉽게 습득할 수 있도록 연구 절차를 조직화할 필요가 있다.

조사 기관은 다분히 훈련 기관이기도 하다. 다른 기관들처럼 일정한 유형의 사람을 선택하고, 보상이라는 수단으로 특정한 정신적 자질의 발달을 치하한다. 이러한 기관에서는 옛날 식의 학자, 연구자와 함께 학문계에서는 새로운 두 유형의 사람들이 등장했다.

그 첫째가 지적 행정가와 조사 후원자이다―이들에 대해서는 학계에서 그리 흔하지 않다는 것 외에 할말이 없다. 그들의 학문적 명성은 그들의 학문적 권력에 전적으로 좌우된다. 그들은 '대학위원회'의 위원들이고, '이사회'의 이사들이다. 그들은 우리에게 일감과 조사 자금을 줄 수도 있고, 또 여행을 보내줄 수도 있다. 그들은 기묘한 신종 관료들이다. 그들은 정신을 관리하는 간부들이고, 재단 일을 전문적으로 하는 홍보 요원이다. 그들은 후원자와 중역들처럼 책 대신 비망록을 쓴다. 그들은 매우 능률적인 방법으로 새로운 조사 계획이나 연구소를 준비할 줄 알고, '서적'의 출판을 관리한다. 그들이 자칭 일한다는 시간은 '기술 노동의 시간당 노동량 10억'이다. 그러나 그들에게서 실질적인 지식을 기대해서는 안 된다. 첫째, 수많은 방법론적 조사―방법과 조사에 관한―가 있어야 하고, 그 다음에 '예비 조사'(pilot study)가 이루어져야 한다. 대부분의 재단 행정가들은 수많은 수공업적 기획보다는 규모가 크고 '관리하기' 쉬운 기획에 자금을 내놓는다. 그리고 매우 뛰어난 '과학적'―이 말은 종종 사소한 것만을 연구해서 '안전한' 길을 택한다는 뜻을 지닌다―기획을 좋아한다. 정치적인 주목을 받기 싫어서이다. 따라서 규모가 큰 재단은 사소한 문제에 대한 관료주의적 대규모 조사를 장려하며, 그 일을 훌륭하게 처리해줄 유능한 행정가를 찾는다.

두번째 유형으로, 사회과학자라기보다는 조사 기술자라고 부르는 것이 더 타당할 젊은 층이 있다. 이것이 좀 지나친 주장이라는 것은 나도 알지만, 매우 신중하게 내린 결론이다. 어떤 사고 양식의 사회적 의미를 이해하기 위해서는 그 지도자와 추종자, 개혁자와 틀에 박힌 노동자, 그리고 그것을 창시한 '제1세대'와 그것을 수행하는 제2, 제3 세대를 구별해야 한다. 모든 성공적인 학파는 이 두 유형의 사람들을 포함하고 있다. 그래서 그 사실이 어떤 학파의 '성공' 여부를 판단하는 기준이 된다. 또한 성공의 지적 결과를 알 수 있는 중요한 실마리이다.

추종자와 개혁자와 창시자 간에는 정신적인 자질의 차이가 있다. 바로 이 점에서 사상 학파들은 현격한 차이를 보인다. 그 차이는 각 학파의 연구 양식이 어떤 유형의 사회 조직을 승인하고 장려하는가에 크게 좌우된다. 적어도 우리가 검토하는 유형의 몇몇 창시자와 행정가들은 고도로 함양된 정신을 지니고 있다. 그들은 이 연구 양식이 풍미하기 전인 젊은 시절에 서구 사회의 지도적 사상 모델을 흡수했다. 이들은 수년간의 문화적·지적 경험을 지녔다. 그들은 실로 교육받은 교양인들이다. 그들은 상상력으로 자신의 감수성을 의식하고 있으며, 지속적으로 자기 수양을 쌓을 줄 안다.

그러나 제2세대, 즉 미국 고등학교의 빈약한 지적 배경에서 성장한 젊은이들—대부분의 사람들이 이 말에 동의할 것이다—은 제1세대만큼 경험을 쌓지 못했다. 또 적절한 대학 교육을 받지 못한 경우도 때때로 있다. 적어도 조사 기관들이 그리 똑똑하지 못한 사람을 뽑았다고 의심할 만한 이유—나는 모르겠지만—가 있다.

나는 추상적 경험주의에 사로잡힌 젊은이들 중에서 어느 한 사람이라도 진정으로 지적 고뇌에 빠져 있는 것을 본 적이 거의 없다. 또 이 젊은 이들이 중대한 문제에 정열적인 호기심을 보이는 것도 본 적이 없다. 정신의 모든 수단을 동원하여 무엇이든 생각해서 '발견하기' 위해, 필요하다면 정신 그 자체를 개조시키도록 충동질하는 그런 호기심이 그들에게는 없다. 이 젊은이들은 부단하게 움직이기보다는 정돈되어 있으며, 상상력이 풍부하기보다는 참을성이 강하다. 무엇보다도 그들은 역사적이고 신학적인 모든 의미에서 독단적이다. 물론 이는 현재 미국의 대학에서 공부하는 대다수 학생들의 유감스러운 지적 상황의 일부에 지나지 않지만, 나는 그 현상이 추상적 경험주의를 신봉하는 조사 기술자들에게서 더욱 분명히 나타난다고 믿는다.

조사 기술자들은 사회 조사를 직업으로 생각한다. 그들은 일찍부터 극도의 전문화에 이르렀고, '사회철학' —그들은 이 말을 '다른 책을 이용하여 책을 저술하는 것' 또는 '단순히 사색하는 것'으로 이해한다—에 대한 무관심이나 경멸을 습득했다. 그들의 대화를 들어보고 그들의 호기심 수준을 보면 그들의 정신적인 영역이 얼마나 편협한가를 알 수 있다. 많은 학자들이 무지를 절감하는 사회 세계도 그들에게는 흥미거리가 되지 않는다.

관료주의적 사회과학의 선전력은 대부분 '과학적 방법'에 대한 철학적 주장에서 비롯된다. 그리고 조사자 충원이 잘 되는 이유는 상대적으로 쉽게 개인들을 훈련시킬 수 있고, 그들을 장래가 유망한 직업에 쉽게 배치할 수 있기 때문이다. 이 두 경우에서, 기술자들이 즉각적으로 사용할 수 있도록 명확하게 성문화된 연구 방법이 주요한 성공 열쇠이다. 몇몇 창시자들은 이 경험적 기술을, 이상하게 억눌려 있지만 그래도 존재하는 것만은 틀림없는 상상력에 이용하기도 한다. 그런 창시자와 이야기를 할 때는 항상 하나의 정신을 대하게 된다 그러나 관료주의적 조사에 3, 4년간 종사한 젊은이와는 현대 사회의 문제에 대한 대화를 이어 나가기가 그리 수월하지 않다. 그의 지위와 경력, 야심과 자존심은 대부분 이런 관료주의적 조사의 전망과 그 용어, 그리고 그 기술에 의거한다. 사실 그는 그외의 것은 전혀 모른다.

몇몇 학생들의 경우, 종종 지성 그 자체가 인격으로부터 분리되어, 그들이 성공적으로 시장에 내다팔고 싶어하는 일종의 숙련된 기계 장치로 간주된다. 그들은 인간적으로 가난한 사람들이며, 인간의 이성에 대한 존중으로부터 나오는 것은 무엇이든 배제하는 가치를 먹고 산다. 그들은 정력적이고 야심찬 기술자들로, 불완전한 교육 과정과 불순한 요구 때문에 사회학적 상상력을 획득할 수 없다. 이러한 젊은이들이 부교수 정도의 수준에 도달했을 때, 어떤 지적 돌연변이라도 일어나서 이제는 더 이상 벌거벗은 임금님에게 의존하지 않아도 된다는 사실을 깨닫기를 바랄 뿐이다.

추상적 경험주의의 방법과 그 방법론적 금기, 그 실용론의 초점, 그 연구소가 선발해서 훈련시키는 정신적 자질, 이러한 모든 사실들 때문에 사회과학의 사회정책적인 문제는 더욱더 시급한 것이 된다. 이 관료주의적 양식과 그 제도적 구현은 현대 사회구조의 지배적인 경향과 그 특징적인 사상 유형과 궤를 같이한다. 이 점을 올바로 인식하지 않고는 추상적 경험주의를 설명할 수도 이해할 수도 없을 것이다. 사실상 이러한 사회적 경향은 사회과학뿐만 아니라 미국의 지적 세계 전체에, 그리고 이 시대 인간사에서 이성의 역할에 영향을 미친다.

문제는 명백하다. 사회과학은 자율적으로 유지될 때만 공적으로 책임 있는 과업이 될 수 있다. 조사 수단은 점점 규모가 커지고 비용이 많이 들면서 외부에 의해 '수용되는' 경향이 있다. 따라서 사회과학자가 어떤 집합적인 방법을 사용하여 조사 수단을 완전히 통제할 수 있어야만 이런 양식의 사회과학은 자율성을 획득할 수 있다. 사회과학자 개인은 자신의 연구를 관료적 기구에 의존하는 한 자율성을 상실한다. 또 사회과학이 관료주의적 작업으로 구성되는 한, 그것은 사회적·정치적 자율성을 상실한다. 나는 '하는 한'이라는 단서를 강조하고자 한다. 왜냐하면 여기서 내가 논하는 것은 완전한 현사태가 아니라, 주된 것이긴 하지만 하나의 경향이기 때문이다.

2

어떤 문화적이고 지적인 연구 분야에서 무슨 일이 진행되는가를 이해하고자 한다면, 그것과 직접 연결되어 있는 사회적 맥락을 먼저 이해해야 한다. 이 문제를 논의하기 위해서는 간단하게나마 학계의 파벌에 대해 짚고 넘어가지 않을 수 없다. 어떤 관념이 지속적이고 중요한 만큼 어떤 인물이나 대학 내의 파벌은 단지 그 일시적인 지표에 지나지 않는다는 것은 물론 사실이다. 그러나 '파벌'과 '인물'과 '학파' 등의 의미는 이보다 더 복잡하다. 그것들이 사회과학의 발전에 지니는 중요성을 좀더 인식해야 한다. 모든 문화적 활동에는 어떤 종류의 재정 지원과 그 활동에 비평을 해주는 공중이 필요하기 때문에 우리는 그것들에 정면으로 맞서지 않으면 안 된다. 재정 지원과 비평, 그 어느 것도 가치에 대한 객관적인 판단에만 의거하지 않으며, 더욱이 가치뿐만 아니라 판단 그 자체의 객관성에 대한 논쟁이 일상적으로 벌어지고 있다.

학계 파벌의 기능은 경쟁을 규제할 뿐만 아니라 경쟁의 조건을 설정하고, 이 조건에 따라서 완성된 연구에 대해 보상을 내리는 것이다. 파벌의 가장 중요한 지적 특징은 학자들을 평가하고 그 연구를 비평하는 규준이다. 관료주의적 사회과학의 '기술자의 풍조'에 대한 이전의 내 요점—그들의 정신적 자질, 명성 획득과 사회과학의 주류와 비판적 판단의 지배적인 규범에 대한 그들의 영향력—에 덧붙여 파벌의 내부 업무가 수행되는 수단들을 얘기하고자 한다. 즉, 젊은이들에게 우정 어린 충고를 하는 것, 그들에게 일자리를 제공하고 승진을 추천하는 것, 감탄하기만 하는 비평가에게 책을 배당하는 것, 출판을 위한 논문과 책을 선뜻 받아들이는 것, 조사 자금을 배분하는 것, 전문 단체 회원과 전문 잡지 편집위원 같은 명예로운 지위를 마련해주는 것 등이다. 이러한 수단이 명성을 양도하는 한, 즉 학문적 경력을 좌우하는 결정 인자가 되는 한, 그것은 개별 학자의 전문가로서의 명성과 더불어 경제적 수입에도 영향을 미친다.

옛날에는 학문적 명성이 일반적으로 저술이나 연구서, 전공 논문—즉, 아이디어와 학문적 연구와 그 연구에 대한 대학 동료나 일반 지식인들의 비평—으로 평가되었다. 이런 현상이 사회과학과 인문과학에서 지배적이었던 이유 중의 하나는 예전의 학계에는 특권을 행사하는 지위가 없어서 어떤 학자의 능력과 무능력을 쉽게 알아낼 수 있었기 때문이다. 예를 들어, 오늘날 한 기업 회장의 능력이 그 자신의 개인적 실력에 기인하는 것인지 아니면 그가 자기 지위의 힘으로 이용할 수 있는 권력과 제반 설비에 기인하는 것인지 판단하는 것은 어려운 일이다. 그러나 옛 방식의 교수들이 그랬듯이 장인(匠人)으로서 연구하는 학자들에게는 그런 의심 따위는 없었다.

그러나 새로운 학계 지도자는 기업체의 경영자나 군대의 사령관처럼 자신의 위신을 이용하여 개인적 능력과는 구별되어야 하는 어떤 능력 수단을 획득했다. 그러나 그의 명성에서 그 두 능력을 구별하기란 쉽지 않다. 상임 전문 비서, 도서관에 뛰어가는 조교, 전기 타이프라이터, 구술기(口述機), 복사기, 그리고 도서와 정기간행물 구입을 위한 연간 3,000~4,000달러의 작은 예산비 등 미미한 사무실 장비와 인원도 학자의 능력을 증대시킨다. 기업체의 경영자는 하찮은 장비(수단)를 비웃을 것이다. 대학 교수들, 연구 활동을 활발히 하는 교수들조차도 그러한 장비를 넉넉하게 갖추고 있지 못하다. 그러나 그런 장비는 능력과 경력을 얻기 위한 수단이다. 이것을 자유자재로 이용할 수 있는 쪽은 독립적인 학자보다는 견고한 파벌이다. 파벌의 위세는 그 수단을 획득할 기회를 더 많이 제공해주며, 이것을 얻음으로써 명성을 얻을 수 있는 기회 또한 늘어난다.

이런 상황을 보면 어떻게 학자들이 그리 많은 일을 하지 않고도 엄청난 명성을 얻는지 알 수 있다. 사후(死後)에 관심이 있는 한 동료는 그런 학자들에 대해 매우 친절하게 이렇게 말했다. "살아 있는 동안에는 그 분야에서 최고겠지만, 죽은 지 2주일만 지나면 어느 누구도 그를 기억하지 못할 것이다." 그토록 잔혹한 발언은 학문적 파벌 세계에서 전략가들이 자주 겪는 불안감이 얼마나 고통스러운지를 보여준다.

한 연구 분야에서 여러 파벌이 경쟁할 경우 몇몇 경쟁자들의 상대적 지위가 파벌의 전략을 결정하는 경향이 있다. 작고 대수롭지 않은 파벌은 주도적인 파벌에 의해서 퇴출될 수 있다. 그 파벌의 학자들은 무시당하거나 정복되거나 거부당해서 끝내는 다음 세대를 훈련시키지도 못한 채 사라져버리고 만다. 다음 세대를 양성하는 것이 파벌의 중요한 기능이라는 사실을 잊어서는 안 된다. 어떤 파벌이 중요시되지 않는 것은, 그 파벌이 다음 세대 양성에 그리 큰 힘을 발휘하지 못할 것임을 뜻한다. 그러나 예를 들어, 상당한 권력과 위세를 가진 지도자들이 이끄는 두 학파가 있다면, 그 두 학파 간의 관계는 종종 합병 문제, 좀더 큰 카르텔(cartel)을 형성하는 문제에 이른다. 그리고 물론 어떤 학파가 외부인이나 다른 파벌에게 강한 공격을 받는다면 첫번째 방어 전략은 실제로 파벌이나 학파는 존재하지 않는다고 부인하는 것이다. 바로 이런 경우에 전략가가 자기 역할을 하는 것이다.

파벌에 중요한 일이 학파의 실제 연구에 중요한 일로 혼동되기도 한다. 이 혼동은 젊은 학자들에게 경력을 높일 수 있는 기회를 제공하고, 노학자들에게는 행정, 승진, 정치, 교제 등에 파벌의 프리미엄으로 작용한다. 특히 이 노학자들의 명성이라는 것은 그래서 그 근거가 매우 빈약하다. 외부인들은 이들의 높은 명성이 그들의 실제 연구 업적의 지적 가치에 근거한 것인지, 아니면 파벌 내에서의 지위 때문인지 의심한다.

파벌 간의 관계를 고찰할 때 우리는 한 파벌의 대변자가 아닌 그 '분야' 전체의 대변자를 만나게 된다. 그들은 단순히 어떤 한 회사의 중역이 아니라 산업 전체의 대변자이다. 어떤 분야 전체의 정략가로 활동하고자 한다면 그 분야의 선두인 두 파벌 간의 실제적인 지적 차이를 부인해야 한다. 그의 최고의 지적 과업은 그 두 파벌 간의 공동 대변자로서 '두 파벌은 동일한 목표를 향하여 연구한다'라는 사실을 보여주는 것이다. 그는 각 파벌이 제각기 전문 분야라고 주장하는 것의 최고 상징이며, 또 그 파벌들의 '실제적' 또는 적어도 언젠가 이루어질 통일성에 대한 상징이다. 그는 각 파벌로부터 위신을 빌리고, 그것을 다시 각 파벌에 분배한다. 말하자면 그는 두 파벌을 상대로 위신이라는 상품을 거래하는 일종의 중간 상인(브로커)인 셈이다.

예를 들어, 어떤 분야에 '이론'이라는 학파와 '조사'라는 학파가 있다고 가정해보자. 유능한 정략가는 그 두 학파 사이를 부지런히 왕래한다. 그는 두 학파 모두에 속한 것처럼 보이지만 그 사이에 있다. 그는 자신의 위신을 이용하여 '이론'과 '조사'는 서로 모순되지 않을 뿐만 아니라 하나의 전체로서 사회과학 연구의 통합된 모델의 일부라고 단언한다. 그는 그 약속의 상징이다. 그 약속은 어떤 실제적인 저서나 연구에 근거하지 않는다. 결국 상황은 이렇게 진행된다. 즉, 정략가는 칭찬받을 만한 모든 '조사' 연구에서 '이론'을 찾고, 매우 자신 있게 그것을 발견해내고야 만다. 그리고 그는 매우 훌륭한 '이론' 연구에서는 '조사'를 찾고, 이번에도 자신 있게 발견해낸다. 이러한 '발견'이 바로 연구 자체에 대한 검토보다는 위세의 할당에 관련된 확장된 서평의 관습이다. '이론'과 '조사'가 완전히 하나로 전개되는 완성된 연구는 하나의 약속이고 상징이다. 정략가의 위신은 그런 연구에 기초하지 않으며, 사실상 어떠한 연구에도 의거하지 않는다.

나는 이와 같은 정략가적 역할에는 비극적인 사실이 내재해 있다고 생각한다. 그 역할을 수행하는 이들은 대개 고도의 지성을 지니고 있다. 그 역할을 흉내내는 사람들은 많지만, 평범한 사람들은 그것을 완벽하게 수행할 수 없다. 정략가는 그 역할 때문에 실제 연구를 할 수 없다. 그가 축적해온 위세는 그의 실제 업적에 비해 과분하기 때문에, 또 그의 약속이 너무 거창하기 때문에 그는 '연구' 차원으로 내려오지 못한다. 그리고 어떤 연구나 저서에서 중요한 역할을 맡는다 하더라도 그는 그것을 완성하려 하지 않고, 다른 사람들의 눈에는 완성된 것처럼 보이는 경우에도 그것을 발표하려 하지 않는다. 그는 자신이 일을 수행하는 위원회나 정략가적인 부담에 대해서 곧잘 불평을 터뜨리기도 하지만, 동시에 더 많은 부담을 받아들인다. 사실 그것을 찾아다닌다. 그의 정략가로서의 역할은 그가 연구를 시작하지 않는 원인이자 변명이다. 그는 그 자신이 빈번히 말하듯이 덫에 걸려 있다. 그러나 또한 그는 계속 자신을 덫으로 붙잡아두어야 한다. 그렇지 않으면 그 자신과 다른 사람들이 그의 정략가로서의 역할을 단순한 핑계로 생각할 테니 말이다.

학문 세계에 파벌만 존재하는 것은 아니다. 어느 파벌에도 속하지 않은 독자적인 이들도 있으며, 그들은 다양한 형태로 나타나고 연구도 매우 다양하다. 주도적인 파벌은 이들이 자기들에게 우호적이거나 아니면 적어도 중립적이라고 생각한다. 또 그들의 연구가 '절충적'이거나 혹은 '사교적으로 편향되지' 않았다고 생각한다. 그러나 그들의 연구가 주목의 대상이 되거나 그들을 유리하게 이용할 만한 가치가 있다고 판단되면 파벌은 그들을 끌어들여 뒤를 봐주고, 최종적으로 자기들의 파벌로 흡수하려 한다. 단순한 상호 칭송―파벌에 의한, 파벌의, 그리고 파벌을 위한―에 불과한 칭송으로는 충분치 않다.

그러나 어느 학파에도 속하지 않은 사람들 중에는 게임을 하지 않고 위세를 이용해 돈을 벌려 하지 않는 이들도 있다. 그들 중에는 무관심하고 자신의 연구에만 몰두하는 사람도 있고, 매우 적대적인 사람도 있다. 그들은 학파의 연구를 비판하는 비평가들이다. 파벌은 가능한 한 그들과 그들의 연구를 무시하려 한다. 그러나 파벌이 정말 큰 위세를 향유하기만 하면 이 간단한 전략은 안전하게 통용된다. 더욱이 그 파벌이 연구 분야 전체와 실제로 합치하고 그것을 일관되게 통제하기만 하면 전략은 매우 위엄 있게 실행될 수 있다. 물론 이것이 통상적인 경우는 아니다. 일반적으로 같은 분야 내에는 다수의 중립적인 사람들과 절충적인 연구자들, 그리고 그밖의 파벌들이 있다. 연합된 연구 분야들도 있고, 그외에 각양각색의 일반 독자와 공중도 있다. 그의 관심과 갈채는 적어도 지금까지는 파벌이 독점적으로 통제해온 위세와 명성, 그리고 경력을 전복시킨다.

따라서 이와 같은 비판을 무시할 수 없다면, 파벌은 이제 다른 전략을 채택하지 않으면 안 된다. 한 학파의 구성원을 내부적으로 관리하는 데 쓰이는 수단은 적대적인 외부인들을 다루는 데도 물론 사용된다. 나는 그 수단 중의 하나, 즉 위세를 할당하는 가장 일반적인 매체인 서평에 대해서만 간략하게 논하려고 한다. 독자적인 한 학자가 무시할 수 없을 정도로 꽤 많은 주목을 받는 책을 한 권 썼다고 가정해보자. 이 경우 파벌의 지도적인 인사, 특히 그 저자의 견해와 경합 또는 직접 대립하는 사람에게 그 책의 서평을 맡기는 것은 어설픈 전략이다. 아직 한 권의 책도 저술하지 않은, 따라서 입장이 널리 알려지지 않은 그 파벌의 소장 학자로서 장래성이 있는 사람에게 그 책의 서평을 맡기는 것이 더 치밀한 계획이다. 이 방법은 여러 이점이 있다. 젊은 소장 학자에게 그것은 그 파벌에 바쳤던 충성에 대한 보수이며, 또 연로하고 잘 알려진 저자를 비판함으로써 인정받을 수 있는 절호의 기회이다. 한편, 유명한 학자가 비평을 하는 것보다 그 책의 중요성을 더 떨어뜨린다. 이것은 젊은 학자에게 안전한 방법이다. 왜냐하면 저명한 저자라는 사람들은 그 특유의 체면 때문에 여간해서는 서평에 '대응하려' 하지 않기 때문이다. 저자가 전문가의 비판에는 대응하지 않는 것이 통례다. 또 사실 몇몇 학술 잡지는 저자의 반응을 달가워하지 않거나 허용하지 않는다. 설사 서평에 대한 어떤 회답이 있었다 하더라도 그리 문제가 되지는 않는다. 왜냐하면 서평을 쓴 사람이나 책을 저술한 사람이나 어떤 책이라도 2, 3단 정도의 짧은 글로 그 허물을 '폭로', '비난' 하는 것이 얼마나 쉬운 일인지, 그리고 그러한 비판에 대해 똑같은 길이로 '회답한다'는 것이 실제로 불가능하다는 사실을 너무나 잘 알고 있기 때문이다. 만약 논쟁에 관련된 모든 독자들이 주의를 기울여 그 책을 읽었다면 전혀 불가능한 일은 아니다. 그러나 그런 일을 기대할 수 없는 이상 비평가가 압도적으로 유리하다.

그러나 만약 그 책이 분야의 내부나 내외 혹은 둘 모두에서 비상한 반향을 불러일으킨다면 이에 대처할 수 있는 유일한 방법은 선두적인 파벌 일원에게, 아니 차라리 전략가에게 맡겨 그 책의 내용에는 주목하지 않고 적당하게 그 책을 칭찬하고, 그 책이 그 분야 전체의 주요한 경향에 얼마나 공헌하는가를 보여주게 하는 것이다. 진지하고 헌신적인 파벌이 삼가야 할 일은 그 책의 서평을 독립적인 다른 학자에게 부탁하는 것이다. 왜냐하면 그는 먼저 그 책의 내용을 정확하고도 명확하게 서술한 다음, 어느 학파, 어느 파벌, 어느 양식에도 구애받지 않고 그 책을 비판할 것이기 때문이다.

3

사회과학의 수많은 학파들이 "사회과학의 목적은 인간의 행동을 예측하고 통제하는 것이다"라는 슬로건을 내걸고 있다. 오늘날 몇몇 집단에서는 '인간 공학'이라는 말을 많이 쓰는데, 이것은 명확하고 분명한 목표로 오인되기도 하지만 그 개념이 확실하게 규정된 것은 아니다. 그것이 명확하고 확실한 것으로 생각되는 이유는 '자연의 정복'과 '사회의 정복' 간의 의심할 여지 없는 유사성에 의거하기 때문이다. 그런 어구들을 습관적으로 사용하는 사람들은 '사회 연구를 진정한 과학으로 만드는 것'에 큰 관심이 있다. 또 그들 자신의 연구 결과가 정치적으로 중립적이고 도덕적으로 무관하다고 생각한다. 통상적으로 그 기본적인 아이디어는 자연과학에 뒤처진 사회과학의 '지체'와 그 간극을 메울 필요성으로 정리된다. 내가 지금까지 검토한 대다수의 '과학자'들에게 이러한 기술주의적 슬로건은 정치철학의 대용물이다. 그들은 자연과학자가 자연을 연구하듯이 자신들이 사회를 연구한다고 생각한다. 그들의 정치철학은 매우 단순한 견해 속에 담겨 있다. 즉, 오늘날 자유자재로 원자를 통제하는 '과학적 방법'을 '사회 행동의 통제'에 사용하기만 하면 인류의 문제는 곧 해결될 것이고, 그래서 평화와 번영이 모두에게 보장될 거라는 것이다.

이러한 어구들의 배후에는 권력, 이성, 역사—이 모든 개념들은 불명확하며 극도의 혼란 상태에 빠져 있다—에 대한 기묘한 관념이 있다. 그러한 어구들의 사용은 인간사에서 몇몇 가능한 이성의 역할, 권력의 본성과 그것의 지식과의 관계, 도덕적 행위의 의미와 그 안에서의 지식의 위치, 역사의 본성과 인간은 역사의 창조물인 동시에 역사 내의 또는 역사 자체의 창조자라는 사실 등에 대한 무지에 의거한 합리주의적이고 공허한 낙관주의를 드러낸다. 사회과학의 정치적 의미와 관련된 그러한 문제들을 논하기 전에, 기술주의적 철학자들의 예측과 통제에 관한 핵심적인 슬로건을 간단하게 검토하고자 한다.

많은 사람들이 예측과 통제에 대해서 필요 이상으로 떠벌리는 것은, 언젠가 마르크스가 지적했듯이 이 세상을 조종의 대상으로 보는 관료들의 시각을 취하는 것이다. 이 점을 더 명확하게 하기 위해서 극단적인 예를 들어보자. 만약 어떤 사람이 적군이 없는 고도(孤島)에서 군대 조직을 극히 치밀하고 강력하게 통제할 수 있는 기구를 갖고 있다면, 바로 그가 통제자가 될 것이다. 권력을 완벽하게 행사하고 면밀한 계획을 세운다면, 그는 자기가 통제하는 사람들 각각이 모년 모월 모일에 무슨 일을 하리라는 것을 거의 정확하게 예측할 수 있다. 더욱이 그들의 미묘한 감정까지 예측할 수 있다. 왜냐하면 그는 그들을 주체성 없는 물체인 양 조종하기 때문이다. 그는 그들의 계획을 좌우할 만한 권력이 있으며, 때로는 자신을 전지전능한 독재자로 생각하기도 한다. 통제만 할 수 있으면 예측은 쉬워진다. 그는 '규칙성'을 지휘한다.

그러나 사회과학자인 우리는 고도로 조종 가능한 물체를 다룬다고 가정해서는 안 되며, 또 우리 스스로를 평범한 사람들 가운데 개화한 독재자로 생각해서도 안 된다. 이 두 가지 중 하나라도 가정한다면 교수로서 취해서는 안 되는 정치적 입장을 천명하는 셈이다. 앞에서 예를 든 가상의 군대 조직 같은 엄격한 체제로 구성된 사회는 지금껏 한 번도 없었다. 사회과학자는 역사를 좌지우지하는 장군도 아니다. 고맙게도 말이다. 그러나 많은 사람들이 하듯이 '예측과 통제'를 동시에 이야기하는 것은 내가 예를 든 가상의 장군—설명을 분명히 하기 위해서 나는 그의 권력을 약간 과장했다—같은 일방적인 통제를 가정하는 것이다.

나는 관료주의적 풍조의 정치적 의미를 설명하기 위해 이 '예측과 통제'를 명백히 할 필요가 있다고 생각한다. 이는 주로 군대, 회사, 광고 기관, 정부 행정 기관 같은 사회의 비민주적 부문에서, 그리고 그것을 위하여 사용되어왔다. 많은 사회과학자들이 연구의 터전을 마련한 것은 바로 그런 관료 조직에서이며, 그들이 관심을 갖는 문제는 그 관리 기구의 유능한 구성원들의 관심사와 같다.

『미국 병사』(The American Soldier)에 대한 로버트 린드(Robert S. Lynd) 교수의 논평에 이의를 제기할 사람은 없을 것이다.

이 책은 사람들을 그들의 의지에 반하는 목적을 위하여 선발하고 통제하는 데 과학의 위대한 기술이 어떻게 이용되는지를 설명하고 있다. 그것은 자유 민주주의의 무능을 나타내는 중요한 척도이기 때문에, 민주주의 자체의 문제를 해결하는 데 사회과학을 직접 사용하기보다는 점차 간접적으로 우회해서 사용해야 한다. 종합 라디오 프로그램과 영화를 편집하기 위하여 청취자의 반응을 측정하는 문제에 대한 사기업의 조사로부터, 또는 겁먹은 징집 장정들을 그들이 알지도 못하는 목적의 전쟁터에서 강인한 병사로 탈바꿈시키는 문제에 대한 군대 조사로부터 정보를 끌어모아야 한다. 이와 같이 사회적으로 외생적(外生的)인 목적이 사회과학의 용도를 통제하면서, 그 용도가 진보될수록 대중 통제의 수단이 되고, 더 나아가 민주주의에 대한 더 큰 위협이 되고 있다.[2]

인간 공학자들의 슬로건은 이 사고 양식과 연구 방법의 실제적인 이용을 넘어서 관료주의적 풍조의 수행을 돕는다. 이러한 슬로건들로 '행동의 목표'를 표명하는 것은 관료주의적 역할을 수행하지 않을 때조차 그 역할을 받아들이는 것이다. 간단히 말해서 이 역할은 어떤 '가정'(as if)이라는 근거를 전제하는 경우가 많다. 기술주의적 관점을 가정하면서

---

[2] 'The Science of Inhuman Relations', *The New Republic*, 27 August, 1949.

사회과학자로서 그에 따라 행동하려고 애쓰는 것은 '마치' 진짜 인간 공학자인 양 행동하는 것에 지나지 않는다. 오늘날 사회과학자의 공적 역할은 바로 그런 관료주의적 관점 내에서 표현된다. 마치 인간 공학자인 것처럼 행동하는 것은 인간의 이성이 널리 민주적으로 내장되어 있는 사회에서는 그저 웃어넘길 일이겠지만, 미국은 그런 사회가 아니다. 어쨌든 확실한 사실은 이것이다. 미국은 기능적으로 매우 합리적인 관료 기구가 인간사와 역사적인 결정에 점점 더 많이 이용되는 사회이다. 역사적 변화가 의도적 통제권을 벗어나 인간의 배후에서 계속 진행되는 정도는 각 시대마다 다르다. 우리 시대에는 관료주의적으로 확립된 엘리트에 의한 주요 정책의 결정과 미결정이 점차 역사 변동을 일으키고 있다. 더욱이 미국은 통제와 권력의 수단이 광범위하게 집중되면서 그 수단을 장악한 사람이 어떤 목표를 위해 사회과학을 이용하는 사회이다. 이러한 현상에 따른 문제를 직시하지 않고 '예측과 통제'에 대해 말하는 것은 도덕적·정치적 자율성을 포기하는 짓이다.

관료적 관점 외의 다른 방식으로 '통제'의 문제를 논할 수 있을까? 물론 가능하다. 여러 종류의 '집합적 자기 통제'가 그것이다. 그러한 개념의 적절한 진술에는 사상과 가치로서의 자유와 합리성의 모든 문제가 포함되어 있다. 그것은 또한 '민주주의'—사회구조의 유형으로서, 일단의 정치적 기대로서—의 아이디어를 포함한다. 민주주의란 법률에 의해 통제받는 사람들이 합의된 규칙에 따라서 법률을 변경할 수 있고 그 규칙 자체도 바꿀 수 있는 자유와 권한이 있음을 의미한다. 그리고 더 나아가 역사 자체의 구조적 역학에 대한 일종의 집합적인 자기 통제력을 의미한다. 이것은 복잡하고 어려운 개념이지만 차후에 자세하게 논의할 것이다. 여기서는 민주주의적인 열망을 지닌 사회에서 '예측과 통제'라는 쟁점을 진지하게 논의하고 싶다면 사회과학자는 그런 문제들을 신중하게 고려해야 한다는 사실을 얘기하고자 한다.

관료적 관점 이외에 다른 방식으로 '예측' 문제를 말할 수 있을까? 물론 가능하다. 예측은 미리 재단된 통제보다는 '의도되지 않은 규칙성'에 의거한다. 통제력이 없을지라도 우리는 다른 이들 역시 통제력을 행사하지 못하는, 즉 '자의적이고' 비규칙적인 행위는 최소한으로밖에 존재하지 않는 사회 생활 영역에 대해서 훌륭하게 예측할 수 있다. 예를 들어, 언어의 관용(慣用)은 '비밀스럽게' 변화하고 유지된다. 그러한 규칙성도 역사의 구조적 역학과 관련하여 발생할 것이다. 만약 존 스튜어트 밀(John Stuart Mill)이 말하는 사회의 '매개 원리'(principia media)를 파악할 수 있다면, 그 주요한 경향을 파악할 수 있다면, 간단히 말해서 현대의 구조적 변동을 이해할 수 있다면, '예측의 근거'를 획득할 수 있을 것이다.

그러나 특정한 개인 환경 내에서 사람들이 자신의 행동을 종종 통제한다는 사실을 잊어서는 안 된다. 이 통제가 어느 정도까지 가능한가 하는 것은 우리의 연구 대상 중 하나이다. 가상의 장군뿐만 아니라 실제의 장군도 존재하며, 회사의 중역과 국가의 대표가 있다는 사실을 잊어서는 안 된다. 더욱이 인간이 주체성이 없는 단순한 존재가 아니라는 사실은 그들이 그들의 행위에 대한 예측을 의식할 수 있으며, 따라서 자기 자신의 행동 방향을 바꿀 수도 있고, 예측을 틀리게 유도하거나 실현시킬 수도 있음을 의미한다. 그들이 어떻게 할지에 대해서는 아직 잘 예측할 수 없다. 인간이 어느 정도의 자유를 갖는 한 그의 행위를 그렇게 쉽게 예측할 수는 없을 것이다.

그러나 문제는 '인간 공학 혹은 사회과학의 진정한 궁극적 목적'이 '예측하는 것'이라고 하면, 이성적으로 논증된 도덕적 선택 대신에 기술주의적인 슬로건을 선택하는 것이 되어버린다는 점이다. 그것은 또한 관료주의적 시각을 가정하는 것이며, 관료주의적 시각이 완벽하게 채택된다면 그 안에서는 도덕적 선택이 더욱 제한된다.

사회 연구의 관료화는 지극히 일반적인 경향이다. 관료주의적 관행이 최고의 가치가 되는 사회라면 그런 경향이 여지없이 발생할 것이다. 그것은 행정 조사와 관계 없는 궤변적이고 과장된 이론을 동반한다. 일반적으로 통계적이고 행정적인 목적으로 사용되는 조사는 '개념'의 정교화에 영향을 미치지 못한다. 또 그 정교화는 특정 조사의 결과와 전혀 관계가 없다. 오히려 체제와 그 변화하는 특성에 대한 합법화와 관계 있다. 관료들은 이 세상을 확고한 규칙에 따라서 취급할 수 있는 사실들의 세계로 생각한다. 이론가들은 이 세상을 종종 어떠한 규칙도 없이 조작할 수 있는 개념의 세계로 생각한다. 이론은 여러 방법으로 권위의 이데올로기적 정당화에 기여한다. 관료주의적 목적을 위한 조사는 권위 있는 입안가들에게 정보를 제공함으로써 그들의 권위를 좀더 효과적이고 능률적으로 만든다.

추상적 경험주의는 관료주의적으로 이용되지만, 물론 명백한 이데올로기적 의미를 지니며, 가끔은 그렇게 이용되기도 한다. 거대이론은 앞에서 지적했듯이 직접적인 관료주의적 효용성은 없다. 그것의 정치적 의미는 이데올로기적이며, 그 효용은 바로 거기에 있다. 추상적 경험주의와 거대이론, 이 두 연구 방식이 지적 '쌍두마차' 혹은 가장 유력한 연구 방식이 된다면, 사회과학의 지적 미래와 인간사에서의 이성의 역할—지금까지 그 역할은 서구 사회의 문명 속에서 고전적으로 생각되어왔다—은 정치적 미래에 심각한 위협이 될 것이다.

제6장 과학철학
Philosophies of Science

사회과학의 혼란—이제는 명백히 보이는—은 '과학'의 성격에 대한 오랜 논쟁에 기인한다. 대부분의 사회과학도들은 그들이 즐겨 쓰는 '과학'(科學)이라는 용어가 형식적이며 애매모호하다는 것에 동의할 것이다. '과학적 경험주의'(scientific empiricism)란 여러 가지를 의미하고 하나의 통일된 해석도 없으며, 또 있다 해도 체계적으로 쓰이지 않는다. 사회과학에 대한 전문가적 기대는 극도로 혼란스럽고, 장인 의식은 각기 전혀 다른 연구 모델들을 통해 발휘된다. 자연과학 철학자들의 인식론적 모델이 호소력을 지니는 것은 어느 정도 이러한 상황에 기인한다.[1]

많은 학도들은 사회과학에 여러 연구 유형이 있음을 인식하면서 "우리는 그 모두를 종합해야 한다"라고 뜻을 모은다. 이 계획이 설득력을 지닐 때도 있다. 향후 10년간 과제는 독일을 중심으로 한 19세기의 주요 문제와 이론적 연구, 미국을 중심으로 한 20세기의 지배적인 조사 기술을 통합하는 일이라고 한다. 거대한 변증법 속에서 고답적인 개념과 엄밀한 절차에 있어서의 뚜렷하고 지속적인 진보가 이루어질 것처럼 느껴진다.

사회과학의 여러 연구 유형을 '종합'하는 일이 철학상의 문제로는 그

---

1) 제3장 1절과 비교.

리 어렵지 않다.2) 그러나 보다 본질적인 문제는 이런저런 거대한 연구 모델로 '그것을 종합할' 경우, 그런 모델이 사회과학의 연구나 주요 과제를 다루는 데 있어 어떠한 유용성을 지니느냐 하는 것이다.

나는 이러한 철학적 연구가 사회과학자들에게 어느 정도 유용하다는 점을 의심치 않는다. 그것을 잘 인식함으로써 개념과 절차를 보다 명료하게 의식할 수 있기 때문이다. 그것은 우리가 이런 작업을 할 수 있는 언어를 제공해준다. 그러나 철학적 연구의 활용은 전반적으로 이루어져야 하고, 어떤 사회과학자도 그러한 모델을 지나치게 신중히 생각할 필요는 없다. 무엇보다도 우리는 철학적 연구를 우리 문제에 대한 제약으로서가 아니라 우리 상상력의 해방 및 연구 절차에 대한 착상의 원천으로 받아들여야 한다. 연구할 문제를 '자연과학'(natural science)의 이름으로 제한하는 것은 지극히 소심한 처사인 듯하다. 미숙련 조사원들이 그렇게 한다면 오히려 현명한 자제일지 모르나, 그외의 경우에는 중요한 근거가 없다.

1

고전적 사회분석가는 엄격한 일련의 절차를 피하고, 사회학적 상상력을 발전시켜 자신의 연구에 이용하려 했다. '개념' 간의 결합이나 분해를 거부하면서 감수성의 영역, 추론의 정확성, 이론의 깊이를 확장시켜줄 보다 정교한 용어들을 사용했다. 그는 방법이나 기술의 제약을 받지 않았다. 고전적 방법은 다름 아닌 지적 장인(craftsman)의 방법

---

2) 예를 들면 'Two Styles of Research in Current Social Studies', *Philosophy of Science*, Vol. 20, No. 4, October, 1953, pp. 266~275와 비교하라.

이었다.

　이론과 방법에 관한 유용한 토론은 대개 진행중인 연구나 곧 착수하려는 연구에 대해 노트하는 과정에서 나타난다. '방법'은 우선 어떤 문제를 제기하고 그에 대해 어느 정도 지속성이 있다고 확신이 드는 답을 내놓은 방법과 관련되며, '이론'은 학자가 사용하는 용어, 특히 그 용어의 일반성과 논리적 관계에 대한 세심한 주의와 관련된다. 이론과 방법의 일차적인 목적은 개념의 명료화와 절차의 간소화이며, 여기서 가장 중요한 것은 사회학적 상상력의 억제가 아니라 그 해방이다.

　'방법'과 '이론'을 터득했다는 것은 자의식적인 사상가, 즉 자신이 연구하는 문제의 전제와 함축된 의미를 인식하는 사람이 되었음을 의미한다. 반대로 '방법'과 '이론'에 지배당하는 것은 세계에서 벌어지는 사건을 알아내려는 노력을 하지 않는 것이다. 연구 방법에 대한 통찰이 없으면 연구 결과의 근거는 박약해지며, 그 연구가 중요한 결과를 가져오리라는 결단이 없으면 모든 방법은 무의미한 겉치레가 되어버린다.

　고전적 사회과학자에게는 방법도 이론도 자율적인 영역이 아니다. 방법은 어떤 범위의 문제를 파악하기 위한 방법이며, 이론은 어떤 범위의 현상에 관한 이론이다. 그것은 여러분이 살고 있는 나라의 언어와 같은 것이다. 즉, 여러분이 말을 할 줄 아는 것은 전혀 자랑거리가 아니지만, 말을 못한다면 불편하고 창피한 일이다.

　연구중인 사회과학자는 당면 문제에 대해 항상 세심한 관심을 가져야 한다. 이는 관련 영역의 지식 상태를 실질적으로 잘 알고 있어야 한다는 의미이다. 그것은 또한 어느 정도까지라고는 말할 수 없지만, 검토된 여러 연구가 비슷한 연구 영역과 관련될 때 작업이 가장 잘 이루어진다는 의미이다. 마지막으로, 그러한 작업은 한 개인의 독자적인 전문 연구만으로는 잘 이루어질 수 없으며, 더욱이 실제적인 연구를 거의 하지 않은 젊은 연구가나 특수한 연구 방식에만 참여해온 사람들에게는 더욱 어려운 일이다.

　연구를 하는 도중에 잠시 멈춰서 이론과 방법을 성찰해보면 문제의 재설정이라는 큰 성과를 얻게 된다. 그래서 사회과학자라면 모름지기 자신의 이론과 방법론을 가지고 있어야 하는 것이다. 이는 사회과학자가 지적 장인이 되어야 함을 의미한다. 물론 모든 장인은 방법들을 체계적으로 집대성하려는 시도를 통해 무엇인가를 배울 수 있지만, 그것이 일반적인 인식에 불과할 때가 많다. 바로 이것이 방법론에서의 '긴급한 프로그램'(crash programs)이 사회과학의 발전에 도움이 되지 않는 이유이다. 방법에 관한 진정으로 유용한 설명은 그처럼 일방적으로 강요되는 것이 아니며, 방법들이 실제 사회 연구와 밀접히 관련되지 않는다면 중요한 문제의 의미와 그 문제를 해결하려는 열정—오늘날에는 흔히 상실되는데—이 사회과학자의 정신에 충분히 작용하지 못한다.

　방법의 진보는 진행중인 연구에서 비롯되는 적절한 일반화로 일어날 가능성이 높다. 따라서 개인적인 연구에서나 학문의 조직에서나 현재 진행중인 연구와 방법 사이에 지극히 긴밀한 상호작용이 항상 유지되어야 한다. 실제 연구 작업과 직접 관련되어 있을 경우에만 방법론에 대한 일반적 논의에 주의를 기울여야 한다. 그런 방법에 대한 논의가 사회과학자들 사이에 흔히 이루어지는데, 이 책의 부록에서 그 논의가 진행되는 한 가지 방식을 제시하고자 한다.

　방법의 제시와 그에 대한 논의, 그리고 이론의 정립과 재수정은 아무리 자극제가 되고 흥미롭다 하더라도 그저 기대 사항에 지나지 않는다. 방법이 제시되면 무언가에 대한 연구, 사실상 거의 모든 것에 대한 연구를 위한 보다 더 좋은 길이 열리게 마련이다. 이론의 정교화를 위해서는 체계적이든 비체계적이든 간에 관찰 내용이나 관찰 내용의 해석에 대해 민감해야 한다. 그러나 '방법'도 '이론'도 혼자서는 사회 연구의 실제 작업의 일부가 될 수 없다. 사실상 이론과 방법은 종종 상치되기도 한다. 이론과 방법은 사회과학 문제로부터의 정치적인 후퇴이다. 이미 보았듯이 일반적으로 이론과 방법은 다른 사람들에게 자극제가 되는 거대 연구 모델에 근거한다. 이 거대 모델이 충분히 활용되지 못한다 해도 그리 중요한 문제가 아니다. 대개는 의례적으로 사용될 것이기 때문이다. 이미 설명한 바와 같이 거대 모델은 자연과학 철학에서, 그리고 다소 시대에 뒤떨어진 물리학에 대한 철학적 해석에서 이루어지는 것이 보통이다. 이 작은 게임과 그 규칙이 비슷한 다른 게임들은 일종의 과학적 불가지론(不可知論)을 낳는다. 그에 대해 막스 호르크하이머(Max Horkheimer)는 이렇게 썼다.

> 불완전한 결론과 불확실한 일반성에 대한 끊임없는 경계는 잘못 평가될 경우 모든 사고에 대한 금기를 의미한다. 모든 사고가 완전히 확증될 때까지 미정으로 보류되어야 한다면 기본적인 접근이 전혀 불가능하여 우리는 그저 징후 수준에만 머물 것이다.[3]

자주 지적한 바와 같이 젊은 학자들은 그릇된 길로 쉽게 빠지지만, 노장 사회과학자들이 과학철학자의 허세에 눌려 불안에 떠는 것은 이상하지 않은가? 방법의 위상에 대한 고전적 견해를 보여주는 스위스와 영국의 두 경제학자의 대화록은 몇몇 미국 사회학자들의 격앙된 선언보다 훨씬 더 날카롭고 명확하다.

많은 연구가들은 본능적으로 이 문제에 올바른 방법으로 덤벼들려 한다. 그

---

[3] *Tensions That Cause Wars*, Hadley Cantril ed., Urbana, Illinois, University of Illinois Press, 1950, p. 297.

러나 방법론을 연구해보면 수많은 함정과 위험이 도사리고 있음을 알게 된다. 그리하여 그들은 애초의 확실한 감각을 잃어버리고 헤매거나 잘못된 방향으로 빠져들고 만다. 이러한 학자들에게 방법론은 금물이다.[4]

우리가 내걸어야 하는 슬로건은 분명 이런 것이다.

누구나 자기 나름의 방법론자다!
방법론자여! 작업에 착수하라!

이런 구호를 문자 그대로 받아들이지는 않더라도, 우리 사회과학자들은 스스로를 방어해야 할 필요가 있다. 일부 동료들의 학자답지 않은 기묘한 열정을 생각하면, 우리 자신의 과장은 용서받을 수 있을 것이다.

2

상식 수준의 일상적인 경험주의는 이런저런 특정 사회에 대한 가정과 고정관념으로 가득 차 있다. 상식이 관찰 대상과 그 설명 방법을 결정하기 때문이다. 이러한 상황을 추상적 경험주의로 피하려 하다가는 결국 미시적이거나 몰역사적인 수준에 머물러 추상화된 세부적 사실만을 천천히 쌓아 올리게 될 것이다. 상식적 경험주의를 거대이론으로 피하려 하면, 현재 다루는 개념에서 분명하고 경험적인 의미를 배제하게 될 것이고, 주의하지 않으면 스스로 만들고 있는 초역사적인 세계 안에

---

[4] W. A. Johr & H. W. Singer, *The Role of the Economist as Official Adviser*, London, George Allen & Unwin, 1995, pp. 3~4. 이 책은 사회과학 방법론에 대한 올바른 논의 모델로, 경험이 풍부한 두 장인의 대화 형식으로 씌어졌다.

완전히 고립되고 말 것이다.

개념은 경험적인 내용을 담는 관념이다. 관념이 내용에 비해 너무 크면 거대이론의 함정에 빠지기 쉬우며, 내용이 관념을 삼켜버리면 추상적 경험주의의 함정에 빠지기 쉽다. 이에 관한 일반적인 문제는 흔히 '지표(indice)는 필요성'이라는 말로 제기되는데, 이는 오늘날 사회과학의 실제 작업이 처한 주된 기술적 문제이기도 하다. 모든 학과의 일원들이 그것을 인식하고 있다. 추상적 경험주의자들은 지표화된다고 가정되는 것의 의미와 범위를 제거함으로써 지표의 문제를 해결한다. 거대이론은 이 문제에 효과적으로 대처하지 못하고, 똑같이 추상적인 다른 개념으로 '개념'을 정교하게 다듬는다.

추상적 경험주의자들이 말하는 경험적인 '자료'라는 것은 일상적인 사회 생활에 대한 극히 추상적인 견해에 불과하다. 그들은 예를 들어 어떤 중소도시의 일정 수입 수준의 특정 성별의 특정 연령 수준 같은 것들을 다룬다. 이 네 변수를 고려하는 것은 대다수의 추상적 경험주의자들이 세계의 어느 한 측면만을 겨우 다루는 것을 생각하면 그래도 나은 편이다. 그리고 물론 또 다른 '변수'도 있다. 이 사람들이 미국에 산다는 것이다. 그러나 그것은 하나의 '자료'에 불과하며, 추상적 경험주의의 경험적 세계를 이루는 추상적이고 미세하며 정밀한 변수에는 속하지 않는다. '미국'을 하나의 변수로 하려면, 사회구조라는 개념과 덜 엄격한 경험주의적 관념이 필요하다.

대부분의 고전적 연구―이러한 문맥에서는 흔히 거시적이라 불린다―는 추상적 경험주의와 거대이론 사이에 위치한다. 또한 그러한 연구는 일상적 상황에서 관찰되는 것에서의 추상화를 포함하지만, 그 추상화의 방향은 사회적이고 역사적인 구조를 향해 있다. 사회과학의 고전적 문제가 제기되고 그러한 관점에서 해답이 제시되는 것은 구체적인 사회적·역사적 구조, 즉 역사적 현실의 수준에서이다.

이러한 고전적 연구는 경험적 추상주의만큼이나 경험적이다. 사실상 더 경험적인 경우도 흔하다. 대개의 경우 그것은 일상적 의미와 경험의 세계에 보다 근접해 있다. 요점은 아주 분명하다. 프란츠 노이만(Franz Neumann)의 나치 사회의 구조에 대한 설명은 적어도 새뮤얼 스토퍼의 제10079부대의 사기(士氣)에 관한 설명만큼 '경험적'이고 '체계적'이다. 막스 베버의 중국 관리에 대한 설명이나 유진 스테일리(Eugene Staley)의 저개발국에 관한 연구나 베링턴 무어(Barrington Moore)의 소련에 대한 연구는 폴 라자스펠드의 에리 카운티나 엘미라 등의 소도시 여론 연구만큼이나 '경험적'이다.

더욱이 몰역사적이고 초역사적인 수준의 연구에서 쓰이는 '관념'의 대부분은 고전적 연구에서 나왔다. 추상적 경험주의나 거대이론에서 진정으로 유용한 개념, 개인과 사회 및 그들의 관계에 대한 개념이 산출된 적이 있는가? 개념에 관한 한, 이 두 학파는 고전적 사회과학의 전통에 기생하는 기식자에 불과하다.

3

경험적 입증의 문제는 사실에 압도되지 않으면서 '어떻게 사실에까지 도달하느냐', 관념을 매몰시키지 않으면서 어떻게 관념을 사실에 정착시키느냐 하는 것이다. 문제는 첫째는 '무엇'을 입증하느냐이고, 둘째는 '어떻게' 입증하느냐이다.

거대이론에서는 입증이 다행히도 연역적이다. 여기서는 무엇을 입증하고 어떻게 입증하는가는 그리 명확한 문제가 아니다.

추상적 경험주의에서는 무엇을 입증할 것인가 하는 것은 심각한 문제로 받아들여지지 않는 것 같다. 입증 방법은 문제 제기 방법에 의해 거의 자동적으로 주어진다. 즉, 상관 관계와 그밖의 통계 절차에 의해 해결된다. 실제로 그런 입증에 대한 독단적인 요구는 종종 유일한 관심사인 듯 보이고, 따라서 미시적인 유형의 연구가들이 택하는 문제와 '개념'을 제한하거나 결정하기까지 한다.

고전적 연구에서는 무엇을 입증하느냐가 어떻게 입증하느냐보다 더 중요하게 여겨진다. 개념들은 일군의 실질적인 문제와의 밀접한 관련으로 정교해지며, 입증 대상의 선택은 다음과 같은 규칙에 따라 결정된다. 정교화에 가장 적합한 추론을 약속하는 듯 보이는 개념의 특징을 입증하려고 노력하라. 이러한 특징을 우리는 '중추적'(pivotal)이라 부른다. 다시 말해서 '이것'이 그렇다면 이것과 이것은 반드시 그러하며, 이것이 그렇지 않다면 다른 일련의 추론이 따른다. 그러한 절차를 밟는 이유는 연구의 경제성에 대한 절실한 필요성 때문이다. 경험적 입증, 증거, 기록, 사실의 확정은 많은 시간을 요하며, 때로는 지루하기도 하다. 따라서 사람들은 그러한 연구가 자신이 연구하는 개념과 이론에 효과적이기를 원한다.

고전적 장인들은 대개 방대한 경험적 연구를 위해 방대한 계획을 세우지 않는다. 그의 연구 정책은 거시적인 개념과 세부적인 설명 사이의 끊임없는 상호작용을 도입하는 것이다. 그는 이 작업을 일련의 소규모 경험적인 연구—물론 미시적이고 통계적인 연구를 포함해서—를 계획함으로써 행한다. 각각의 경험적 연구는 그가 만들어내는 해결책에 중추적이다. 그 해결책은 이러한 경험적 연구의 결과에 따라 확정되고, 수정되고, 혹은 부정된다.

설명이나 명제, 추론 등을 증명하는 데 고전적 연구자들은 미시적 연구자들만큼 어려움을 겪지는 않는다. 고전적 연구자들은 어떤 명제를 입증하는 데 적합한 모든 경험적 자료들을 상세히 검토한다. 거듭 말하지만, 문제와 관련지어 개념을 선택하거나 다룰 필요를 느꼈다면 우리는 추상적이고 보다 정밀한 통계적 연구 방식으로 상세한 설명을 할 수 있을 것이다. 다른 문제와 개념에 대해서는 우리의 입증 방법은 역사가의 방법과 비슷할 것이다. 그것은 증거의 문제이다. 물론 우리는 결코 확신할 수는 없다. 실제로 우리는 '추측' 하는 경우가 많지만, 모든 추측이 정확할 수는 없다. 고전적 사회과학은 무엇보다도 중요한 문제에 대한 우리의 추측이 옳을 수도 있는 기회를 개선하려는 시도라고 말할 수 있다.

입증이란 우리 자신뿐 아니라 다른 사람들을 합리적으로 설득하는 일이다. 하지만 이를 위해서는 연구가 모든 단계에서 다른 사람들의 검토를 받을 수 있는 형태로 제시되어야 한다는 승인된 규칙을 따라야 한다. 검증에 '유일한 방법'이 있는 것은 아니지만. 세부적인 사실에 대한 관심과 주의, 습관적인 명료함, 기정 사실에 대한 회의적인 숙고, 다른 사실과 개념에 대해 그 사실이 지니는 의미에 대한 끊임없는 호기심 등이 필요하다. 또한 질서와 체계가 필요하다. 한마디로 말해서, 단호하고 일관된 학자적 윤리의 실행이 필요하다. 그것이 없다면 어떤 기술도 어떤 방법도 소용없다.

4

사회 연구의 모든 방법, 연구와 연구 방법의 모든 선택은 '과학적 진보론'을 내포한다. 과학적 진보는 누적적인 것으로, 한 개인의 창조물이 아니라 많은 사람들이 서로의 작업을 수정, 비판하고 가감한 결과라는 점에 누구나 동의할 것이다. 자신의 연구를 평가하기 위해서는 그것을 이전에 이루어진 연구와 진행중인 다른 연구에 관련시켜야 한다. 이는 커뮤니케이션과 '객관성'을 위해서 필요하다. 자신의 작업을 다른 사람들이 검토할 수 있는 형태로 제시해야 한다.

추상적 경험주의자들의 진보를 위한 정책은 매우 특수하고 지극히 희망적이다. 그들은 많은 미시적 연구를 축적하여, 개미가 조그만 빵부스러기들을 천천히, 그리고 면밀히 끌어모아 커다란 덩어리를 만들 듯이 개미처럼 '과학을 쌓아 올릴' 수 있다고 생각한다.

거대이론의 정책은 다음과 같다. 미래의 어느 때가 되면 우리는 경험적 자료와 활발하게 접촉할 것이다. 그리하여 그 자료를 '체계적'으로 다룰 수 있으면, 과학적인 방법의 경험적 입증에 체계적 이론을 논리적으로 이용한다는 것이 어떤 의미인지 깨달을 것이다.

고전적 사회과학의 약속을 지키려는 사람들이 주장하는 과학적 진보 이론으로는 일련의 미시적인 연구가 반드시 '고도로 발달한' 사회과학이 될 것이라고 확신할 수 없다. 그들은 이러한 자료가 필연적으로 현재 그들의 목적 이외의 다른 어떤 목적에 유용할 것이라고 가정하려 하지 않는다. 간단히 말해서 그들은 사회과학 발전의 건축 블록―혹은 조각 이불을 짓는 할머니―이론을 인정하지 않는다. 그들은 뉴턴이나 다윈 같은 사람이 그것을 모두 조립하리라 생각하지 않으며, 뉴턴이나 다윈이 오늘날의 미시적 사회과학이 쌓아 올리는 그런 미시적 사실들을 '조립한' 사람이라고도 생각하지 않는다. 고전적 연구가들은 또한 거대이론가들처럼 '개념'을 정교하게 다듬고 구별하기만 하면 그것이 체계적으로 경험적인 자료에 들어맞을 것이라고 가정하지도 않는다. 이러한 개념의 정교화가 현재의 개념보다 더 나으리라고 믿을 만한 이유가 없다는 것이다.

간단히 말해, 고전적 사회과학은 미시적 연구를 '축적'하지도 않으며 개념의 정교화로부터 '연역'해내지도 않는다. 고전적 연구가들은 동일한 연구 절차를 밟아 동시에 축적하고 연역하며, 적절한 문제 설정과 재설정 및 그에 타당한 해답을 통해 그 작업을 수행하려고 한다. 그런 연구 정책을 실행한다는 것은―거듭 말해서 미안하지만, 중요한 문제이다―실질적인 문제를 역사적 현실의 수준에서 설정하고, 이들 문제를 그에 적절한 방법으로 서술하며, 이론이 아무리 고매하다 해도, 또 세부적인 것을 추적하는 것이 아무리 힘든 작업이라 해도 결국에는 각 연구 작업의 끝에 거시적인 관점에서 해답을 제시하는 것이다. 간단히 말해서 고전적 연구의 초점은 실질 문제에 있다. 즉, 이들 문제의 성격이 사용되는 방법과 개념, 그리고 그 사용 방식을 제한하고 시사한다. '방법론'과 '이론'의 상이한 관점을 둘러싼 논쟁은 실질 문제와의 면밀하고도 끊임없는 관계 속에서 제대로 이루어질 수 있다.

5

어떤 사람의 문제 배열(문제를 설정하고 각각의 문제에 서열을 매기는 방식)은 그가 알고 있건 모르고 있건 간에 방법, 이론, 가치에 근거한다.

그러나 한 가지 덧붙일 것은 사회과학도들 중에 자신의 문제를 배열하는 중요한 문제에 대해 어떤 즉각적인 해답도 갖지 않은 이들이 있다는 점이다. 그들은 굳이 그럴 필요를 느끼지 않는다. 왜냐하면 사실상 자신이 연구하는 문제를 스스로 결정하지 않기 때문이다. 어떤 사람들은 일상적인 환경에서 일반인들이 인식하는 직접적인 문제들을 받아들인다. 또 권위나 이해 관계에 의해 공식 혹은 비공식적으로 규정된 문제를 자신의 지향점으로 받아들이는 사람들도 있다. 이 점에 대해서는 동유럽과 러시아의 학자들이 우리보다 훨씬 더 잘 알 것이다. 왜냐하면 우리는 지적·문화적 영역을 공식적으로 통제하는 정치적 조직을 체험한 적이 없기 때문이다. 그러나 서구, 특히 미국에서 전혀 없는 현상은 아니다. 사회과학자들에게 정치적인, 특히 상업적인 문제 선택은 그들의 자발적이고 간절하기까지 한 자기 조절에 의해 초래된다.

종래의 자유주의적 실용론 사회학자들 간에는 개인적 문제들이 그들 자신의 수준에서 다루어졌다. 그들이 문제를 발견하는 가치 척도는 분명하지 않았으며, 그 문제가 현실화되는 구조적인 조건은 규명되지 않았다. 충분히 숙고되지 않은 사실들로 말미암아 연구가 소화 불량을 일으킨 것이다. 그 학자들에게는 이러한 사실들을 소화하고 정돈할 만한 지적 기술이 없었다. 그리하여 낭만적 다원주의라는 개념이 생겨났다. 아무튼 자유주의적 실용론 사회과학자들이 가정한 가치는 지지를 받았든 못 받았든 간에 이제는 대개 복지국가의 행정적 자유주의로 흡수되었다.

관료주의적 사회과학—추상적 경험주의가 그것의 가장 적합한 도구이고, 거대이론은 그 이론을 수반하지 않는다—의 모든 사회과학적 노력은 지배적 권위를 위한 봉사에 속박되어 있었다. 예전의 자유주의적 실용론이나 관료주의적 사회과학은 공공 문제와 개인 문제를 사회과학의 문제 내에서 통합할 수 있는 방법으로 다루지 않는다. 이 학파들—사실상 사회과학의 모든 학파—의 지적 특성과 정치적 효용성은 쉽게 분리될 수 없다. 이 학파들이 현대 사회과학에서 그런 지위를 누리는 것은 그 지적 특성—그리고 학계의 조직—과 더불어 정치적 효용성 덕분이다.

사회과학의 고전적 전통에서 문제들은 수많은 개인들이 직면하는 개인 문제와 수많은 특수 환경을 통합시키는 방식으로 제기된다. 여기서 개인의 생활 환경은 보다 큰 역사적·사회적 구조 내에 위치한다.

관련된 가치와 그에 대한 표면상의 위협이 서술되지 않는 한, 어떤 문제도 적합하게 파악할 수 없다. 이 가치들과 위험이 문제 자체의 조건을 구성한다. 고전적 사회 분석의 맥락이 되어온 가치는 자유와 이성이다. 오늘날 그것들에 위협이 되는 세력은, 비록 현대의 특징을 이루는 것은 아닐지라도 때때로 현대 사회의 주요한 경향과 공존하는 것처럼 보인다. 현대 사회 연구의 주요 문제들은 다음과 같은 공통점을 지니고 있다. 즉,

이 두 가치를 위협하는 것처럼 보이는 조건과 경향, 그리고 그 위협이 인간의 본성과 역사 형성에 미치는 결과에 관련된 것이다.

그러나 여기서 나의 관심사는 나 자신의 선택을 포함한 어떤 특별한 문제 배열보다는 사회과학자들이 실제로 그들의 연구 작업과 연구 계획에서 가정하는 실질 문제의 숙고이다. 오직 그러한 숙고의 관점에서만 문제뿐 아니라 그에 대한 대안을 명백하고 신중하게 고려할 수 있다. 오직 이러한 방법으로만 객관적으로 연구를 진행할 수 있다. 왜냐하면 사회과학 연구에서의 객관성은 연구에 관계된 모든 것을 명백히 의식하려는 끊임없는 시도를 필요로 하기 때문이다. 또한 그런 시도의 광범위하고도 비판적인 교류가 필요하다. 사회과학자들이 그들의 분야를 효과적으로 누적적인 방법으로 발전시키려고 희망하는 것은 '과학적 방법'의 독단적인 모델이나 '사회과학 문제'의 허식적인 선언에 의해서가 아니다.

그리고 나서 문제 제기에는 일정 범위의 공공 문제와 개인 문제에 대한 명백한 관심이 포함되어야 한다. 그리고 사적인 생활과 사회구조 사이의 인과 관계를 밝혀야 한다. 문제 제기를 할 때는 관련된 사적·공적 문제에서 실제로 위협받는 가치들, 누가 그것을 가치로 받아들이고, 누구 또는 무엇에 위협받는가를 분명히 해야 한다. 위협받는 것으로 발견된 가치들이 항상 개인과 공중이 위협받는다고 느끼는 가치들인 것은 아니고, 혹은 그것들만 그런 것은 아니기 때문에 문제 제기는 아주 복잡해진다. 따라서 우리는 다음과 같은 질문들을 제기해야 한다. 행위자들은 어떠한 가치가 위협받는다고 믿는가? 누구 혹은 무엇에 위협받는다고 믿는가? 현실적으로 관련된 문제를 충분히 인식하면 그들은 그 위협 때문에 심리적으로 흔들리는가? 우리는 이러한 가치와 감정, 논의와 공포들을 우리의 문제 제기에 참고해야 한다. 왜냐하면 그런 믿음과 기대는 아무리 부당하고 잘못된 것이라 해도 바로 공적·사적 문제의 내용이기 때문이다. 더구나 문제에 대한 해답─만일 있다면─은 부분적으로 그들이 경험한 공적·사적 문제를 설명할 때의 유용성으로 검증된다.

일반적으로 '기본적인 문제'와 그 해답은 일생의 '심층'에서 발생하는 불안과 역사적 사회구조에서 발생하는 무관심에 대한 주의를 요한다. 문제의 선택과 제기에 의해 먼저 무관심을 공공 문제로, 불안을 개인 문제로 변형시킨 다음에 공적·사적 문제를 연구 문제로 제기해야 한다. 이 두 단계에서 가능한 한 단순하고 정밀한 방법으로, 관련된 여러 가치와 위협을 서술하고 설명하도록 노력해야 한다.

문제에 대한 적절한 '해답'은 전략적인 개입점, 즉 구조를 유지 또는 변화시키는 '축'(軸)의 관점과 개입할 수 있는 위치에 있으면서도 개입하지 않는 사람들에 대한 평가를 포함한다. 보다 많은, 훨씬 더 많은 것들이 문제 제기에 관련되지만, 여기서는 단지 윤곽만 제시하고자 한다.

제7장 | # 인간의 다양성
The Human Variety

사회과학의 몇몇 지배적인 경향을 상당히 길게 비판했으니, 이제는 사회과학이 약속하는 보다 긍정적이고 계획적이기까지 한 이념에 대해서 논해보자. 사회과학이 혼란 상태에 있을지도 모르나, 그것을 그저 개탄하기보다는 적극적으로 극복하는 것이 옳다. 사회과학이 병들어 있을지도 모르나, 그러한 사실에 대한 인식은 진단의 필요성이나 건강 회복의 징조로 생각할 수 있으며, 또 그렇게 생각해야 한다.

1

사회과학이 다루는 문제는 우리가 살아왔고 살고 있으며 또 앞으로도 살아갈 모든 사회 세계를 이루는 인간의 다양성이다. 이 세계에는 1,000년에 걸쳐 거의 변하지 않은 원시 공동체뿐만 아니라 갑자기 난폭한 존재로 출현한 강대국들이 포함된다. 비잔틴, 유럽, 고대 중국, 고대 로마, 로스앤젤레스와 고대 페루 제국 등 이제까지 존재했던 모든 세계가 우리의 연구 대상이다.

이 세계들 안에는 광대한 거주지, 압력 집단, 소년 패거리, 나바호족

(뉴멕시코와 애리조나 등지의 토착민―옮긴이 주) 기름 장수, 그리고 수백만 마일에 이르는 광대한 도시 지역의 파괴 임무를 띤 공군, 길모퉁이의 경찰관, 친교 집단, 방에 앉아 있는 공중(公衆), 범죄 조직, 한밤중에 세계 여러 도시의 광장과 교차로에 떼지어 모여 있는 사람들, 호피족 아이들, 아라비아의 노예상, 독일의 정당, 폴란드의 계급구조, 메노파 학교, 티베트의 정신착란자들, 세계 방방곡곡에 퍼져 있는 라디오 방송망 등이 있다. 인종 집단과 종족 집단들이 영화관에서 뒤범벅으로 섞여 있고, 또 분리되고, 행복한 결혼을 하고 또 증오하고, 수천 종류의 직업을 가진 사람들이 회사와 공장에, 중앙 정부와 각 지방에, 그리고 아메리카 대륙과 이웃한 여러 나라에 산재해 있다. 매일매일 수백만의 거래가 이루어지고, 어딜 가든 셀 수도 없을 만큼 무수히 많은 '소집단'이 있다.

인간의 다양성에는 개개인의 다양성도 포함되는데, 사회학적 상상력은 이러한 것도 파악하고 이해해야 한다. 이 상상력 안에서는 1850년대 인도의 브라만(Brahman)과 일리노이의 개척 농민이 공존하며, 18세기의 영국 신사와 오스트레일리아의 원주민, 100년 전의 중국 농민, 현대 볼리비아의 정치가, 프랑스의 봉건 기사, 1914년에 단식 투쟁을 감행한 영국의 부인참정권 운동가, 할리우드의 여배우, 로마의 귀족 등이 공존한다. '인간'에 대한 기록이란 바로 이러한 사람들, 또한 괴테, 옆집에 사는 소녀에 대한 기록이다.

사회과학자는 인간의 다양성을 정연한 방법으로 이해하려 하지만, 다양성의 깊이와 폭을 고려할 때 다음과 같은 의문들이 생긴다. 이것이 실제로 가능한 일인가? 사회과학의 혼란은 사회과학자들이 연구하려는 대상의 불가피한 반영이 아닌가? 나의 대답은, 인간의 다양성은 그 일부분의 단순한 목록 작성이나 대학의 교과 과정에서 보이는 것처럼 그렇게 '무질서'하지는 않다는 것이다. 질서라는 것은 무질서와 마찬가지로 관점에 따라 상대적이다. 인간과 사회를 체계적으로 이해하기 위해서는 이해를 가능케 할 만큼 단순하면서도 인간의 다양성의 깊이와 폭을 포함할 정도로 포괄적인 관점이 필요하다. 그러한 관점을 위한 투쟁은 사회과학의 가장 중요하고 지속적인 투쟁이다.

물론 모든 관점은 일군의 질문에 의거하며, 사회과학의 전반적인 문제(내가 제1장에서 제시한)는 사회과학을 개인의 일생과 역사, 그리고 사회구조 내에서의 양자 간의 상호 교차에 대한 연구로 확신하는 사람들에게 흔히 떠오른다. 이 문제들을 연구하고 인간의 다양성을 이해하기 위해서는 우리의 연구가 역사적 현실의 수준과 이 현실이 개개의 남성과 여성에게 지니는 의미와 끊임없이 밀접한 관련을 맺어야 한다. 우리의 목적은 이 현실을 규정하고 이 의미를 분별하는 것이다. 고전적 사회과학의 문제가 제기되고, 따라서 이런 문제들이 포함하는 공공 문제와 개인 문제에 대한 대책이 강구되는 것은 바로 이런 관점에서이다. 따라서 우리는 세계 역사에 출현하여 현재까지 존재하는 모든 사회구조에 대한 완전한 비교 이해를 추구해야 한다. 소규모의 환경은 보다 넓은 역사적 구조의 관점에서 선택되고 연구되어야 한다. 우리는 학문 분과의 자의적 전문화를 피해야 하고, 무엇보다도 문제에 의거하여 연구를 다양하게 전문화해야 하며, 역사적 행위자로서의 인간 연구에 적합한 시각과 개념과 자료와 방법을 동원해야 한다.

역사적으로 사회과학자는 정치·경제 제도에 가장 큰 관심을 기울여 왔지만, 군사·혈연·종교·교육 제도에 대해서도 못지않게 많은 연구가 이루어졌다. 객관적인 기능에 따른 제도의 분류는 극히 단순하지만, 한편으로는 편리하기도 하다. 이 제도적 질서들이 서로 어떻게 관련되는가를 이해하면 한 사회의 구조를 이해할 수 있다. 왜냐하면 가장 흔히 사용되는 개념인 '사회구조'는 각 기능에 따라 분류된 여러 제도들의 결합체이기 때문이다. 그것은 사회과학자가 다루는 가장 포괄적인 연구 단위이다. 따라서 사회과학자의 가장 큰 목표는 전체 사회구조의 다양성을 그 구성 요소와 전체로 이해하는 것이다. '사회구조'라는 용어 자체는 아주 다양하게 정의되고 그밖의 용어들은 그 개념을 위해 사용되지만, 제도라는 개념과 더불어 환경과 구조 간의 구분을 염두에 둔다면 누구나 사회구조의 개념을 파악할 수 있을 것이다.

2

우리 시대의 사회구조는 일반적으로 정치국가 아래에서 형성된다. 권력의 관점에서, 그리고 그밖의 흥미로운 관점에서 볼 때 가장 포괄적인 사회구조 단위는 국민국가(nation-state)이다. 이제 국민국가는 세계사에서 우세한 형태이며, 모든 사람의 삶의 주요한 실태이다. 국민국가는 다양한 정도와 방식으로 세계의 대륙과 '문명'들을 분열시키고 조직했다. 그 확장 정도와 발달 단계는 현대 세계사의 주요 관건이다. 국민국가 내에서 정치·군사적, 문화·경제적인 의사 결정과 권력 수단이 조직되고, 사람들이 공적·사적 생활을 영위하는 구체적인 환경과 제도가 이런저런 국민국가를 이룬다.

물론 사회과학자가 항상 국가 단위의 사회구조만을 연구하는 것은 아니다. 중요한 점은 사회과학자가 국민국가의 틀 안에서 크고 작은 단위의 문제를 파악해야 한다고 느낀다는 것이다. 다른 '단위'는 '전 국가적'(pre-national)이거나 '후 국가적'(post-national)인 것으로 이해된다. 물론 국가라는 단위가 '문명' 중의 하나에 '속할' 수 있기 때문이다. 이는 일반적으로 한 국가의 종교 제도가 이런저런 '세계 종교'의 제도임을 의미한다. '문명'에 관한 이러한 사실은 현대의 다양한 국민국가들을 비교하는 방법을 암시해준다. 그러나 아널드 토인비 같은 학자들이 사용한

'문명'은 사회과학의 주요 단위, 즉 '지성적인 연구 영역'이 되기에는 지나치게 광범위하고 불명확해 보인다.

고유한 연구 단위로서 국가 단위의 사회구조를 선택하는 것은 일반성의 적정 수준을 받아들이는 것이다. 그 수준에서 우리는 문제를 끝까지 포기하지 않으면서 오늘날 인간 행동의 세부적인 문제에 명백히 작용하는 구조적인 힘을 파악할 수 있다. 게다가 국가 단위의 사회구조를 선택하면 공적 관심사의 주요 쟁점을 쉽게 거론할 수 있는데, 효과적인 권력 수단과 상당 부분의 역사 형성이 좋건 나쁘건 확고히 조직되는 것은 국민국가들 내에서, 그리고 국민국가들 사이에서이기 때문이다.

물론 모든 국가가 동등한 역사 형성의 힘을 지니는 것은 아니다. 강대국에 의존하는 약소 국가들에서 발생하는 일은 '강대국'을 연구함으로써만 이해할 수 있다. 그러나 그것은 국가라는 단위의 유용한 분류와 불가피한 비교 연구에서 발생하는 또 다른 문제일 뿐이다. 모든 국민국가가 상호작용하며, 그들 중 일부 국가군(群)이 서로 유사한 맥락의 전통을 갖는 것도 사실이다. 그러나 이것은 우리가 사회 연구를 위해 선택하는 상당히 큰 모든 단위에도 똑같이 적용된다. 게다가 특히 제1차 세계대전 이후 모든 국민국가는 점차 자급이 가능해졌다.

대부분의 경제학자와 정치학자들은 자기들의 가장 중요한 단위가 국민국가라고 확신하며, '국제 경제'와 '국제 관계'를 다룰 때조차 구체적이고 다양한 국민국가의 관점에서 면밀히 고찰해야 한다. 물론 인류학자들은 전통적으로 '문화'나 사회 '전체'를 연구한다. 그리고 현대 사회를 연구할 때도 국가를 전체로서 이해하려 하고, 이는 상당히 성공을 거두고 있다. 사회구조에 대한 확신이 없는 사회학자—보다 정확히 말하면 조사 기술자—는 대개 국가가 너무 거대하다고 생각한다. 이는 분명 좀 더 저렴하게 소규모 단위에만 몰입할 수 있는 '자료 수집'에 대한 편향 때문이다. 이는 또한 그들의 단위 선택이 그들이 택한 문제에 필요한 것과 부합되지 않음을 의미한다. 오히려 문제와 단위가 방법 선택에 의해 결정된다.

어떤 의미에서 이 책 전체는 이러한 편견에 대한 반론이다. 대부분의 사회과학자들이 주요 문제를 신중히 검토할 때 국민국가보다 작은 단위의 측면에서는 문제를 파악하기가 어렵다는 사실을 깨달을 것이다. 이것은 사회 계층, 경제 정책, 여론에 대한 연구와 정치 권력, 노동, 여가의 본질에서도 마찬가지이다. 심지어 지방 정부의 문제까지도 국가 체제 전체를 충분히 고려하지 않고는 적절히 파악할 수 없다. 사회과학의 문제를 연구해본 경험이 있는 사람이면 누구나 국민국가라는 단위가 많은 경험적 증거를 제공한다는 사실을 알 것이다.

3

사회구조라는 개념은 그것이 사회과학의 고유 단위라는 주장과 함께 역사적으로 사회학과 가장 밀접하게 관련되어 있으며, 사회학자는 그 고전적 대표였다. 사회학과 인류학의 전통적인 주제는 전체적인 사회였는데, 인류학자들은 그것을 '문화'라고 불렀다. 전체 사회의 어떤 특정 현상에 관한 연구에서 특히 '사회학적인' 것이란 전체의 개념을 파악하기 위하여 그 현상을 다른 현상들과 관련시키려는 부단한 노력이다. 내가 제시한 사회학적 상상력은 상당 부분 이러한 노력의 산물이다. 그러나 오늘날에는 그러한 관점과 실천이 비단 사회학자나 인류학자에게만 국한되지 않는다. 한때는 이 분야만의 약속이었던 것이 이제는 사회과학 전반의 관행과 목적이 되었다.

문화인류학은 그 고전적 전통과 현재의 발전 과정에서 사회학적 연구와 근본적으로 구별되는 것 같지는 않다. 당대 사회에 관한 조사가 거의 없거나 전무(全無)했던 옛날, 인류학자들은 외딴 곳에 사는 문헌 없는 민족들에 관한 자료를 수집해야 했다. 그밖의 사회과학―특히 역사학, 인구학, 정치학―은 처음부터 문자 사회(文字社會)의 문서 자료에 의존해 왔다. 그리고 이러한 사실 때문에 사회과학은 여러 분야로 분리되는 경향이 있었다. 그러나 이제 여러 종류의 '경험적 조사'가 모든 사회과학에 이용되고 있으며, 실제로 조사 기술은 역사적 사회와의 관련하에서 심리학자와 사회학자에 의해 거의 완벽한 수준으로 발달하였다. 최근에는 인류학자들도 상당히 떨어진 곳의 선진 지역과 국민국가를 연구하며, 사회학자와 경제학자는 '미개발 민족'을 연구한다. 오늘날에는 경제학과 사회학에서 인류학을 구별하는 방법의 차이도 주제의 경계도 없다.

대부분의 경제학자나 정치학자는 사회구조의 특정 제도 영역에 관심을 가져왔다. 그들은 '경제'와 '국가'에 대해 수세대에 걸쳐 지속되어온 '고전적 이론'을 발전시켰는데, 경제학자가 정치학자보다 좀더 많은 기여를 했다. 정치학자―사회학자와 함께―는 경제학자보다 모델 형성에서 전통적으로 덜 의식적이기는 했지만, 어쨌든 모델을 만들었다. 물론 고전적 이론은 추론과 일반화가 가능한 개념과 가정 형성으로 구성된다. 그리고 이것은 여러 가지 경험적인 명제와 비교된다. 이러한 과제에서 개념과 절차, 심지어는 연구 문제까지도 은연중에 조직된다.

이것은 매우 타당할지도 모른다. 그러나 경제학에서는 명백히, 그리고 정치학과 사회학에서는 당연한 순서에 따라 국가와 경제 사이의 적절한, 다시 말해서 공식적인―그리고 대체로 상호 배타적인―경계를 모호하게 만드는 두 현상이 있다. (1) 소위 저개발 지역의 정치·경제적인 발달, (2) 전체주의적이고 형식적으로 민주주의적인 20세기 '정치적 경제' 형태의 경향이다. 제2차 세계대전의 여파는 명석한 경제학자에게, 사실상 모든 유명 사회과학자에게 생산적인 영향과 부식적인 영향을 동시에 미쳤다.

단순히 경제적인 '가격론'은 논리적으로는 정연할지 모르지만, 경험적으로는 타당할 수 없다. 그런 이론에는 회사의 운영과 회사 내부와 회사 간의 정책 결정권자의 역할에 대한 고려가 필요하다. 이를 위해서는 비용, 특히 임금에 대한 기대 심리학, 다시 말해서 소규모 카르텔 지도자에 대한 이해를 포함한 카르텔에 의한 가격 결정에 주의를 기울여야 한다. 비슷한 방식으로, '이윤율'을 이해하기 위해서는 비개인적인 경제 기구뿐 아니라 은행가와 정부 당국자 간의 공식적이고 개인적인 관계를 파악해야 한다.

나는 사회과학자 각각이 사회과학에 참여하여 충분한 비교 연구를 하는 수밖에 없다고 생각하며, 그것이 이제 아주 강력한 추세라고 믿는다. 비교 연구는 이론적이건 경험적이건 간에 현대 사회과학의 발전선상에서 가장 기대되는 방법이다. 그리고 이러한 작업은 통합된 사회과학(unified social science) 내에서 가장 잘 이루어질 수 있다.

4

각각의 사회과학이 발전하면서 다른 분야와의 상호작용이 더 활발해졌다. 경제학은 전체 사회구조의 관점에서 보는 '정치적 경제'라는 초기의 주제로 점차 되돌아가고 있다. 존 갤브레이스 같은 경제학자는 로버트 달(Robert Dahl)이나 데이비드 트루먼(David Truman) 못지않은 정치학자이기도 하다. 사실상 미국 자본주의의 현구조에 대한 그의 연구는 슘페터(Schumpeter)의 자본주의와 민주주의에 관한 관점이나 얼 라탐(Earl Latham)의 집단정치론에 뒤지지 않는 정치·경제에 대한 사회학적 이론이다. 해럴드 라스웰(Harold D. Lasswell)이나 데이비드 리스먼(David Riesman)이나 가브리엘 아몬드(Gabriel Almond)는 심리학자와 정치학자이면서도 그에 못지않은 사회학적 안목을 갖고 있으며 사회과학 분야를 두루두루 파악하고 있다. 이 '분야들' 중 하나라도 정통하면 어쩔 수 없이 다른 분야, 즉 고전적 전통에 속하는 모든 분야에 들어서게 된다. 그들은 물론 한 제도적 질서를 전문으로 다루겠지만 그 분야의 정수를 파악하고 나면 전체 사회구조 내의 그것의 위치, 그것의 다른 제도적 분야와의 관계를 이해하게 된다. 상당 부분에서 이것은 명백한 사실이며, 모든 실재(實在)는 이 관계들로 이루어진다.

물론 사회과학자가 사회 생활의 엄청난 다양성에 직면하여 합리적으로 그것을 분류해왔다고 가정할 수는 없다. 첫째, 각 분야는 독자적으로, 그리고 특정 요구와 조건하에서 발달했으며, 어떤 분야도 전체적인 계획의 일부로 발달하지는 않았다. 둘째, 이들 여러 분야의 관계에 대해서는 많은 이견이 있고, 전문화의 적정 수준에 대해서도 이견이 있다. 그러나 오늘날 무엇보다도 분명한 사실은 이러한 이견들이 지적(知的) 어려움보다는 학계의 실태로 보인다는 점이며, 요즘 그 이견들은 자체 내에서 점차 세분화되어 그 범위가 점점 커지고 있다.

오늘날 지적인 면에서 중요한 사실은 분야 간의 경계선이 점차 흔들린다는 점이다. 개념은 한 분야에서 다른 분야로 쉽게 옮겨간다. 오로지 한 분야의 어휘에만 숙달하여 다른 분야의 전통적인 영역에서 그것을 능숙하게 사용함으로써 개가를 올린 몇 가지 사례가 있다. 전문화는 다소간 우연히 구축된 학문 분과에 따라 이루어져서는 안 된다. 해결하려면 전통적으로 이들 몇몇 학문에 속하는 지적 장비가 필요한, 그러한 문제의 경향에 따라 이루어져야 한다. 점차 모든 사회과학자들이 비슷한 개념과 방법을 쓰고 있다.

모든 사회과학은 지적인 내적 발달에 의해 형성되었으며, 각기 제도적인 '사건'에 결정적인 영향을 받았다. 이는 주요 서구 국가들에서 사회과학이 각기 다른 방식으로 형성된 사실로 분명히 알 수 있다. 철학, 역사, 인문학을 비롯한 기존 학문의 관용 또는 무관심이 사회학, 경제학, 인류학, 정치학, 심리학 등등의 필요 조건이 되는 경우가 많았다. 실제로 고등교육 제도에서 그러한 관용 또는 무관심이 대학 학과로서의 사회과학의 존재 여부를 결정해왔다. 예를 들어, 옥스퍼드 대학과 케임브리지 대학에는 '사회학과'가 없다.

사회과학의 분과를 너무 심각하게 생각함으로써 생기는 위험은 경제, 정치, 그리고 그밖의 사회 제도가 각기 자율적인 체제라는 가정을 동반한다는 점에 있다. 물론 이미 지적한 바와 같이 이러한 가정은 매우 유용한 '분석 모델'을 구축하는 데 사용되었으며, 또 사용되고 있다. 한 학교의 학과들로 일반화되고 고정된 '정치'와 '경제'의 고전적인 모델은 19세기 초의 영국과 특히 미국의 구조와 흡사하다. 사실 역사적으로 볼 때 전공 '학문'으로서의 경제학과 정치학은, 각 제도의 질서가 자율적 영역으로 주장되던 근대 서구의 역사적 단계의 관점에서 해석되어야 한다. 그러나 자율적인 제도 질서를 구성하는 한 사회 모델이 사회과학의 유일한 연구 모델이 아닌 것은 분명하다. 우리는 한 유형을 지적 노동의 전반적 분화에 대한 적절한 근거로 받아들일 수 없다. 이것의 실현은 지금 진행중인 사회과학의 통합을 위한 자극제이다. 이상적인 연구 계획뿐 아니라 대학 교과 과정의 계획에서 정치학과 경제학, 문화인류학과 역사학, 사회학과 심리학 등 여러 분야 간의 통합이 활발하게 이루어지고 있다.

사회과학의 통합으로 인해 제기되는 지적(知的) 문제는 주로 특정 사회와 시기의 제도적 질서, 즉 정치·경제·군사·종교·가족·교육 제도들의 관계와 주로 관련된다. 이미 말한 바와 같이 이것은 중요한 문제이다. 여러 사회과학의 통합으로 말미암은 실제적인 어려움은 교과 과정과 연구 경력의 설계, 그리고 각 분야 졸업생들에 대한 확실한 직업 제공, 용어상의 혼란과 관련된다. 사회과학의 통합 작업을 크게 방해하는 장애물은 각 분야의 입문서이다. '분야들'의 통합과 경계 설정은 어떤 다른 지적 산물보다는 대개 교과서의 관점에 따라 이루어진다. 이보다 더 부적절한 요인은 없을 것이다. 교과서 생산자와 소비자들은 손해를 보는 쪽이지만, 교과서 도매업자들은 그들의 생산물에 실질적인 이권을 가지고 있다. 교과서의 통합과 더불어 사회과학을 통합하려는 시도는 문제와 주제보다는 개념과 방법에 따라 진행된다. 따라서 '분야'라는 관념은 확고한 문제 영역보다는 은박지를 입힌 '개념'에 기초한다. 그러나 이들 '개념' 역시 쉽게 정복할 수 없으며, 나로서는 그럴 가능성이 있는지도 확신할 수 없다. 그러나 학계 내의 어떤 구조적인 경향이 종국에는 전문화된 환경에 갇힌 완고한 사람들을 극복할 수 있는 기회를 틀림없이 제공할 것이다.

한편, 많은 사회과학자들은 '자신의 분야'에서 사회과학의 공통적인 지향과 과제를 보다 명백히 인식함으로써 자신의 목적을 가장 잘 실현할 수 있음을 깨닫는다. 이제는 개개인의 사회과학자가 여러 부문들의 '우연한' 발달을 무시하고, 분과에 구애되지 않고 자신의 전공을 선택하여 구체화할 수 있게 되었다. 중요한 문제들을 진정으로 인식하고 그 해결에 열정적으로 관심을 가지면 그는 이 여러 분야 중의 한두 분야에서 형성된 관념과 방법에 정통해진다. 그에게는 어떤 사회과학 분야도 지적인 의미에서 폐쇄된 세계가 아니다. 또한 그는 자신이 여러 사회과학 중의 하나가 아니라 바로 사회과학을 실천하고 있음을 깨닫는다. 따라서 그가 사회생활의 어떤 특정 영역에 관심이 있느냐는 전혀 문제가 되지 않는다.

딜레탕트(dilettante)가 되어야만 완전히 백과전서적인 정신을 가질 수 있다고 흔히들 말한다. 그것의 사실 여부는 모르겠지만, 만일 그렇다면 우리는 백과전서적인 감각을 결코 얻을 수 없는 것일까? 사실상 모든 사회과학 분야의 자료와 개념과 방법에 정통하기는 불가능하다. 또 '개념의 해석'이나 자료의 상세한 설명을 통해 '사회과학의 통합'을 시도하는 것은 부질없는 짓이다. '일반 사회과학'의 교과 과정으로 사회과학을 통합하려는 시도도 마찬가지이다. 그러한 해석, 설명, 교과 과정이 '사회과학의 통합'을 의미하는 것은 아니다.

그 진정한 의미는 바로 이것이다. 우리 시대의 주요 문제를 제기하고 해결하기 위해서는 하나 이상의 여러 학문에서 자료와 개념과 방법을 취해야 한다. 사회과학자는 그의 문제를 명료히 하는 데 사용할 자료와 관점에 익숙해지기 위해 '그 분야에 통달할' 필요는 없다. 학문의 전문화는 학문의 경계보다는 중요한 '문제'의 측면에서 이루어져야 한다. 이것이 현재의 추세인 것 같다.

제8장 | 역사의 효용
Uses of History

사회과학은 한 개인의 일생과 역사, 그리고 사회구조 내에서의 그 둘의 상호작용을 연구한다. 나는 고전적 전통을 포기한 사람들이 형성하는 몇몇 사회과학 학파들을 비판할 때, 이 세 가지―개인의 일생, 역사, 사회―가 올바른 인간 연구의 좌표라는 사실을 주요 근거로 삼는다. 역사야말로 사회 연구의 기본 축이라는 일관된 관점 없이는, 그리고 사회학적인 근거에 입각하면서 역사적으로도 타당한 인간심리학을 더욱 발전시켜야 한다는 필요성을 인식하지 못하고는 현대의 문제―이제는 인간의 본성에 대한 문제도 포함하는―를 올바로 설정할 수 없다. 역사를 이용하지 않고, 심리학적 사실에 대한 역사적 감각이 없는 사회과학자는 자신의 연구 지향점이 되어야 할 문제들을 제대로 설명할 수 없다.

1

역사 연구를 사회과학으로 보아야 하느냐 그렇지 않아야 하느냐 하는 지겨운 논쟁은 중요하지도 흥미롭지도 않다. 결론은 어떤 종류의 역사가와 어떤 종류의 사회과학자를 대상으로 하느냐에 따라 달라진다. 어떤 역사가들은 확증된 사실만을 수집하면서 '해석'을 피한다. 그들은 역사의 일부 단편적인 사실만을 다루며—때로는 이것이 좋은 결과를 낳기도 하지만—그 단편을 보다 큰 범위 안에서 살펴보려 하지 않는다. 또 어떤 역사가들은 역사를 초월하여, 앞으로 다가올 흥망성쇠의 초역사적인 환상 속을 헤매기도 한다. 물론 이것도 때때로 좋은 결과를 낳기도 한다. 한 학문 분야로서 역사는 미세한 사실 추구를 초래하기도 하지만, 사회구조의 발전에서 그 시대의 중추적인 사건들을 파악할 수 있는 시야를 넓혀주는 원동력이 되기도 한다.

대부분의 역사가들은 대개 설화(說話, narratives)라는 수단을 통하여 사회 제도의 역사적 변형 과정을 이해하는 데 필요한 '사실을 확인하고', 그 사실을 해석하는 일에 몰두한다. 게다가 많은 역사가들은 사회 생활의 모든 영역을 연구 대상으로 삼는 것을 마다하지 않는다. 다른 사회과학자들처럼 역사가들도 정치사, 경제사 혹은 사상사 등을 전문으로 다루지만, 그들의 영역은 바로 사회과학의 영역이다. 역사가들은 여러 유형의 제도를 연구하면서 일정 기간에 걸쳐 일어난 변화를 강조하며 비교학적인 방법을 쓰지 않는다. 반면에 일반적인 사회과학자들의 제도 연구는 역사적인 성격보다는 비교 연구의 성격이 강하다. 그러나 이 차이는 동일 과제 내에서 나타나는 강조점과 전문화의 차이일 뿐이다.

현재 대다수의 미국 역사가들은 여러 사회과학의 개념, 문제, 방법에 큰 영향을 받고 있다. 최근에 바르젱(J. Barzun)과 그라프(H. Graff)는 "사회과학자는 너무 바빠서 역사서를 읽을 틈이 없기" 때문에, 그리고 "다른 형태로 제시된 자신들의 자료를 알아보지 못하기" 때문에 "역사가들에게 연구 기술을 근대화시키라고 계속 다그친다"라고 지적했다.[1]

---

[1] Jacques Barzun & Henry Graff, *The Modern Researcher*, New York, Harcourt, Brace, 1957, p. 221.

물론 모든 역사 연구에는 많은 역사가들이 일반적으로 생각하는 것보다 더 많은 방법상의 문제가 있다. 그러나 요즈음의 일부 역사가들은 방법보다는 인식론의 문제를 더 많이 생각하는데, 이러한 경향은 역사적 현실로부터의 기묘한 도피를 초래할 뿐이다. 특정 '사회과학'이 역사가들에게 지극히 불행한 영향을 끼치는 경우도 많지만, 여기서 길게 논할 정도로 그 영향이 광범위한 것은 아니다.

역사가의 주요 임무는 인간에 관한 기록을 질서 정연하게 정리하는 것이지만, 말처럼 그리 간단한 목표는 아니다. 역사가는 인류의 조직화된 기억을 대표하며, 글로 씌어진 역사로서의 그 기억은 쉽게 변모될 수 있다. 역사가의 세대가 교체되면서 기억은 극히 심하게 변하는데, 이것은 그후의 보다 상세한 연구가 새로운 사실이나 문서를 기록에 더하기 때문만은 아니다. 그것은 기록이 이루어지는 시대의 관심사나 체제의 변화와도 관련된다. 이 같은 관심사와 체제는 유용한 무수한 사실을 선택하는 기준이며, 동시에 그 사실의 의미에 대한 주요 해석이다. 역사가는 해석을 빈약하고 신중하게 함으로써 사실의 선택을 거부하려고 하지만, 그것을 피할 수는 없다. 조지 오웰의 『1984년』은 역사를 끊임없이 다시 쓰는 과정에서 그것이 얼마나 쉽게 왜곡되는가를 극적으로 강조하여 일부 역사가를 깜짝 놀라게 했지만, 실제로 우리가 그 사실을 깨닫는 데 오웰의 가상적인 계획 같은 것은 필요하지 않다.

역사가의 임무가 지니는 이 모든 위험 때문에 역사학은 인간에 관한 여러 학문 중에서 가장 이론적인 학문이고, 이 때문에 역사가들의 무지(無知)는 더욱 인상적이면서도 불안스럽다. 나는 사물을 보는 눈이 엄격하고 단일하며 역사가들이 자명한 주제를 인식하지 못하던 시기가 있었다고 생각한다. 그러나 지금은 그런 시대가 아니다. '이론'이 없는 역사가는 역사 서술을 위한 자료를 제공하기는 하지만, 스스로 역사를 쓰지는 못한다. 또 기록을 고려하기는 해도 제대로 정리하지는 못한다. 그 임무를 위해서는 단순한 '사실' 이상의 것에 대해 명백한 주의를 기울여야 한다.

역사가들의 산물은 모든 사회과학에 꼭 필요한 서류철로 생각될 수 있고, 나는 이것이 올바르고 유익한 견해라고 생각한다. 또 한 분야로서의 역사학은 모든 사회과학을 포함하는 것으로 여겨지기도 하는데, 이는 무식한 '휴머니스트들'만의 생각이다. 가장 근본적인 견해는 모든 사회과학—정확히 말하면 충분한 숙고 과정을 거친 모든 사회 연구—이 역사적인 개념 범주와 역사적인 소재의 충분한 활용을 필요로 한다는 것이다. 바로 이 간단한 개념이 내가 주장하는 주요점이다.

우선, 사회과학자들이 역사적인 자료 활용에 반대하여 제기하는 반론을 살펴보자. 그들은 그런 자료들이 좀더 확실하고 좀더 정확한 현대 자료와 비교해볼 때 정확하지도 않으며 충분히 알려져 있지도 않다고 주장한다. 이러한 반론은 사회 연구의 아주 골치 아픈 문제를 언급한 것이지만, 인정되는 정보의 종류를 한정할 경우에만 성립된다. 이미 논한 바와 같이, 고전적인 사회분석가는 어떤 한 엄격한 방법의 한계보다는 문제의 필요 조건을 고려해야 하고, 또 실제로 그랬다. 더욱이 그러한 반론은 특정 문제들에 대해서만 타당하며, 실제로 다음과 같이 달리 표현될 수 있다. 즉, 여러 문제에 대한 연구에서 우리는 그 과거지사에 대해서만 적절한 정보를 얻을 수 있다. 과거와 현대에 대한 정보의 적절성을 판단할 때는 공식적이고 비공식적인 비밀의 진상과 홍보의 폭넓은 활용을 충분히 고려해야 한다. 한마디로 말해서 이 반론은 방법론적 금기의 또 다른 형태에 불과하며, 흔히 정치적으로 무기력한 자들의 '아무것도 모르는' 이데올로기의 한 특징이다.

2

역사가가 어느 정도만큼 사회과학자이고, 또는 그들이 어떻게 행동해야 하는가 하는 문제보다 더 중요한 것은 사회과학 자체가 역사학과(historical discipline)인가 하는 여전히 논쟁적인 사안이다. 사회과학자는 과제를 성취하기 위해서, 또 그 과제를 잘 규정하기 위해서 역사적인 자료를 활용해야 한다. 역사의 성격에 관한 초역사적인 이론을 가정하지 않는다면, 혹은 사회 속의 인간이 비역사적인 존재라고 가정하지 않는다면, 어떠한 사회과학도 역사를 초월하는 것으로 가정할 수 없다. 사회학이라 이름 붙일 만한 모든 것이 '역사 사회학'이다. 폴 스위지(Paul Sweezy)의 탁월한 표현을 빌리자면, '역사로서의 현재'를 기술하려는 시도이다. 역사학과 사회학의 관계가 이처럼 긴밀한 데는 몇 가지 이유가 있다.

(1) 무엇을 설명할 것인가를 말하기 위해서는 인간 사회의 역사적 다양성에 대한 지식만으로 가질 수 있는 충분한 시야가 필요하다. 어떠한 질문—예를 들어, 민족주의의 형태와 군국주의 유형의 관계—에 대해 해당 사회와 시기에 따라 그에 대한 대답이 달라진다는 것은, 그 문제 자체가 재설정되어야 한다는 의미이다. 역사가 제공하는 다양성은 사회학적인 문제에 답하는 것보다는 그것을 제기하는 데 더 필요하다. 일반적으로 그런 것은 아니지만 우리가 제시하는 해답이나 설명이 비교의 형태를 띠는 경우가 많다. 이 비교는 우리가 이해하려고 하는 문제—노예제의 형태나 범죄의 특수한 의미, 가족이나 농민 공동체 혹은 집단 농장의 유형들 등—의 본질적인 조건을 이해하는 데 필요하다. 우리는 관심 대상이 무엇이든 여러 조건하에서 그것을 관찰해야 한다. 그렇지 않으면 피상적인 설명에 그친다.

피상적인 설명에서 한 발 더 나아가기 위해서는 현대적 사회구조뿐 아니라 역사적 사회구조의 가능한 전체 범위를 연구해야 한다. 물론 현존하는 모든 사례를 다 고찰할 수는 없겠지만 그 전 범위를 고려하지 않으면 우리의 설명은 경험적으로 타당할 수 없다. 사회의 여러 특징 중에서 발견되는 규칙성이나 관계도 분명하게 식별할 수 없다. 간단히 말해서 역사적 유형은 우리의 연구 내용에 극히 중요한 부분이며, 그것은 또한 연구 내용을 설명하기 위해서도 꼭 필요하다. 인간이 행한 것과 인간이 발전시킨 모든 것의 기록인 그러한 자료를 연구에서 배제하는 것은 모태(母胎)를 무시하고 출생 과정을 연구하는 것과 같다.

만일 고찰 대상을 한 현대(대개는 서구) 사회의 한 국가 단위에만 국한하면, 인간 유형들과 사회 제도들 사이의 많은 근본적인 차이점을 파악할 수 없다. 이 일반적인 진리는 사회과학 연구에서 특별한 의미를 지닌다. 즉, 어떤 사회든 어느 한 특정 시점에서 보면 거기에는 신념, 가치, 제도적 형태라는 공통 분모가 너무나 많기 때문에, 아무리 상세하고 엄밀한 연구를 해도 이 사회 이 시점의 사람들과 제도들 사이의 실로 중요한 차이점을 찾아낼 수는 없을 것이다. 특정 시기, 특정 장소에 국한된 연구는 동질성을 가정하거나 또는 암시하는 경우가 많은데, 만일 사실이라면 그 동질성은 '하나의 문제로 받아들여야' 한다. 현행의 조사 관례에서 볼 수 있듯이, 그것은 표본 추출의 문제로 축소될 수 없다. 한 시기, 한 장소라는 조건하의 문제로 공식화될 수도 없다.

각 사회는 그 내부의 특정 현상에 대한 변이의 폭이 서로 다르며, 보다 일반적으로는 사회적 동질성의 정도에도 차이가 있다. 모리스 긴즈버그(Morris Ginsberg)가 지적했듯이, 만일 우리의 연구 대상이 "동일한 사회 내에서 또는 동일한 시간적 범위 내에서 충분한 개개의 변형을 보인다면, 그 사회나 시대 밖으로 눈을 돌리지 않고도 실제 관계를 파악할 수 있다".[2] 그런 경우도 흔하긴 하지만, 대개는 그리 확실한 것이 아니어서 간단하게 추정할 수 없다. 그것이 옳은지 그른지를 알기 위해서는 사회 구조들을 비교하는 형태의 연구 계획을 세워야 한다. 그 일을 제대로 하려면 역사가 제공하는 다양성을 이용해야 한다. 현대 대중 사회에서나 또는 그와는 대조적인 전통 사회에서 사회의 동질성에 관한 문제는 현대 사회나 역사적 사회의 범위를 비교적으로 고찰하지 않는 한 올바로 파악할 수 없으며, 따라서 올바로 해결될 수 없다.

예를 들어, 그러한 작업 없이는 '공중'이나 '여론' 같은 정치학의 기본 주제의 의미를 명쾌하게 밝힐 수 없다. 연구의 폭을 충분히 넓히지 않으면, 피상적이고 잘못된 결과를 낳는다. 예를 들어, 정치적 무관심이 현대 서구 사회의 정치 상황에 중요한 실정이라는 점에 대해서는 그 누구도 반대하지 않을 것이다. 그러나 '투표자의 정치심리학'이라는 무비교론적·비역사적 연구에서는 '투표자' 또는 '정치적 인간'(political man)을 분류할 때 그러한 무관심을 고려하지 않는다. 사실상 정치적 무관심이라는 역사적으로 특수한 관념과 더욱이 그것의 의미는 이러한 통상적인 투표 연구로는 파악할 수 없다.

산업화 이전 세계의 농민에 대해 '정치적으로 무관심하다'라고 하는 것과 현대 대중 사회의 사람에 대해 그렇게 말하는 것은 의미가 다르다. 우선 이 두 유형의 사회에서 정치 제도가 생활 양식이나 생활 조건에 대해 갖는 중요성이 전혀 다르다. 또한 정치적으로 참여할 수 있는 공식적인 기회도 다르다. 그리고 서구 근대 사회의 부르주아 민주주의 전개 과정에서 나타난 정치 참여에 대한 기대는 산업화 이전 세계에는 없었다. '정치적 무관심'을 이해하고 무관심의 여러 유형과 조건을 고찰해야 하며, 그것을 위해서는 역사적이고 비교론적인 자료를 검토해야 한다.

---

2) Morris Ginsberg, *Essays in Sociology and Social Philosophy*, Vol. Ⅱ, 39, London, Heinemann, 1956.

(2) 몰역사적 연구는 한정된 환경에 대한 정태적이거나 아주 단기적인 연구가 되어버리는 경향이 있다. 그럴 수밖에 없을 것이다. 왜냐하면 우리가 더 큰 구조를 인식할 수 있는 것은 그것이 변화할 때이며, 또 그러한 변화는 적합한 역사 기간을 포괄할 정도로 시야를 넓혀야만 쉽게 인식할 수 있기 때문이다. 따라서 미시적인 상황과 거시적인 구조의 상호작용을 이해하기 위해서는, 그리고 이 한정된 환경 내에서 작용하는 보다 큰 요인을 이해하기 위해서는 역사적인 자료를 검토해야 한다. 구조라는 기본적인 용어의 모든 의미를 인식하고, 한정된 환경의 여러 문제점을 올바로 지적해내기 위해서는 사회과학을 역사적 학문으로 받아들이고 실천할 필요가 있다.

역사적인 연구 작업은 구조를 파악할 가능성만 높여주는 것이 아니다. 역사적인 자료를 이용하지 않고는 어떤 사회를, 심지어 정태적인 사건으로라도 이해할 수 없다. 모든 사회의 이미지는 역사적으로 특수한 이미지이다. 마르크스가 말한 '역사적 특수성의 원리'는 우선 '모든 특정 사회는 그것이 존재하는 특수한 시기 측면에서 이해되어야 한다'는 지침을 의미한다. 그 '시대'가 어떻게 규정되든, 그 시대의 지배적인 제도, 이데올로기, 인간 유형은 하나의 독특한 형태를 이룬다. 그렇다고 어떤 한 역사적인 유형을 다른 유형과 비교할 수 없는 것은 아니며, 그 형태를 직관적으로만 이해할 수 있다는 의미도 아니다. 그것이 뜻하는 바—이것이 마르크스 원리의 두번째 내용인데—는 이 역사적 유형 내에서 다양한 변화 메커니즘이 특수한 상호 교차를 이룬다는 것이다. 존 스튜어트 밀을 따라서 카를 만하임이 '매개 원리'(principia media)라 부른 이 메커니즘이야말로 사회구조에 관심이 있는 사회과학자들이 파악하고 싶어하는 대상이다.

초기 사회이론가들은 모든 사회에 적용되는 불변의 법칙을 정립하려고 했다. 자연과학의 추상적인 절차가 '자연'의 질적인 풍부함의 근저를 이루는 법칙이 되었듯이 말이다. 어떤 사회과학자도 어떤 시기의 특정 구조에 관련된 것으로 이해해서는 안 되는 초역사적 '법칙'을 제시하지 않았다. 그밖의 '법칙'은 공허한 추상이나 극히 혼란스러운 동어 반복에 지나지 않는다. '사회 법칙' 혹은 '사회적 규칙성'의 유일한 의미는 특정한 역사 시기 내의 사회구조에 대해서 우리가 발견하려는, 또는 구축하려는 '매개 원리' 같은 것이다. 우리는 역사적 변화의 보편적인 원리를 모른다. 우리가 알고 있는 변화의 메커니즘은 우리의 연구 대상인 사회구조에 따라 달라진다. 왜냐하면 역사적인 변화는 사회구조의 변화이며, 그 구성 부분 간의 관계 변화이기 때문이다. 사회구조가 다양하듯 역사적 변화의 원리도 다양하다.

(3) 사회를 이해하기 위해서는 그 사회의 역사에 관한 지식이 꼭 필요하다는 점은, 진보된 산업국가를 떠나 중동, 아시아, 아프리카 같은 다른 사회구조의 제도들을 검토하는 경제학자, 정치학자, 사회학자라면 분명히 깨닫는다. '자기 나라'에 관한 연구에서는 역사에 무의식적으로 들어가버리는 경우가 종종 있는데, 이는 그가 사용하는 개념들로 역사에 관한 지식이 구현되기 때문이다. 좀더 넓은 시야로 그 사회를 파악하고 비교하면 역사적 요인을 단지 '일반적인 배경'으로서가 아니라 이해하려는 대상 그 자체에 내재하는 고유한 요인으로 인식하게 된다.

현대에 이르러 서구 사회의 문제는 거의 불가피하게 세계의 문제가 되었다. 한 시대에 공존하는 여러 사회 세계가 이처럼 급속하고 명백하게 상호작용하는 것이 우리 시대의 결정적인 특징 중 하나이다. 따라서 현대의 연구는 이들 세계와 그들의 상호작용에 대한 비교 검토가 되어야 한다. 종래에는 인류학자 고유의 연구 분야였던 세계의 '저개발국' 문제를 이제는 경제학자, 정치학자, 사회학자 모두가 연구 대상으로 삼는 이유도 여기에 있다. 또 현재 이루어지는 최고의 사회학 연구가 세계의 모든 지역에 대한 연구인 것도 그 때문이다.

비교 연구와 역사적 연구는 서로 깊은 관계를 맺고 있다. 평면적이고 시간 개념이 배제된 비교를 통해서는 현대 세계의 저개발국가, 공산주의국가, 자본주의국가의 정치·경제를 이해할 수 없다. 분석의 시간적 범위를 확장시켜야 한다. 현재 우리에게 주어진 비교 가능한 사실들을 이해하고 설명하기 위해서는 발달과 미발달의 정도와 방향에 대한 역사적인 국면과 역사적인 이유를 파악해야 한다. 예를 들어, 서구인들이 16, 17세기에 북미와 오스트레일리아에 건설한 식민지는 산업자본주의 사회로 발전한 반면에 인도, 라틴 아메리카, 아프리카의 식민지는 20세기에 이르기까지 빈곤한 농업국가로 저개발 상태에 머물러 있는 이유를 알아야 한다.

그리하여 역사적인 관점은 사회에 대한 비교 연구를 유도한다. 우리는 현대 서구 국가가 이미 지나온 단계나 현재의 상태를 그 국가만의 역사를 통해서는 이해하고 설명할 수 없다. 그렇다고 단지 그 국가가 역사적 현실 속에서 다른 사회들의 발전과 상호작용했다는 점만을 말하려는 것은 아니다. 내가 말하고자 하는 것은 한 사회를 다른 사회와 비교·대비하여 이해해야만 그 사회구조의 역사적·사회학적 문제를 정립할 수 있다는 것이다.

(4) 우리의 작업이 명백한 비교 연구가 아닐지라도, 한 국가의 사회구조 가운데 어떤 한정된 영역을 연구하더라도 역사적 자료는 필요하다. 우리는 쓸데없이 사회 현실을 호도하는 추상 행위에 의해서만 순간적인 한 시점을 고정시킬 수 있다. 물론 이러한 정태적인 스케치나 조감도를 구성할 수는 있겠지만, 그런 구성으로 연구를 마칠 수는 없다. 우리가 연구하고 있는 것이 잘 변화한다는 점을 인식하면서, 현저한 경향이 무엇인가 하는 물음을 가장 단순한 서술 수준에서 제기해야 한다. 이에 답하

기 위해서는 최소한 '무엇으로부터'(from what)와 '무엇으로'(to what)를 분명히 해야 한다.

변화의 경향에 대한 서술은 극히 단기적일 수도 있고, 혹은 시대적인 전망일 수도 있다. 이는 물론 연구 목적에 따라 달라질 것이다. 그러나 연구 규모가 어떻든 일반적으로 장기적인 경향에 대한 분석이 필요하다. "현재는 일종의 자율적인 창조물이다"라는 가정에 내재한 역사적 편협성을 극복하기 위해서 장기적인 조망이 필요하다.

현대 사회구조의 동태적인 변화를 이해하려면 변화의 장기적인 발달 과정을 파악한 후, 어떠한 메커니즘을 통해 그러한 발달이 일어나고 사회구조가 변하는가를 질문해야 한다. 그러한 문제 제기를 통하여 경향에 대한 우리의 관심은 최고점에 달한다. 그 최고점은 한 시대에서 다음 시대로의 역사적 변천과 한 시대의 구조와 관련된다.

사회과학자는 현 시대의 성격을 이해하고, 그 구조를 해명하고, 그 내부에서 작용하는 주요 세력을 식별해내려고 한다. 적당히 정의를 내리자면, 각 시대는 고유한 역사 형성의 역학 관계를 보여주는 '명료한 연구 영역'이다. 예를 들어, 역사 형성에서 권력 엘리트의 역할은 정책 결정의 제도적 수단이 얼마나 집중되어 있느냐에 따라 달라진다.

'근대 시대'의 구조와 역학, 그리고 그것이 지니는 독자적이고 본질적인 특징에 대한 관념은 종종 인정받지는 듯해도 사회과학에서 중요한 의미를 지닌다. 정치학자는 근대국가를, 경제학자는 근대 자본주의를 연구한다. 사회학자는 ― 특히 마르크스주의와의 변증법에서 ― 많은 문제를 '근대의 특징'이라는 관점에서 설정하며, 인류학자는 미개 사회 연구에서 근대 세계에 대한 그들의 감각을 응용한다. 근대 사회과학 ― 사회학은 물론 정치학과 경제학에서도 ― 의 대부분의 고전적인 문제들은 한 가지 구체적인 역사 해석, 즉 봉건 시대와 대비되는 근대 서구 도시 산업 사회의 생성, 구조, 형태에 관한 해석과 관련된다.

사회과학에서 가장 일반적으로 사용되는 대부분의 개념은 봉건 시대의 농촌 공동체로부터 근대 도시 사회로의 역사적인 변화와 관련된 것들이다. 예를 들어, 메인(Maine)의 '신분'과 '계약', 퇴니스(Tönnies)의 '공동 사회'와 '이익 사회', 베버의 '신분과 계급', 생시몽(St. Simon)의 '3단계', 스펜서(Spencer)의 '군사형'과 '산업형', 파레토(Pareto)의 '엘리트의 순환', 쿨리(Cooley)의 '일차 집단'과 '이차 집단', 뒤르켐의 '기계적'과 '유기적', 레드필드(Redfield)의 '민속'과 '도시', 베커(Becker)의 '성'(聖)과 '속'(俗), 라스웰의 '계약 사회'와 '요새국가' 등등의 개념은 얼마나 일반적으로 사용되든 간에 모두 역사적인 근거를 갖고 있다. 역사적으로 연구하지 않는다고 스스로 믿는 사람들조차도 일반적으로 이러한 용어를 사용함으로써 역사적인 경향에 대한 관념과 시대 감각을 드러낸다.

사회과학자들의 '경향'에 대한 표준적인 관심은 '근대'의 형태와 동태에 대한, 그리고 근대 위기의 성격에 대한 민감함 측면에서 이해해야 한다. 우리는 사건의 배후에서 그것의 의미를 해명하려는 시도로 경향을 연구한다. 이러한 연구에서 우리는 종종 지금보다 약간 앞선 경향에 초점을 맞추며, 보다 중요하게는 모든 경향을 시대 전체 구조의 동적인 요소들로 한꺼번에 파악하려 한다. 물론 한 가지 경향을 따로 떼어내어 인식하는 것이 모든 경향을 종합적으로 관찰하는 것보다 지적으로도 쉬우며 정치적으로도 훨씬 현명하다. 철저한 경험주의자들은 처음에는 이것에 대해 다음에는 저것에 대해 균형 잡힌 짤막한 글들을 쓰면서, '전체를 보려는' 시도를 '극단적인 과장'으로 생각한다.

물론 '전체를 보려는' 시도에는 많은 지적인 위험이 있다. 한 가지 사실을 두고도 어떤 사람은 전체를 보고 다른 사람은 단지 부분을 본다. 따라서 종합적인 안목의 결여 때문에 전체를 보려는 시도는 서술상의 필요에 의해 위축되기도 한다. 그러한 시도는 물론 편향성을 띨 수도 있지만,

나는 정밀하게 이해해야 할 미세한 현상을 전체와는 아무런 관계없이 선택하는 것이 더 편향적이라고 생각한다. 왜냐하면 그러한 선택은 자의적일 수밖에 없기 때문이다. 역사 지향적인 연구에서도 '예측'(pre-diction)과 '기술'(description)은 혼동되기 쉽다. 이 둘은 확연히 구별되지 않으며, 또 그것들만이 경향을 관찰할 수 있는 유일한 방법도 아니다. "우리는 어디로 가는가?"라는 문제에 답하려는 노력을 통해서 경향을 고찰할 수 있으며, 이것이 사회과학자들이 흔히 시도하는 일이다. 그렇게 함으로써 우리는 역사 속으로 도피하기보다는 역사를 연구하고, 그저 '저널리즘'에 빠지지 않고 현대의 경향에 주의를 기울이며, 그저 예언적이지만은 않게 경향의 미래를 측정하려고 한다. 이 모든 것은 쉬운 일이 아니다. 우리가 역사적인 자료를 다루고 있고, 또 역사적인 자료는 급격히 변화하며, 그 반대 경향도 있다는 것을 잊어서는 안 된다. 그리고 항상 특수한 경향이 역사 전체에 대해 갖는 의미를 밝히는 데 필요한 일반성과 현재의 특수성이 서로 균형을 이루도록 해야 한다. 그러나 무엇보다도 사회과학자는 여러 주요 경향을, 산발적으로 나타나 새로운 것을 창출하지 못하며 사실상 종합되지 않는 사태로서가 아니라, 한꺼번에 구조적으로 파악하려고 한다. 이것은 경향에 대한 연구가 한 시대를 이해하는 데 적합함을 인정하고 역사적인 자료의 충분하고 능숙한 이용을 요구하는 목표이다.

3

오늘날 사회과학은 본격적이라기보다는 단지 의례적으로 '역사를 이용'하는 경우가 흔하다. 내가 여기서 말하는 것은 현대 사회에 관한 연구의 서언(序言)으로 붙는 '역사적 배경의 약술'이라는 지루하고 보잘것없는 삽입구와 '역사적 설명의 제시'라는 임시 절차이다. 한 사회의 과거에만 근거한 설명은 적합하지 않다. 이에 대해서는 다음의 세 가지 점을 지적해야 한다.

첫째, 우리가 역사를 연구하는 것이 역사를 제거하기 위해서라는 점을 인정해야 한다. 다시 말해서, 흔히 역사적 설명이라고 하는 것들은 설명해야 하는 것의 일부로 받아들여야 한다는 것이다. 우리는 어떤 현상을 '과거로부터의 지속'으로 '설명'하기보다는, '그것이 왜 지속되어왔는가'를 의문시해야 한다. 무엇을 연구하든 그것이 밟아온 단계에 따라 그 해답이 다르다는 것을 알게 될 것이다. 우리는 각 단계에서 그 현상이 어떤 역할을 했으며, 그것이 어떻게, 그리고 왜 다음 단계로 넘어갔는가를 밝혀야 한다.

둘째, 나는 현대 사회에 대한 연구에서 우선 현대 사회의 특징을 현재의 기능 측면에서 설명하려는 시도는 매우 적절하다고 생각한다. 이는 현대의 특징을 찾아내고, 그것을 현대 상황의 전체적인 특징의 일부분으로 혹은 다른 특징의 결과로 고찰한다는 의미이다. 그저 특징을 규정하고, 그 범위를 명확히 정하고, 그 구성 부분을 보다 특정화시키기 위해서라면 다소 좁은—물론 역사적인—범위에서 시작하는 것이 가장 좋다.

신프로이트 학파에 속하는 몇몇 학자들—가장 분명한 예는 캐런 호니(Karen Horney)이다—은 성인 문제를 연구하는 데 그와 비슷한 절차를 이용하고 있다. 즉, 인간성의 현대적인 특징이나 그 성격의 배경을 먼저 규명한 후에 발생적·전기적 원인으로 되돌아가는 것이다. 인류학의 기능주의학파와 역사학파 사이에는 물론 이러한 문제를 둘러싼 고전적인 논쟁이 일어났다. 그 이유 중의 하나는 '역사적 설명'이 '제도란 장기간에 걸쳐 발전되어왔으므로 급격히 변혁될 수 없다'는 보수적인 이데올로기가 되는 경우가 허다하기 때문이다. 또 한 가지 이유는 역사 의식이 "제도란 결국 일시적인 것이므로 이들 특수한 제도들은 인간에게 영원하거나 '자연적인' 것이 아니며, 그들 역시 변할 것이다"라는 일종의 급진적인 이데올로기의 근거가 되는 경우가 흔하기 때문이다. 이들 두 관점은 모두 역사적 결정론 또는 필연론에 근거하며, 그 결정론은 고요한 정지 상태로, 그리고 역사의 성격과 형성 과정에 대한 잘못된 개념으로 쉽게 오도되고 만다. 나는 힘들게 획득한 역사 감각을 침묵시키고 싶지는 않다. 그렇다고 해서 역사적 숙명론을 보수적이거나 급진적으로 이용해서 나의 설명 방식을 지지하고 싶지도 않다. 앞으로 설명하겠지만, 나는 '운명'을 보편적인 역사 범주로 인정하지 않는다.

내 마지막 요점은 훨씬 더 논쟁적이지만, 그것이 사실이라면 극히 중요하다. 나는 시대와 사회를 이해하는 데 직접 '역사적 요인'에 준거할 필요가 있느냐 없느냐는 각 시대와 사회에 따라 다르다고 생각한다. 특정 시대, 특정 사회의 역사적 성격을 이해하는 데는 '역사적 과거'가 간접적으로만 연관된다.

물론 수세기에 걸쳐 빈곤과 전통과 질병과 무지의 악순환에 빠져 있는 정체 사회를 이해하기 위해서는 그 역사적 기반과 그 자체의 역사에 있는 가공할 정체 상태의 지속적인 역사적 메커니즘을 연구해야 할 것이다. 그 악순환과 각 단계의 역학을 설명하기 위해서는 아주 심도 깊은 역사적 분석이 필요하다. 여기서 설명해야 하는 것은 무엇보다도 전체 순환 과정의 메커니즘이다.

그러나 오늘날의 미국이나 북서 유럽 국가들, 오스트레일리아 등은 역사의 엄격한 순환에 구속받지 않는다. 거기에서는 이븐 할둔(Ibn Khaldoun)3)의 황량한 세계에서와 같은 순환이 작용하지 않는다. 그러한

---

3) Muhsin Mahdi, *Ibn Khaldoun's Philosophy of History*, London, George Allen & Unwin, 1957; *Historical Essays*, London, Macmillan, 1957(H. R. 트레버 로퍼의 의미심장한 논평이 실려 있다)을 보라.

관점에서 미국 등을 이해하려는 시도는 모두 실패했으며, 그것은 실제로 초역사적인 헛소리가 되어버리는 경향이 있다.

간단히 말해서 역사의 '타당성' 그 자체는 역사적 특수성의 원리에 따른다. '모든 것은 과거로부터 나온다'라고 분명히 말할 수 있지만, 여기서 문제가 되는 것은 바로 '과거로부터 나온다' 라는 말의 의미이다. 세상에는 전혀 새로운 것도 존재한다. 즉, '역사'는 '반복되기도' 하고 '반복되지 않기도' 한다는 애기이다. 그것은 우리가 연구하는 그 역사의 사회구조와 시대에 좌우된다.4)

이 사회학적 원칙이 미국에도 적용 가능하며, 이 시대의 미국 사회가 다른 사회와 시대에 비해 역사적인 설명이 적절하지 않다는 사실은 미국 사회과학의 몇 가지 중요한 특징을 이해하는 데 도움이 된다. 그 특징이란 다음과 같다. (1) 현대 서구 사회, 더 좁게는 미국 사회에만 몰두하는 많은 사회과학자들은 왜 그들의 연구에 역사적 연구가 적절하지 않다고 생각하는가? (2) 왜 오늘날 몇몇 역사가들은 '과학적 역사'를 무모할 정도로 강력히 주장하면서 그 연구에 극히 형식적이고 몰역사적이기까지

---

4) 이를 보충하는 근거로는 노동사(勞動史)의 유형에 관한 월터 갤런슨(Walter Galenson)의 탁월한 설명이 있다. "…… 오래된 토지 경작에 의한 한계 수입은 중요한 새로운 원료가 없으면 감소하게 마련이다. 그러나 이것이 보다 최근의 사건에 집중하는 데 대한 유일한 정당화가 될 수 없다. 현대의 노동 운동은 30년 전의 노동 운동과는 질적으로 양적으로 다르다. 1930년대 이전의 노동 운동은 분파적인 성격을 띠었고, 노동 운동의 성격을 결정하는 것은 경제적인 요인이 아니었으며, 노동 운동은 국가 정책보다는 조합 내의 좁은 문제에 관심이 있었다." (Walter Galenson, 'Reflections on the Writing of Labor History', *Industrial and Labor Relations Review*, October, 1957.) 인류학과 연관해서, '기능적인' 설명과 '역사적인' 설명 간의 논쟁은 오랫동안 계속되어왔다. 대개 인류학자들은 자신들이 검토하는 '문화'의 역사에 대해서 아무것도 찾아내지 못해 어쩔 수 없이 기능적인 역할을 한다. 실제로 그들은 한 사회의 여러 구성 요소 간의 의미 있는 상관 관계 속에서 설명을 추구하면서, 현재로 현재를 설명해야 한다. 이에 관련된 논의에 관해서는 Ernest Gellner, 'Time and Theory in Social Anthropology,' *Mind*, April, 1958을 보라.

한 기술(技術)을 사용하는가? (3) 왜 다른 역사가들은, 특히 일요일 신문 부록에서, 역사는 허튼 소리에 불과하며 자유주의적이든 보수주의적이든 현대의 이데올로기적 목적을 위해 과거에 대한 신화를 창조하는 것에 불과하다는 인상을 주는가? 미국의 과거는 실로 행복한 이미지를 위한 멋진 원천이다. 그리고 많은 역사학의 현대적 부적절함에 대한 내 생각이 옳다면 그 사실 자체가 역사의 그러한 이데올로기적 이용을 극히 용이하게 만든다.

물론 사회과학의 과제와 약속에 대한 역사적인 연구의 관련성이 '미국형' 사회구조의 '역사적 설명'에만 국한되는 것은 아니다. 그뿐 아니라 역사적 설명의 다양한 관련성이라는 관념 자체가 역사적인 발상이며, 역사적 근거에 입각해서 논의하고 검토해야 한다. 이런 유형의 현대 사회에 대해서까지도 역사의 비관련성을 강력히 주장할 수 있다. 어떤 사회에 특정 역사 단계가 '결여' 되어 있음을 알려면 비교 연구를 해야 한다. 그리고 그것은 그 사회의 현대 형태를 이해하는 데 극히 본질적이다. 봉건 시대의 결여는 계급구조의 결여 혹은 '계급 의식의 결여'와 자주 혼동되어온 엘리트의 성격이나 지위의 극단적인 유동성 같은 미국 사회가 지닌 여러 특징의 본질적인 조건이다. 사회과학자는 '개념'과 기술이라는 부당한 형식화로 역사로부터의 도피를 시도할 수 있으며, 실제로 많은 이들이 그렇게 하고 있다. 그러나 이를 위해서는 역사나 사회의 성격에 대해 유익하지도 않고 진실하지도 않은 가정을 해야 한다. 이 같은 역사로부터의 도피—나는 이 단어를 조심스럽게 선택한다—는 한 사회의 현대적 특징을 정확하게 이해하는 것을 불가능하게 한다. 이 '현대적 특징'이란 역사적 특수성이라는 사회학적 원리에 의해서만 이해할 수 있는 역사적 구조를 말한다.

4

　　사회심리학이나 역사심리학의 문제는 여러 의미에서 우리가 오늘날 연구할 수 있는 가장 흥미로운 문제이다. 이 영역이야말로 현대, 특히 서구 문명의 주요한 지적 전통이 가장 극적으로 합류되는 지점이다. '인간성의 본질'—계몽사상에서 이어져 내려온 인간의 근원적인 이미지—이 전체주의국가의 발흥에 의해, 민족적 상대주의에 의해, 인간에 잠재해 있는 거대한 비합리성의 발견에 의해, 또 인간이 역사적으로 변형되는 속도에 의해 우리 시대에 의문시되는 것은 바로 이 영역에서이다.

　　우리는 일상 생활의 환경이 형성되는 역사적 구조를 고려하지 않고는 개인의 일생이나 다양한 인간 유형을 이해할 수 없음을 알고 있다. 역사적 변화는 개인의 생활 방식뿐 아니라 성격 자체—인간의 한계와 가능성—에도 의미가 있다. 역동적 국민국가는 역사 형성의 단위인 동시에 인간 유형이 도태·형성되고, 해방·억압되는 단위, 즉 인간 형성의 단위이다. 그래서 민족 간의, 그리고 국가 연합 간의 투쟁은 중동, 인도, 중국, 미국에서 누가 지배적인 인간 유형이 될 것인가에 대한 투쟁이다. 그것은 또한 왜 문화와 정치가 그처럼 긴밀하게 관련되는지, 그리고 왜 사회학적 상상력이 그토록 필요한지를 설명해준다. 왜냐하면 우리는 인간을 고립된 생물, 반사적인 존재 또는 본능의 집합, '이해 가능한 영역' 또는 한 체계로 올바르게 이해할 수 없기 때문이다. 어떤 존재든 간에 인간은 사회구조 및 역사구조와 밀접하고도 복잡한 상호작용을 하는 존재로 이해해야 하는 사회적·역사적 행위자이다.

　　물론 '심리학'과 '사회과학'의 관계에 대한 논의는 끝날 수 없다. 이제까지 이루어진 논의의 대부분은 '개인'과 '집단'에 관한 다양한 개념을 통합하려는 형식적인 시도였다. 물론 누군가는 이러한 논의를 어떤 방식으로든 유용하게 쓸 수 있을 것이다. 다행히 사회과학의 범주를 규정하려는 우리의 시도에 그러한 논의가 반드시 필요한 것은 아니다. 심리학자가 그들의 연구 분야를 어떻게 규정하든 경제학자, 사회학자, 정치학자, 인류학자, 역사가는 인간 사회를 연구하면서 '인간성'에 대해 가정해야 한다. 이러한 가정은 일반적으로 두 학문의 경계에 있는 '사회심리학'이라는 학문에서 쓰인다.

이 분야에 대한 관심이 높아진 것은, 역사학과 마찬가지로 심리학이 사회과학을 연구하는 데 아주 기초적인 것이어서 심리학자가 사회과학적인 문제에 주의를 기울이지 않으면 사회과학자 자신이 심리학자가 되어버리기 때문이다. 가장 형식화된 사회과학자인 경제학자는 쾌락주의적이고 타산적인 예전의 '경제인'이 더 이상 경제 제도에 대한 연구의 심리학적 기초로 가정될 수 없음을 깨달았다. 인류학에서는 '인격과 문화'에 관심이 집중되고 있으며, 심리학과 사회학에서는 이제 '사회심리학'이 분주한 연구 분야이다.

이러한 지적 발전에 대응해 심리학자들은 '사회심리학'의 여러 연구를 하거나, 심리학을 명백한 사회적 요인과 관계 없는 연구 분야로 재규정하려고 여러 방법을 시도하거나, 인간생리학에 연구 활동을 국한시켰다. 그렇지만 나는 여기서 몹시 분열된 분야인 심리학 내부의 전공 부문을 검토하고 싶지는 않으며, 더욱이 그것을 평가할 생각은 추호도 없다.

학구적인 심리학자들이 명백히 논의하지는 않았지만, 그럼에도 불구하고 그들에게, 그리고 우리의 정신 생활 전체에 영향을 미친 심리학적 성찰의 한 양식이 있다. 정신분석학, 특히 프로이트의 연구에서 인간성의 본질에 관한 문제는 가장 광범위한 의미로 설명된다. 간단히 말해서, 지난 세대 동안 덜 완고한 정신분석학자와 그들의 영향을 받은 사람들이 두 단계의 진척을 이루어냈다.

첫째, 개인 유기체의 생리학을 넘어, 그토록 경이로운 멜로드라마가 발생하는 소규모 가족 집단에 관한 연구가 시작되었다. 프로이트는 예상치 못했던 관점, 즉 의학적 관점에서 양친 가족 내의 개인에 대한 분석을 발견했다. 물론 개인에 대한 가족의 '영향'은 그전에도 인지되었지만, 새로운 점은 프로이트의 관점에서는 하나의 사회 제도로서 가족이 개인의 내적 성격과 운명에 내재해 있다는 사실이다.

둘째, 정신분석학자의 눈에 비친 사회적 요소가 특히 초자아(super-ego)에 대한 사회학적 연구에 의해 크게 확대되었다. 미국에서는 정신분석학적 전통에 그 기원이 전혀 다른 것이 결합되었다. 이것은 조지 미드(George H. Mead)의 사회행태주의에서 일찍이 꽃을 피웠지만, 그후로는 제약 혹은 망설임이 시작되었다. 이제는 '개인 간 관계'라는 소규모의 설정이 분명해졌다. 그러나 이들 관계 자체, 따라서 개인 자체가 처한 더 폭넓은 전후 관계는 발견되지 않았다. 물론 에리히 프롬 같은 예외도 있다. 프롬은 경제 제도와 종교 제도를 서로 관련시켜 인간 유형에 대한 그 의미를 추적했다. 전반적으로 망설이는 이유는 분석가의 사회적 역할이 제한되어 있기 때문이다. 분석가의 연구와 관점은 직업상 개인 환자에 얽매여 있다. 그가 쉽게 인식할 수 있는 문제들은 그의 특수한 작업 조건 하에 제한되어 있다. 불행히도 정신분석은 확고하고 중요한 학구적 연구로 자리잡지 못했다.[5]

정신분석학 연구의 다음 단계는 프로이트가 훌륭하게 시작한 친족 제도에 관한 연구 방법을 다른 제도 영역에 충분히 적용하는 것이다. 여기

---

[5] '개인 간 관계'를 찬미하는 경향의 또 다른 주요 이유는, 인간의 심층에 있는 사회적인 것의 상당 부분이 인식되고 주장되는 관점인 '문화'라는 용어의 막연한 성질과 한계이다. 사회구조와 대조적으로 '문화' 개념은 사회과학에서 가장 막연한 용어이다. 바로 이 이유 때문에 전문가들에게는 극히 유용하지만 말이다. 실제에서 '문화'라는 개념은 사회구조라는 적절한 개념보다는 사회 환경과 '전통'을 막연히 의미한다.

서 필요한 것은 제도적 질서의 한 구성체로서의 사회구조라는 개념이다. 우리는 그 제도적 질서를 프로이트가 친족 제도를 연구했듯이 심리학적으로 연구해야 한다. 우리는 이미 정신의학—'개인 간'의 관계에 대한 실제적인 치료—에서 몹시 까다롭고 중요한 논점에 대한 문제, 즉 가치와 규범의 근원을 개인 자신의 가상적 욕구에서 찾으려는 경향에 대한 문제를 제기했다. 그러나 개인의 본성 자체를 사회적 현실에 면밀히 관련짓지 않고는 이해할 수 없다면, 우리는 그것을 그와 같은 관련하에서 분석해야 한다. 이러한 분석에는 전기적인 통일체로서의 개인을 다양한 개인 간 환경 내에서 파악하고, 이러한 환경을 그것이 형성하는 사회구조 내에서 파악하는 일이 포함된다.

5

이제 사회심리학 전체뿐만 아니라 정신분석학의 발전에 기초하여 사회과학의 심리학적 관심을 간단히 요약할 수 있다. 나는 여기서 가장 효과적인 착상 또는 적어도 연구 작업중인 사회과학자에게 적합한 전제로 여겨지는 몇 가지 명제만을 제시하고자 한다.[6]

한 개인의 생활은 그의 일생을 형성하는 제도와 관련시키지 않고는 올바로 이해할 수 없다. 왜냐하면 개인의 일생은 여러 역할의 획득, 포기, 수정, 그리고 아주 은밀한 방식의 역할 전환으로 이루어지기 때문이다. 한 개인은 가족 내에서는 자식이고, 어린이 집단에서는 동무이며, 또 때

---

[6] 여기에 제시된 관점에 대한 상세한 논의로는 H. H. Gerth & C. W. Mills, *Character and Social Structure*, New York, Harcourt, Brace, 1953을 참조하라.

로는 학생, 노동자, 작업장의 조장, 장군, 어머니 등 여러 역할을 한다. 대부분의 인간 생활은 특정 제도 내에서의 이러한 역할 수행으로 이루어진다. 한 개인의 일생을 이해하기 위해서는 그가 과거에 행한, 그리고 현재 행하는 역할의 의미와 중요성을 이해해야 한다. 또 그러한 역할을 이해하기 위해서는 그 역할들로 이루어진 제도를 이해해야 한다.

그러나 인간을 사회적 피조물로 보는 관점을 취하면 일련의 사회적 역할로서의 외부적 일생보다 더 깊이 파고 들어갈 수 있다. 그런 관점을 갖기 위해서는 가장 내면적이고 '심리학적인' 인간의 특성, 특히 자아상(self-image)과 양심과 정신적인 성장에 대한 이해가 필요하다. 현대 심리학과 사회과학의 가장 근본적인 발견은 인간의 그 많은 내면적 특징들이 어떻게 사회적으로 유형화되고, 심지어 주입되는가에 관한 발견이다. 공포, 증오, 사랑, 분노와 같은 감정은 신경갑상선 조직의 넓은 범위 내에서, 그것들이 경험되고 표현되는 사회 생활과 사회적 맥락과의 긴밀하고 지속적인 관련 속에서 이해해야 한다. 자연계에 대한 감각, 색깔, 냄새, 소음 등은 감각 기관의 넓은 생리학적 범위 내에서 사회적으로 유형화되고 사회적으로 한계가 정해진다. 인간의 동기, 심지어 여러 유형의 인간이 그 동기를 인식하는 정도까지도 그 사회에 지배적인 동기에 대한 용어, 사회 변화, 그리고 그런 용어들 사이의 혼란이라는 측면에서 이해해야 한다.

개인의 일생과 성격은 환경 측면으로는 이해할 수 없으며, 또 유아 시절이나 어린 시절의 초기 환경만으로도 완전히 이해할 수 없다. 그것을 제대로 이해하기 위해서는 이들 환경과 보다 큰 구조적인 체계의 상호작용을 파악하고, 그 체계의 변화와 이 변화가 역사적 환경에 미친 중대한 영향을 고려해야 한다. 좀더 개인적인 생활과 경험에 영향을 미치는 사회구조와 구조적 변화를 이해하면, 특정 상황에 매몰된 인간이 스스로 의식하지 못하는 개인 행동이나 감정의 근원을 이해할 수 있다. 어떤 유형의 인간에 대한 개념의 타당성 여부는 그 유형의 개인들이 그것을 자신의 자아상과 일치하는 것으로 기꺼이 받아들이느냐에 따라 결정될 수는 없다. 그들은 제약된 환경에서 살기 때문에 그들이 처한 상황의 원인과 그들 자신의 한계를 모두 알 것이라고는 기대하지 않으며, 또 기대할 수도 없다. 자기 자신에 대해, 그리고 자신의 사회적 위치에 대해 진정으로 올바른 견해를 가지고 있는 사람은 극히 드물다. 몇몇 사회과학자들의 방식대로 행해지는 그 역(逆)의 가정은 18세기 심리학자들이라도 인정하지 않을 어느 정도의 합리적인 자의식과 자기 인식을 가정하는 것이다. '청교도적 인간'과 그의 동기, 그리고 종교 제도와 경제 제도 내에서의 그의 기능에 대한 베버의 관점을 취함으로써 우리는 베버 자신보다도 베버를 더 잘 이해할 수 있다. 베버는 구조라는 관념을 사용하여 그 자신과 그의 환경에 대한 '개인적인' 인식을 초월할 수 있었다.

초기 경험의 관련성, 즉 성인기 성격의 심리학에서 유아기의 '중요성'은 여러 사회에 지배적인 유아기의 유형과 사회적 일생의 유형에 따라 다르다. 예를 들면, 한 개인이 인격을 형성하는 데 '아버지'가 하는 역할은 특정한 가족 유형의 한계 내에서, 그리고 사회구조 내에서 가족이 차지하는 위치의 관점에서 설명해야 한다.

사회구조의 관념은 특정 개인들의 집합이나 환경에 대한 그들의 반응에 관한 사실이나 관념만으로는 형성될 수 없다. 사회적·역사적 사건을 '개인'에 대한 심리학 이론에 근거하여 설명하려는 시도는, 사회란 단지 개인들의 커다란 집합에 불과하며 따라서 우리가 이들 '원자'를 모두 알면 어떤 방법으로든 그 정보를 종합하여 사회를 알 수 있다는 가정에 근거한다. 그것은 유용한 가정이 못 된다. 사실 개인을 사회적으로 고립된 존재로 보는 심리학적 연구로는 '개인'에 대한 가장 본질적인 것조차도 파악할 수 없다. 모델의 추상적인 설정—물론 유용할지 모르지만—을 통해서만 경제학자는 '경제인'을 가정할 수 있고, 가족 생활을 다루는 정신의학자(실제로 모든 정신의학자가 이 사회 영역의 전문가지만)는 고전적인 오이디푸스적 인간(오이디푸스가 자기 아버지를 몰라 죽인 후, 어머니를 아내로 삼았다는 그리스 신화 참조—옮긴이 주)을 가정할 수 있다. 왜냐하면 경제적 역할과 정치적 역할의 구조적인 관계뿐만 아니라, 빅토리아 시대의 부성(父性) 이후로 가족 내에서의 역할과 현대 사회 내의 한 제도로서의 가족의 위치에 일어난 큰 변화 또한 개인의 경제적 행위를 이해하는 데 결정적이기 때문이다.

역사적 특수성의 원리는 사회과학뿐 아니라 심리학에도 적용된다. 인간의 내면 생활의 극히 내밀한 특징까지도 특정 역사적 맥락 속에서 문제로 가장 잘 설정될 수 있다. 인류 역사에 나타난 폭넓은 인간의 다양성을 잠깐만 숙고해보아도 이것이야말로 전적으로 합리적인 가정이라는 것을 깨달을 수 있다. 사회과학자뿐만 아니라 심리학자도 논문을 완성하기 전에 그 주제가 '인간'임을 분명히 인식하고 있어야 한다.

우리가 알고 있는 어떤 '기본적인' 심리학도, '본능'에 관한 어떤 이론도, '근본적인 인간성'에 대한 어떤 원칙도 엄청나게 다양한 인간 유형과 개개인을 설명하지 못할 정도로 인간은 다양하다. 인간 생활의 사회·역사적 현실에 내재한 것과 별개로 인간에 대해 할 수 있는 주장이 있다면, 그것은 단지 인간의 잠재력과 생물학적 한계에 대한 언급일 뿐이다. 그러나 이러한 한계 속에서, 그리고 이러한 잠재력으로부터 여러 인간 유형의 거대한 전경이 펼쳐진다. 이 전경을 '근본적인 인간성'의 이론으로 설명하려는 시도는 인류의 역사 그 자체를 '인간성'에 관한 '개념'이라는 빈약하고 조그만 새장 안에 가두는 일이다. 이러한 시도는 때때로 미로 속에 갇힌 생쥐에 대한 엄밀하면서도 타당성 없는 보잘것없는 연구로부터 이루어진다.

바르칭과 그라프는 다음과 같이 지적했다. "킨제이(Kinsey) 박사의 유명한 저서인 『남성의 성행위』(*Sexual Behavior in the Human Male*)는 숨겨진—이 경우에는 잘못된—가정을 보여주는 가장 좋은 예이다. 이 책은 남성 일반이 아니라 20세기 중엽의 미국 남성에 대한 책이다. ⋯⋯ 인간성이라는 개념이야말로 사회과학의 가정이고, 그것을 그 보고서의 주제로 삼는 것은 근본적인 질문을 제기하는 것이다. 극히 변하기 쉬운 '인간 문화' 이외에는 아무것도 없다."7)

인간으로서의 인간에 공통적인 어떤 '인간성'의 개념은 인간 연구의 주의 깊은 작업에 필요한 사회적·역사적 특수성을 위배한다. 최소한 그 개념은 사회과학도가 그럴 권리도 없이 행하는 추상화에 지나지 않는다. 사실 우리는 인간에 대해서 잘 모르며, 또 우리가 아는 모든 지식은 역사와 개인의 일생에서 드러나는 인간의 다양성을 둘러싸고 있는 신비적인 요소를 완전히 없애지 못한다는 사실을 때때로 상기해야 한다. 가끔 우리는 그러한 신비에 탐닉하고 결국 그 신비의 일부로 느끼고자 원하며, 또 아마 그래야 할 것이다. 그러나 서구인인 우리는 인간의 다양성을 연구하지 않을 수 없으며, 이는 그것을 보는 우리의 관점에서 신비적인 요소를 없앤다는 의미이다. 그 과정에서 우리가 연구하는 것이 무엇인지, 우리가 인간에 대해, 역사에 대해, 개인의 일생에 대해, 또 우리가 피조물인 동시에 창조주인 사회에 대해 얼마나 무지한지 잊지 말자.

---

7) Jacques Barzun & Henry Graff, *The Modern Researcher*, New York, Harcourt, Brace, 1957, pp. 222~223.

제9장 이성과 자유에 대하여
On Reason and Freedom

사회과학자의 역사에 대한 관심은 자신이 살고 있는 시대의 관념에서 절정을 이룬다. 개인의 일생에 대한 관심은 인간의 본성에 대한, 그리고 그것이 역사의 진행에 따른 인간의 변모에 가하는 제약에 대한 관념에서 절정을 이룬다.

  모든 고전적 사회과학자들은 당대의 현저한 특징과 그 시대의 역사 형성 과정, '인간성의 본질'과 그 시대에 보편적이었던 개인의 다양성에 몰두했다. 마르크스, 좀바르트, 베버, 콩트, 스펜서, 뒤르켐, 베블런, 만하임, 슘페터, 미첼스 등은 자기 나름의 방법으로 이 문제들을 다루었다. 하지만 오늘날의 사회과학자들은 그렇지 않다. 20세기 후반에 이르러 이러한 관심은 긴급한 공적(公的) 문제, 지속적인 개인 문제가 되었으며, 인간 연구의 문화적 지향에 매우 중대했다.

1

  오늘날 모든 사람들은 자신이 어디에 서 있고, 어디로 가고 있으며, 역사로서의 현재와 책임으로서의 미래에 대해 할 수 있는 것이 있다면 무엇을 할 수 있는가를 알고 싶어한다. 그러나 이 질문에 대해서는 그 누구도 즉석에서 완전한 답을 제시할 수 없다. 각 시대가 그 나름의 해답을 제시해준다. 그러나 오늘날에는 특히 곤란한 점이 하나 있다. 우리가 한 시대의 끝에 살고 있으며, 이제 우리 스스로 그 해답을 찾아 나서야 한다는 점이다.

우리는 이른바 근대(Modern Age)의 말기에 살고 있다. 고대에 뒤이어 수세기의 동방 전성기―서양인들은 이를 암흑기라 부른다―가 있었듯이, 이제 근대의 뒤를 후기 근대(Post-Modern period)가 잇고 있다. 우리는 그것을 '제4시기'라 부를 수 있을 것이다.

한 시대의 종말과 그에 뒤따르는 다음 시대의 시작은 분명 정의상의 문제이다. 그러나 모든 사회적인 것이 그렇듯이 정의는 역사적 특수성을 띤다. 이제 사회와 자신(self)에 대한 우리의 기본 정의에 새로운 현실이 들이닥치고 있다. 이는 인간이 한 세대라는 제한된 시간 동안에 지진과도 같은 급격한 변화를 겪은 적이 전에는 한 번도 없었음을 의미하는 것만은 아니다. 또 우리가 획기적인 변혁기에 살고 있다고 느끼고 있고, 우리 자신이 점차 접근해가는 듯한 새로운 시대의 윤곽을 파악하기 위해 안간힘을 쓰고 있다는 의미만도 아니다. 내가 말하고자 하는 것은, 우리가 스스로 방향을 설정하려고 노력하면―진실로 노력한다면―예전의 너무나 많은 기대와 이미지가 결국 역사적으로 구속되어 있음을 알게 된다는 것이다. 또 표준적인 범주의 사과 감정이 우리 주위에서 일어나는 사태를 설명하는 데 도움이 되는 만큼 우리를 혼란스럽게도 한다는 것이다. 그리고 우리들의 설명 중 지나치게 많은 부분이 중세에서 근대에 이르는 거대한 역사적 변혁에서 추론되었으며, 활용을 위해 그것이 일반화되면 까다롭고 적절하지 않으며 설득력이 없어진다는 것이다. 내가 여기서 지적하고 싶은 것은 우리의 주요 지향점인 자유주의와 사회주의라는 이데올로기는 이제 우리 자신과 이 세계에 대한 설명으로는 부적절한 것으로 몰락하고 말았다는 사실이다.

 이 두 이데올로기는 모두 계몽주의 사상에서 유래한 것으로 전제와 가치에서 서로 공통점이 많다. 양자 모두 자유의 확대를 위한 주요 조건으로 합리성의 증대를 꼽는다. 이성에 의한 진보라는 해방 사상, 순수한 공리(公利)로서의 과학에 대한 신뢰, 대중 교육에 대한 요구와 민주주의에 대한 대중 교육의 정치적 의미 등등의 계몽 사상은 자유와 이성의 내재적인 관계에 대한 낙관적인 가정에 기초한다. 우리의 사고 방식에 가장 큰 영향을 미친 사상가들은 이러한 가정하에서 연구를 진행했다. 가정은 모든 프로이트류(類)의 연구의 근간을 이루고 있다. 즉, 개인이 자유로워지기 위해서는 보다 이성적인 자각이 필요하다. 그리고 한 개인의 일생에서 이성이 자유롭게 작용할 수 있는 기회를 주기 위해서는 치료가 필요하다. 마르크스주의자들의 주요 연구 방향도 이와 동일한 가정 위에 서 있다. 즉, 비합리적인 무정부 상태의 생산 구조에 사로잡힌 사람들은 자신이 사회 내에서 어떤 위치에 있는지 보다 합리적으로 깨달아야 한다. 그들은 '계급 의식' 을 지녀야 하는데, 이 계급 의식이라는 마르크스적 개념은 벤담이 제기한 용어만큼이나 합리주의적이다.

 자유주의는 자유와 이성이 개인에게 가장 중요하다고 생각했으며, 마르크스주의는 자유와 이성이 개인의 정치사에서의 역할에 중요하다고 생각했다. 근대의 자유주의자와 급진주의자들은 대개 자유로운 개인이 역사와 자신의 일생을 합리적으로 형성할 수 있다고 믿었다.

 그러나 세계에서 일어나는 일들을 보면, 자유와 이성이라는 이념이 현대의 새로운 자본주의 사회와 공산주의 사회에서 어찌하여 그토록 애매모호하게 변해버렸는지, 왜 마르크스주의가 그리도 흔히 관료주의적인 방어와 오용의 장황한 수사학으로 변해버렸는지, 또 왜 자유주의가 사회 현실을 왜곡하는 하찮고 부적절한 방법이 되어버렸는지 분명히 알 수 있다. 현대의 주요 발전은 정치와 문화에 대한 자유주의적 해석이나 마르크스주의적 해석으로는 올바로 이해할 수 없다. 이러한 사고 방식은 현재는 존재하지 않는 사회 유형에 대한 성찰의 지침으로 나타난다. 존 스튜어트 밀은 현대 자본주의 세계에서 나타나는 정치·경제 현상을 검토하지 않았으며, 마르크스 역시 현재의 공산권에서 형성되는 유형의 사회를 분석하지 않았다. 그 두 사람 모두 인구의 70%가 생존 자체를 위해 노력하는 이른바 제3세계 국가들의 문제를 생각하지 못했다. 이제 우리는 우리가 지금까지의 자유주의 및 사회주의적 관념으로는 분석할 수 없는 새로운 사회구조에 직면했다.

'제4시대'의 이데올로기적 특징—근대와 이 시대를 구분하는 특징—은 자유와 이성의 관념이 추상론이 되어버렸고 합리성이 증대한다 해도 자유가 확대되지 않을 것이라는 점이다.

2

인간사에서 이성의 역할과 이성의 소재지(所在地)로서의 자유로운 인간이라는 관념은 20세기 사회과학자들이 계몽주의 철학자들로부터 전수받은 가장 중요한 주제이다. 이성과 자유의 이념이 개인적인 문제를 구체화하고 공적인 문제에 초점을 맞추는 데 여전히 중요한 가치로 작용하려면, 이제 이성과 자유의 이상이 초기 연구가들이나 사상가들의 경우에서보다 더 정밀하고 명확한 방법을 통해 문제로 재규정되어야 한다. 왜냐하면 오늘날 이성과 자유라는 두 가치는 명확하면서도 포착하기 어려운 위험에 처해 있기 때문이다.

기본적인 흐름은 잘 알려져 있다. 합리적이고 거대한 조직—관료 제도—은 확대되었지만, 실질적인 개인의 이성은 거의 증대되지 않았다. 일상적인 생활의 제한된 환경에 사로잡힌 일반인들은 자신의 환경을 지배하는 거대한 사회구조—합리적이든 비합리적이든—를 이성적으로 파악하지 못한다. 따라서 그들은 아무런 목적 의식 없이 겉보기에만 합리적인 듯한 행위를 한다. 정상적인 지위에 있는 사람들, 즉 톨스토이의 작품에 나오는 장군들 같은 사람들 역시 그저 아는 체하는 것이 아닌가 하는 의심이 점점 커져가고 있다. 점점 증대하는 노동 분업 속에서 그러한 조직의 성장은 생활, 노동, 여가의 더 많은 영역을 설정하고, 그 안에서 이성적 사고는 어렵거나 불가능해진다. 예를 들어, 군인들은 자기 행위의 궁극적인 목적 내지는 그 행위가 전체 구조에서 어떤 기능을 하는지 생각하지 않고 그저 기능적인 면에서만 합리적인 행위를 정확히 수행한다.[1] 심지어 기술 면에서 탁월한 지식이 있는 사람들까지도 자기에게 부과된 임무를 그저 능률적으로 수행한 결과 자신이 최초로 원자폭탄을 만들었다는 사실조차 깨닫지 못하기도 한다.

이렇게 볼 때 과학이 기술적인 '제2의 구세주'가 아님은 분명하다. 과학적 기술과 합리성이 사회 내에서 중심적인 위치를 차지한다고 해서 사람들이 신화나 기만, 미신 없이 합리적으로 사는 것은 아니다. 보통 교육은 지성 있고 자율적인 지식인이 아니라 기술적인 백치와 민족주의적 편협성을 초래할지도 모른다. 역사 문화의 대중 보급은 문화적 감수성의 수준을 고양시키는 게 아니라, 그것을 진부하게 만들어버리고 창조적인 혁신 가능성을 철저히 억제할지도 모른다. 관료주의적 합리성과 기술 수준이 높다고 하여 개인 또는 사회의 지적 수준이 높은 것은 아니다. 전자(前者)에서 후자(後者)를 추론할 수는 없다. 왜냐하면 사회적·기술적 혹은 관료주의적 합리성이 이성적 사고를 하려 하는 개인의 의지와 능력의 총합만은 아니기 때문이다. 그러한 의지와 능력을 획득할 수 있는 기회는 오히려 합리성에 의해 감소되는 듯하다. 합리적으로 조직된 사회가

---

[1] Mannheim, *Man and Society*, New York, Harcourt, Brace, 1940, p. 54와 비교하라.

개인이나 사회의 자유 확대를 위해 반드시 필요한 것은 아니다. 사실상 그러한 조직이 이성에 도달할 수 있는 기회와 자유로운 개인으로 활동할 수 있는 능력 자체를 박탈하는 독재와 조종 수단이 되는 경우가 흔하다.

일반인이 인식하는 각 제한된 부분에 영향을 미치는 구조적인 세력을 쉽게 이해할 수 있는 것은 합리적 구조 안의 지배적이거나 전략적인 지위에서뿐이다.

이러한 환경을 형성하는 세력은 그 환경 내에서 발생하지 않으며, 그 세력 안에 잡혀 있는 사람들에 의해 통제되지도 않는다. 게다가 이러한 환경은 자체적으로 점차 합리화되어가고 있다. 공장뿐 아니라 가족도, 노동뿐 아니라 여가도, 국가뿐 아니라 이웃도 기능적으로 합리적인 전체 구조의 일부가 되는 경향이 있으며, 통제 불가능하고 비합리적인 세력에 의해 지배되기도 한다.

사회의 점차적인 합리화, 합리성과 이성 간의 모순, 이성과 자유의 합일이라는 전제의 붕괴 등의 현상이, 합리성이 '있으면서도' 이성은 없고 자아가 합리화되면서도 더욱 불안을 느끼는 인간의 모습 뒤에 있다. 현대의 자유 문제는 이러한 유형의 인간으로 가장 잘 설명되지만, 그러한 경향과 의구심은 흔히 문제로 설정되지 않으며, 더욱이 공적인 문제로 널리 인식되거나 개인적인 문제로 느껴지지 않는다. 현대의 자유와 이성에 관한 문제의 가장 중요한 특징은, 우리가 그 문제의 성격을 인식하지 못하고 또 공식화하지 못하고 있다는 사실이다.

3

개인의 입장에서 보면 많은 일들이 조종, 관리, 맹목적인 표류의 결과인 것처럼 보인다. 권위는 종종 명백히 드러나지 않으며, 권력을 장악하고 있는 사람들은 자신의 권력을 명백히 드러내거나 정당화할 필요를 느끼지 않는다. 때문에 일반인들은 개인적인 문제가 있거나 공적인 문제에 직면했다고 느낄 때 사고와 행동의 목표를 분명히 정하지 못하며, 그래서 막연하나마 자신의 것으로 여겨지는 가치를 위협하는 것이 무엇인지 판단하지 못한다.

이 같은 합리화 경향의 결과가 주어지면, 개인은 '최선을 다한다.' 그는 자신이 처한 상황, 어떠한 출구도 찾을 수 없는 상황에 맞게 자신의 열망과 일을 조절한다. 당연한 순서를 밟아서, 그는 출구를 찾지 않고 적응한다. 노동을 하고 남는 시간에는 오락을 하거나 돈을 쓰거나 '즐긴다'. 하지만 이러한 소비 영역 역시 합리화되고 있다. 그리하여 생산과 노동으로부터 소외된 그는 소비와 순수한 여가로부터도 소외된다. 개인의 이러한 적응과 그것이 그의 환경 및 그 자신에 미치는 영향은 기회의 상실과 이성에 이르는 능력과 의지의 상실을 초래한다. 뿐만 아니라 자유로운 개인으로서 행동할 기회와 능력에도 영향을 미친다. 사실 그는 자유나 이성의 가치, 그 어느 것도 모르는 듯하다.

한동안 그러한 환경에서 생활하고 노동하고 여가를 즐겼다 해도 그렇게 적응한 사람들이 반드시 지적이지 못한 것은 아니다. 카를 만하임은 '자기 합리화'(self rationalization)라는 표현으로 그 점을 분명히 하고 있다. 자기 합리화란 거대하고 합리적인 조직의 국한된 부분에 얽매인 개인이 '조직의 규칙과 관습'에 철저히 동조함으로써 자신의 충동과 욕망, 생활 방식과 사고 방식을 체계적으로 규제하는 것을 의미한다. 따라서 합리적인 조직은 인간을 소외시키는 조직이다. 행위와 성찰, 그리고 감정의 지침 원리들은 종교개혁 당시의 인간의 양심이나 데카르트적 인간의 독립적인 이성, 그 어느 것에도 없다. 그 지침 원리는 역사적으로 개성(individuality)으로 이해해온 모든 것과 맞지 않고 모순된다. 극단적인 경우에 합리성이 증대하고 그 소재(所在)와 통제가 개인에서 대규모 조직으로 옮겨감에 따라 대부분의 인간이 이성에 접근할 기회가 봉쇄되고 만다. 그 결과 이성이 없는 합리성이 존재한다. 그러한 합리성은 자유의 동반자가 아니라 자유의 파괴자이다.

개성의 이상이 문제가 된 것은 그리 놀라운 일이 아니다. 오늘날 쟁점이 되는 것은 인간성 자체, 다시 말해 인간의 한계와 가능성에 대해 우리가 가지고 있는 이미지이다. 역사는 아직 '인간성'의 한계와 의미에 대한 탐구를 끝내지 않았다. 우리는 근대에서 현대로의 인간의 심리적인 변화가 얼마나 심원한지 모른다. 이제 우리는 그 문제를 다음과 같은 궁극적인 형태로 제기해야 한다. 즉, 현대인들 사이에서 이른바 '즐거운 인조인간'(cheerful robot)이 승리하고 번영하기까지 할 것인가?

물론 우리는 인간이 화학적·정신의학적 수단에 의해, 그리고 점진적인 강제와 환경 통제에 의해, 또 환경의 무작위적인 압력과 무계획적인 사태에 의해 인조인간으로 변할 수도 있음을 알고 있다. 그러나 인간이 즐겁고 자발적인 인조인간이 되고 싶어하도록 만들 수 있을까? 인간이 그러한 조건하에서 행복할 수 있을까? 그 행복의 성격과 의미는 무엇일까? 인간 본성의 형이상학으로서 인간다운 인간의 마음속 깊은 곳에 자유에 대한 충동과 이성을 향한 의지가 존재한다고 가정하는 것만으로는 충분하지 않다. 인간성 안의 어떤 것이, 오늘날의 인간 조건 안의 어떤 것이, 다양한 사회구조 안의 어떤 것이 즐거운 인조인간의 도래를 초래하는가? 그리고 그것을 방해하는 것은 무엇인가?

소외된 인간의 출현과 그 배후에 존재하는 모든 주제는 우리의 진지한 지적 생활 전반에 영향을 미치며 직접적인 지적 불쾌감을 야기시킨다. 이것이 현대 인간 조건과 모든 연구의 주요 주제이다. 고전적 전통에 그토록 깊이 내재해 있고 현대 사회과학의 태만에 그토록 깊이 연루되어 있는 개념, 주제, 문제는 없는 듯하다.

이는 마르크스가 '소외'에 대한 초기 저술들에서 뛰어나게 밝힌 바

있고, 게오르크 지멜의 「대도시」(The Metropolis)라는 유명한 논문의 주요 관심사였으며, 그레이엄 월러스(Graham Wallas)가 『거대한 사회』(The Great Society)에서 인식한 바였고, 프롬이 말하는 '자동 조작' 개념의 근저를 이룬다. 이러한 유형의 인간이 우세해지리라는 우려 때문에 '신분과 계약', '공동체와 사회' 같은 고전적 사회학 개념들이 최근 들어 자주 사용되고 있다. 그것은 리스먼의 '타자(他者) 지향'과 화이트의 '사회 윤리' 같은 개념들의 어려운 의미이기도 하다. 그리고 극히 대중적으로 말해서 그러한 인간의 승리―이렇게 말해도 무방하다면―가 바로 조지 오웰의 작품 『1984년』의 주요 의미이다.

긍정적인 측면에서 볼 때―오늘날에는 다소 비장한 면이 보이는데―프로이트의 '이드'(id), 마르크스의 '자유'(Freiheit), 조지 미드의 '나'(I), 캐런 호니의 '자발성' 등등의 보다 넓은 의미가 소외된 인간의 승리에 대항하는 개념들로 쓰인다. 이들은 인간다운 인간 안에서, 인간은 궁극적으로 자연, 사회, 자아에 소외된 피조물로 주조될 수 없고 또 그렇게 믿게 해주는 어떤 중심점을 발견하려 하고 있다. '공동체'에 대한 절규는 그런 인간의 가능성을 없애는 조건을 옹호하려는 잘못된 시도이다. 많은 인문주의 사상가들은 많은 정신병리학자들이 그들의 작업을 통하여 소외되고 자기 합리적인 인간을 만들어내기 때문에 이러한 적응 노력을 거부한다고 믿기에 이르렀다. 이 모든 것, 그리고 진지하고 총민한 사회과학자들 사이의 전통적이고 진행중인 고뇌와 사색 뒤에는 소외된 인간이야말로 서구의 자유로운 인간상과 정반대라는 단순하고 명백한 사실이 숨어 있다. 이러한 즐거운 인조인간이 지배하는 사회는 자유로운 사회, 즉 문자 그대로의 명백한 의미에서 민주적인 사회의 정반대이다. 이러한 인간의 출현은 사적인 문제로, 공적인 문제로, 그리고―비록 희망사항이지만―사회과학자들의 문제로서 자유의 문제를 암시한다. 개인과 그 개인이 불안해서 인식하지 못하는 용어와 가치에 대한 문제로 주어지는 바로 그것이 '소외'라 불리는 사적 문제이다. 대중이 거의 무관심한 용어와 가치에 대한 문제로 주어지는 그것이 바로 사실 혹은 기대로서 민주 사회의 공공 문제이다.

문제들의 징후인 불안과 무관심이 그 의미와 영향에서 그토록 깊고 광범위한 것은 이 공공 문제와 개인 문제가 오늘날 널리 인식되지 않고 실제로 명백한 문제로 존재하지 않기 때문이다. 그것이 오늘날의 정치적 맥락에서 보이는 자유 문제의 주요 부분이며, 자유 문제의 제기가 현대 사회과학자들에게 제공하는 지적인 도전의 중심이다.

개인적인 문제의 부재 배후에, 불쾌와 소외라는 불안한 감정 배후에 자유와 이성의 가치가 있다는 말이 그저 역설적인 것만은 아니다. 비슷한 방식으로, 자유와 이성에 대한 현대의 위협이 가장 전형적으로 초래하는 공공 문제는 무엇보다도 명백한 공적 쟁점의 부재이다. 이것은 명백히 규정된 공적 쟁점보다는 무관심을 유발한다.

이들 공공 문제와 사적 문제는 지금까지 분명하게 밝혀지지 않았는데, 그 이유는 그것들을 명료히 하는 데 필요한 인간의 주요 능력과 자질인 자유와 이성이 위협받고 위축되고 있기 때문이다. 공적 문제나 사적 문제 그 어느 것도 내가 이 책에서 비판하는 사회과학의 문제로 진지하게 다루어진 적이 없다. 고전 사회과학의 약속은 그 일이 이루어지리라는 것이다.

4

물론 이성과 자유의 위기로 말미암아 야기된 공적·사적 문제들은 하나의 거대한 문제로 공식화될 수 없고, 또한 이들 각각을 일련의 작은 공공 문제나 산발적인 환경에 국한된 사적 문제로서 미시적으로 다룬다면 그 문제에 대처할 수도 없으며 해결할 수도 없다. 그것들은 구조적인 문제이며, 그것들을 올바로 설명하기 위해서는 개인의 일생과 시대의 역사라는 고전적인 관점에서 연구해야 한다. 그러한 관점에서만 오늘날 이들의 가치에 영향을 미치는 사회구조와 개인 환경의 연관성을 추적하고 인과 분석을 할 수 있다. 사회과학의 약속은 개성과 역사 형성의 위기, 자유로운 개인의 삶과 역사 형성에서의 이성의 역할, 이들 문제의 재설정과 해명에 있다.

사회과학이 도덕적으로 지적으로 약속하는 바는 자유와 이성이 귀중한 가치로 보존되리라는 것, 문제의 설정에 자유와 이성이 신중하고 끊임없이 창의적으로 사용되리라는 것이다. 또한 이것은 막연히 서양 문화라 불리는 것이 정치적으로 내거는 약속이기도 하다. 현대의 정치적인 위기와 지적인 위기는 사회과학 내에서 합치한다. 한 영역의 진지한 연구는 바로 다른 한 영역의 연구가 된다. 고전적 자유주의와 고전적 사회주의의 정치적 전통은 우리의 주요한 정치적 전통을 고갈시킨다. 이데올로기로서 이러한 전통의 붕괴는 인간사에서 자유로운 개인의 몰락 및 이성의 몰락과 관계 있다. 자유주의적이고 사회주의적인 목표에 대한 현대의 모든 정치적 재규정은, 모든 인간이 독자적인 합리성으로 사회, 역사, 자신의 운명에 대해 구조적인 영향을 미치는 이성인(理性人)이 되는 사회의 개념을 포함하고 있어야 한다.

사회과학자의 사회구조에 대한 관심은, 미래가 구조적으로 결정된다는 관점에 기인한 것이 아니다. 명백한 결정이 역사 형성에 행하는 역할이 확대되려면 무엇이 구조적으로 변혁 가능하고 변혁되어야 하는지를 파악하기 위해 효과적인 개입점을 발견하려는 시도로 우리는 인간의 결정이 지니고 있는 구조적 한계를 연구한다. 우리가 역사에 관심을 갖는 것은 미래가 필연적이며 과거에 의해 결정된다는 생각 때문이 아니다. 인간이 과거에 어떤 특정 사회에 살았다고 해서 앞으로 형성될 사회 유형에 정확하고 절대적인 한계가 부여되는 것은 아니다. 우리는 인간의 이성과 자유가 현재의 역사를 형성할 수 있는 현실적인 가능성을 파악하기 위해 역사를 연구한다. 간단히 말해서 역사적인 사회구조를 연구하는 이유는 사회구조의 통제 가능성과 통제 방법을 찾아내기 위해서이다. 오직 그러한 방법을 통해서만 인간의 자유의 의미와 한계를 파악할 수 있기 때문이다.

자유란 단지 하고 싶은 대로 하고 일련의 대안들 중에서 하나를 선택할 수 있는 기회만이 아니다. 자유란 무엇보다도 실현 가능한 선택안을 조직화하여 그에 대해 토론하고 최종으로 선택할 수 있는 기회이다. 따라서 인류 역사에 대한 이성의 광범위한 역할 없이는 인간사에 자유란 존재할 수 없다. 개인의 일생과 한 사회의 역사에서 이성이 행하는 사회적 임무는 선택안들을 조직화하고 역사 형성에 대한 인간의 결정 영역을 확대하는 것이다. 인류 역사의 미래는 예상 가능한 변수들의 집합만은 아니다. 미래는 분명히 역사적 가능성의 한계 속에서 결정되지만, 그 가능성은 고정되어 있는 것이 아니며, 오늘날에는 그 한계가 매우 넓은 듯하다.

게다가 자유의 문제는 인류 역사의 미래에 대한 결정이 어떻게 이루어지고, 누가 그러한 결정을 내리느냐 하는 문제이다. 그것은 조직적 측면에서는 의사 결정 기구의 문제이고, 도덕적으로는 정치적 책임의 문제이며, 지적으로는 인간사의 실현 가능한 미래가 무엇인가 하는 문제이다. 그러나 오늘날 좀더 넓은 측면의 자유 문제는 명백한 결정이 그 과정에서 달라질 수 있는 구조적 기회와 역사의 본질뿐만 아니라 인간의 본성과 자유의 가치가 인간의 '근본적인 성격'에 기초할 수 없다는 사실도 다룬다. 궁극적으로 자유의 문제는 즐거운 인조인간의 문제이며, 그 문제가 오늘날 이러한 형태로 나타나는 것은 '모든' 인간이 자연적으로 자유로워지기를 '원하는' 것은 '아니며' 모든 인간이 자유에 필요한 이성을 획득하려고 노력하지도 않고, 또 그럴 수도 없다는 사실이 분명해졌기 때문이다.

어떠한 조건하에서 인간은 자유로워지기를 '원하며' 자유롭게 행동할 수 있는가? 어떤 조건하에서 인간은 자유에 따른 책임을 기꺼이 받아들이려 하고, 또 받아들일 수 있는가? 그리고 그것을 책임이 아닌 기꺼이 감수해야 할 자기 변모로 인정하는가? 그리고 부정적 측면에서 볼 때, 인간은 '즐거운' 인조인간이 되기를 원하도록 만들어질 수 있는가?

오늘날에는 하나의 사회적 사실로서의 인간 정신이 그 질과 문화 수준에서 퇴보해가는데, 기술적인 기계 장치의 엄청난 축적 때문에 우리가 그것을 인식하지 못하는 것은 아닐까? 그것이 이성 없는 합리성의 한 가지 의미가 아닐까? 또 인간 소외의 의미가 아닐까? 인류 역사에서 이성이 수행할 자유로운 역할의 완전 부재를 의미하는 것이 아닐까? 기술 도구의 축적은 이런 의미들을 은폐한다. 이 도구를 사용하는 사람들은 그 의미를 이해하지 못한다. 그것을 발명하는 사람들도 마찬가지이다. 따라서 우리는 기술적인 풍요를 인간의 자질과 문화적 진보의 척도로 아무 고민 없이 사용해서는 안 된다.

어떤 문제를 설정하기 위해서는 그에 관련된 가치와 그 가치에 대한 위협을 분명히 밝혀야 한다. 왜냐하면 그것은 사회 연구의 중요 문제와 모든 공공 문제와 개인 문제에 꼭 필요한 도덕적 실체인 귀중한 가치—자유와 이성의 가치 같은—에 대한 위협이기 때문이다.

개성이라는 문화적 문제에 연관된 가치는 '르네상스인'의 이상이 암시하는 모든 것에서 잘 구현된다. 그 이상에 대한 위협은 우리들 사이에 즐거운 인조인간이 우세해지고 있다는 사실이다.

역사 형성이라는 정치적 문제에 연관된 가치는 인간 형성이라는 프로메테우스적 이상에서 구현된다. 그 이상에 대한 위협은 이중적이다. 한편으로는 역사 형성이 과실에 의해 이루어지고 인간은 계속 의지적인 노력을 포기한 채 표류해간다. 또 한편으로 역사는 실제로 만들어지는 것일지도 모른다. 그러나 자기들의 의사 결정과 과실로 인한 결과를 이겨내야 하는 사람들에게 책임을 지지 않는 소규모 엘리트 집단에 의해 이루어질 것이다.

    나는 우리 시대의 정치적인 무책임 문제와 즐거운 인조인간의 문화적·정치적 문제에 대한 해답을 모른다. 그러나 최소한 이 문제에 대처하지 않는 한 어떠한 해답도 주어지지 않으리라는 것은 분명하지 않은가? 또 이 문제에 대처할 사람은 다른 누구보다도 부유한 사회의 사회과학자임이 분명하지 않은가? 대다수의 사회과학자들이 그렇게 하지 않는 것은 분명 현대의 특권층이 범하는 최대의 인간적 태만이다.

제10장 | 정치에 대하여
On Politics

연구중인 사회과학자는 자신의 연구의 정치적 의미가 배후의 '우연적 사건'에 의해 형성되도록, 또는 연구의 유용성이 다른 사람들의 목표에 의해 결정되도록 내버려둘 필요는 없다. 그 의미를 논하고 그 유용성을 자신의 정책 문제로 결정하는 권한은 사회과학자 자신에게 있다. 상당한 정도까지 그들은 이러한 정책에 영향을 미치거나 그것을 결정할 수도 있다. 이러한 결정을 하기 위해서는 이론과 방법 및 사실에 대한 결정과 판단을 명확히 해야 한다. 정책 문제로서의 이러한 판단은 연구 집단뿐만 아니라 학자 개인의 당연한 관심사이다. 그러나 개인적이고 전문가적인 정책보다는 오히려 암암리에 내려지는 도덕적·정치적 판단이 훨씬 더 영향력이 큰 것은 분명한 사실 아닌가? 이러한 영향력을 논쟁적인 정책 문제로 만들어야만 그것을 충분히 인식할 수 있으며, 그래서 그것이 사회과학 연구와 그 정치적 의미에 미치는 효과를 통제할 수 있다.

어떤 사회과학자도 가치 선택을 피할 수 없으며, 그 가치를 자신의 연구 전체에 함축할 수밖에 없다. 공적 쟁점이나 개인 문제는 기대되는 가치에 대한 위협을 다루며, 그 가치들을 인식하지 않고는 명료하게 제기될 수 없다. 사회과학자와 연구는 점차 관료적이고 이데올로기적인 목적에 이용된다. 사정이 이러하니 인간과 사회를 연구하는 사람은 개인적으로든 전문가로서든 다음과 같은 의문에 직면한다. 즉, 자기 연구의 유용성과 가치를 인식하는가, 그 가치와 유용성을 스스로 통제할 수 있는가, 그것들을 통제하기를 원하는가. 그들이 이 문제들에 대한 해답을 어떻게 제시하는가 혹은 제시하지 못하는가, 그리고 그 해답을 자신의 연구와 직업적 삶에 어떻게 이용하는가에 따라 다음과 같은 마지막 문제에 대한 해답이 결정된다. 즉, 사회과학자로서 그들은 자신의 연구에서 (1) 도덕적으로 자유로운가? (2) 다른 사람들의 도덕에 예속되는가? (3) 도덕적으로 방황하는가? 이들 문제에 대한 해답은 결코 충분할 수 없다. 사회과학자들은 이제 이러한 숙명적인 문제들에 대처해야 한다. 이 장(章)에서 나는 그에 답하는 데 고려해야 할 몇 가지 사실을 지적하고, 내가 지난 여러 해 동안 합당하다고 믿게 된 해답들을 제시하고자 한다.

1

연구중인 사회과학자는 가치 선택의 필요성에 갑작스럽게 직면하지 않는다. 그는 이미 특정 가치에 입각해서 연구한다. 사회과학이 지금 구현하는 가치들은 서구 사회에서 창조된 가치들 중에서 선택된 것이다. 다른 나라의 경우에 사회과학은 하나의 수입품이다. 물론 어떤 사람들은 그들이 선택한 가치가 서구 사회나 다른 사회를 '초월하는' 것처럼 말하기도 하고, 또 어떤 사람들은 자신들의 가치 기준이 기존 사회에 '내재해' 있었으나 미처 실현되지 못한, 일종의 잠재적인 것처럼 말하기도 한다. 그러나 사회과학 전통의 고유한 가치들은 초월적인 것도 내재적인 것도 아니라는 것이 지금의 중론이다. 그 가치는 많은 사람들이 제한된 범위 내에서 소규모 집단으로 선포하는 가치일 뿐이다. 어떤 사람이 도덕적 판단이라고 부르는 것은 그가 선택할 가치를 일반화해서 다른 사람에게도 동일하게 적용하려는 그의 희망사항에 지나지 않는다.

사회과학의 전통에 고유하며 사회과학의 지적 약속에 확실히 연관된 세 가지의 서로 중첩되는 정치적 이상이 있는 듯하다. 첫째는 단순한 진리와 사실의 가치이다. 사실을 규정하는 사회과학의 기획 자체가 정치적 의미를 띠고 있다. 널리 얘기되는 부조리의 세계에서 사실에 대한 모든 진술은 정치적이고 도덕적인 의미를 갖는다. 모든 사회과학자들은 그들의 존재 자체로 인해 계몽과 무지몽매함 간의 투쟁에 연루된다. 현대와 같은 세계에서 사회과학을 실천한다는 것은 무엇보다도 진리의 정치를 실천함을 의미한다.

그러나 진리의 정치는 우리의 연구 방향을 지시해주는 가치에 대한 적절한 표현이 아니다. 우리가 발견한 것의 진리, 우리가 연구한 것의 정확성은 사회적 배경 속에서 볼 때 인간사에 타당할 수도 있고 타당하지 않을 수도 있다. 그것이 타당한가, 어떻게 타당한가의 문제가 그 자체로 두번째 가치, 즉 인간사에서 이성이 행하는 역할의 가치이다. 그와 함께 세번째 가치, 그 의미도 모호한 인간의 자유라는 가치가 뒤따른다. 내가 이미 주장한 바와 같이, 자유와 이성은 모두 서구 문명의 중심 가치들로, 언제라도 이상으로 선포될 수 있다. 그러나 기준 목표로서 이 두 가치는 불일치를 초래하기도 한다. 바로 이 점 때문에 사회과학자인 우리는 자유의 이상과 이성의 이상을 분명히 해야 하는 임무가 있다.

인간의 이성이 역사 창조에 보다 넓고 보다 명백한 역할을 하려면 사회과학자들이 역사 창조의 주요 담당자가 되어야 한다. 왜냐하면 사회과학자는 연구 작업에서 이성을 사용하기 때문이다. 이것이 바로 사회과학자가 하는 일이다. 그들은 의식적으로 선택한 방법으로 연구하고 행동하기 위해 자신을 현대의 지적 생활과 사회·역사적 구조 내에서 파악해야 한다. 다시 말해서 지성(知性)의 사회적 범주 내에 위치하고, 다음에는 그 범주를 역사적 사회구조와 관련지어야 한다. 여기서는 그런 작업을 할 곳이 아니므로, 다만 이성적 인간인 사회과학자가 스스로에게 부여하는 세 가지 정치적 역할을 간단히 구분하고자 한다.

대다수의 사회과학, 특히 철인왕(哲人王)이라는 주제를 다룬 오귀스트 콩트부터 카를 만하임에 이르기까지의 사회학은 '지식인'에게 큰 권력을 부여할 것을 호소하고 또 정당화하려고 했다. 이성을 왕좌에 올린다 함은 보다 구체적으로 표현해서 '이성적인 인간'을 왕위에 올린다는 의미이다. 인간사에서 이성의 역할이라는 바로 이 개념 때문에 사회과학자들은 이성을 사회적 가치로 인정하게 되었다. 사회과학자들은 권력의 측면에서 고려할 때 나타나는 그 관념의 어리석음을 피하고 싶어했다. 그 개념은 민주주의의 여러 형태와 대립되기도 한다. 왜냐하면 그것이 출신이나 부(富)가 아닌 능력에 의한 귀족제라 할지라도 어쨌든 귀족제와 연관되기 때문이다. 그러나 철인왕이 되어야 한다는 다소 어리석은 발상은 사회과학자가 시도하는 공적인 역할의 개념일 뿐이다.

정치의 질은 그에 참여하는 사람들의 지적 자질에 달려 있다. '철인' 왕이 있다면 나는 그의 왕국을 떠나고 싶은 충동을 느낄 것이다. 그러나 왕에게 '철학'이 없다면, 어찌 그가 책임 있는 통치를 할 수 있겠는가?

두번째이자 현재 가장 일반적인 역할은 왕의 자문역이다. 내가 설명한 관료주의적 사용은 바로 이것의 현대적 구현이다. 개별 사회과학자는 개인을 기능적으로 합리적인 관료 제도의 일원으로 만드는 현대 사회의 여러 추세에 참여하고, 또 후기 근대 사회의 구조와는 전혀 관계없는 방법으로 전문 분야에 몰두하는 경향이 있다. 우리가 이제까지 보아왔듯이, 사회과학 그 자체가 이러한 역할을 통하여 기능적으로 합리적인 기계가 되는 경향이 있다. 또 개별 사회과학자는 자신의 도덕적 자율성과 실질적 합리성을 상실하는 경향이 있으며, 인간사에서 이성의 역할은 그저 행정적이고 통제적인 효용성을 위한 기술 개선이 되어버리는 경향이 있다.

그러나 왕에 대한 조언자의 역할로는 이것이 최악의 형태이다. 나는 이러한 역할이 반드시 관료적인 형태와 의미를 띨 필요는 없다고 생각한다. 도덕적·지적 통합을 유지하면서 자유롭게 사회과학의 임무를 완수하기란 쉬운 일이 아니다. 조언자가 자신은 철학자이고 자신의 고객은 계몽 군주라고 상상하기는 쉽다. 그러나 그들이 철학자일지라도 그들이 섬기는 사람은 계몽 군주가 아닐지도 모른다. 그래서 나는 자신이 섬기는 무지몽매한 전제 군주에게 충성을 바치는 몇몇 조언자들을 보면 놀랍기 그지없다. 그것은 독재적인 무능력도 독단적인 몽매함도 강요하지 않은 충성이다.

조언자의 역할이 효과적으로 수행될 수 없다고 주장하려는 것은 아니다. 사실 그것은 잘 수행될 수 있으며, 또 그렇게 하는 사람들도 있다. 그런 사람이 많을수록 세번째 역할을 택하는 사회과학자들의 정치적·지적 임무는 훨씬 가벼워질 것이다. 왜냐하면 이 세번째 역할은 두번째 역할과 서로 중첩되기 때문이다.

사회과학자가 인간사에서 이성의 가치와 역할을 실현하려는 세번째 방법은 잘 알려져 있으며, 때로는 실천되기도 한다. 그것은 독립성을 유지하고, 자신의 임무를 수행하고, 자신만의 문제를 선택하고, 연구 방향을 '공중'(公衆)뿐 아니라 왕에게도 잡는 것이다. 이러한 개념 때문에 우리는 사회과학을 공공 문제와 개인 문제, 그리고 현대의 구조적인 흐름에 관련된 일종의 공적인 지적 장치로 생각하고, 개별 사회과학자들을 사회과학이라 불리는 자율적인 단체의 이성적인 한 성원으로 여긴다.

이러한 역할을 행하면서 우리는 이성의 가치에 따라 '행동'하려고 한다. 이 역할에 대해서 나는 나중에 생각하고, 설명할 것이다. 우리는 우리가 전적으로 무력하지는 않다고 가정함으로써 역사 창조의 이론을 가정한다. 즉, '인간'은 자유로우며 이성적인 노력으로 역사의 진로에 영향을 미칠 수 있다고 가정하는 것이다. 나는 여기서 자유와 이성의 '가치'를 따지려는 것이 아니라, 이들 가치가 어떤 역사 이론하에서 실현되는가를 논하고 싶을 뿐이다.

2

인간은 자유로이 역사를 창조할 수 있으나, 어떤 사람들은 남들보다 훨씬 더 자유롭다. 이러한 자유를 얻으려면 역사를 창조하는 의사 결정과 권력의 수단이 있어야 한다. 그러나 역사가 항상 그렇게 창조되는 것은 아니다. 앞으로 나는 역사를 창조하는 권력의 수단이 확대되고 집중화된 현대에 관해서만 논하고자 한다. 역사를 창조하지 않는다면 인간은 점차 역사 창조자의 도구가 되며, 역사 창조의 단순한 객체가 될 뿐이라는 나의 주장은 바로 현대를 두고 하는 말이다.

어떤 명백한 결정이 역사 창조에 얼마나 큰 역할을 하느냐 하는 것 자체가 하나의 역사적인 문제이다. 문제는 대부분 해당 사회와 해당 시대의 권력 수단에 좌우된다. 어떤 사회에서는 수많은 사람들의 수많은 행위가 그들의 환경을 변화시키며, 그래서 구조 자체를 점차로 변화시켜 나간다. 이러한 변화가 바로 역사의 흐름이다. 전체적으로는 '인간이 역사를 창조'하지만, 역사는 유동적이다. 무수히 많은 기업가와 소비자 들이 1분에 수만 개의 결정을 내림으로써 자유시장 경제를 형성하고, 또 재형성한다. 아마 이 점이 마르크스가 『브루메어 18일』(*The 18th Brumaire*)에서 "인간은 자신의 역사를 창조하나 마음 내키는 대로 창조하는 것이 아니다. 즉, 자신이 선택한 환경에서 역사를 창조하지 않는다"라고 쓰면서 염두에

둔 주요한 한계일 것이다.

운명 혹은 '필연'은 다음과 같은 세 가지 특성을 지닌 사람들의 모임이나 집단의 통제력을 벗어나는 역사상의 사건과 관계가 있다. (1) 정체를 인식할 수 있을 정도로 충분히 밀접되어 있다. (2) 중요한 결정을 내릴 수 있을 만큼 강하다. (3) 이 결과를 예상하고 그에 대해 책임을 질 수 있는 위치에 있다. 이러한 개념에 의하면, 역사상의 사건은 수많은 사람들이 내린 수많은 결정의 총합이며 의도하지 않은 결과이다. 각각의 결정은 미약한 영향을 미치며, 그외의 다른 결정에 의해 상쇄되거나 보강된다. 어느 한 사람의 의도와 이 수많은 결정의 총합 사이에는 아무런 관계가 없다. 역사상의 사건은 인간의 결정을 초월한다. 역사는 인간의 배후에서 형성된다.

따라서 운명은 보편적 사실이 아니다. 역사의 본성과 인간의 본성에 내재된 것도 아니다. 운명은 역사적으로 특정한 사회구조의 한 특성에 지나지 않는다. 최후의 무기라야 소총뿐인 사회, 전형적인 경제 단위가 가족 농장과 작은 가게인 사회, 국민국가가 존재하지 않거나 그저 요원한 체제인 사회, 커뮤니케이션이 구두(口頭)나 전단 혹은 강단(講壇)을 통해 이루어지는 사회, '이런' 사회에서 역사는 진실로 운명이다.

이제 우리가 안고 있는 조건의 주요 해결 방안을 생각해보자. 한마디로 말해서, 그것은 권력과 의사 결정의 모든 수단, 즉 역사를 창조하는 모든 수단의 엄청난 확장과 결정적인 집중화가 아닌가? 근대 산업 사회에서는 경제적인 생산 수단이 발달되고 집중되어, 농민과 직공이 사기업과 국영기업으로 대체된다. 근대 국민국가에서는 폭력과 통치 수단 역시 비슷한 경향을 보여, 왕이 귀족을 통제하고 기사층이 상비군과 무시무시한 전투 기계로 대체된다. 경제, 정치, 폭력 이 세 가지 발달이 '근대 후기'에 들어 가장 극적으로 나타나는 곳은 미국과 소련이다. 현대에 이르러서는 역사 창조의 국내적인 수단뿐만 아니라 국제적인 수단까지도 집중화되고 있다. 이렇게 보면, 의식적인 인간에게 바로 지금 우독 역사 창조의 기회와 자유가 주어지는 것이 분명하지 않은가? 오늘날은 이러한 수단을 장악하고 있는 권력 엘리트가 '그들 자신이 선택하지는 않은 환경'에서이기는 하지만, 역사를 창조한다. 그러나 다른 시대, 다른 사람들과 비교해볼 때 이러한 환경 자체는 그리 절대적인 것 같지 않다.

분명히 이는 우리가 직면한 상황의 패러독스이다. 역사를 창조하는 새로운 수단에 관한 사실은 인간이 운명에 사로잡힌 것이 아니라 역사를 창조할 수 있다는 징조이다. 그런데 인간에게 역사 창조의 희망을 주는 이데올로기가 오늘날 서구 사회에서는 이미 몰락했거나 붕괴되고 있다는 사실을 생각해보면 그 사실은 아이러니컬해진다. 이데올로기의 몰락은 이성과 자유가 인간 역사에서 가장 큰 세력이 되리라는 계몽주의 사상의 붕괴를 의미한다. 그리고 그 배후에는 지식 공동체의 지적·정치적 태만이 있다.

서구 세계의 큰 논쟁을 이끌면서 연구를 통해 정당과 공중에 영향을 미치고, 현대의 중요한 의사 결정에 관여하는 지식인은 어디에 있는가? 이들에게 개방적인 대중매체는 어디에 있는가? 양당국가(兩黨國家)와 그 흉악한 군사 기계를 책임지는 사람들 중에서 지식과 이성과 감성의 세계에서 벌어지는 일에 촉각을 세우는 이는 누구인가? 자유로운 지식인은 권력의 결정에서 왜 그리 멀리 떨어져 있는가? 왜 권력자들 사이에는 그토록 심하고 무책임한 무지(無知)가 만연해 있는가?

오늘날 미국의 지식인, 예술가, 종교인, 학자, 과학자들은 관료 사회의 혼란을 되풀이하고 정교하게 다듬는 냉전을 벌이고 있다. 그들은 권력자에게 다른 정책의 대안을 요구하지도 않으며, 공중에게 그러한 대안을 제시하지도 않는다. 그들은 미국의 정치에 책임 있는 내용을 제시하지 않으면서, 정치적 진공 상태의 형성과 유지를 돕는다. 성직자들의 기독교적 태만이라고 불려 마땅한 이 사태는 과학자들이 민족주의적인 '과학기계'의 포로가 되어 있는 것만큼이나 유감스러운 도덕적 상황이다. 이미 관례가 되어버린 신문 잡지적인 거짓말 역시 그 일부이다. 또한 사회과학으로 통용되는 허례적인 하찮음의 일부이기도 하다.

3

나는 이러한 견해를 모든 사회과학자들이 받아들이리라고는 기대하지 않는다(나의 전반적인 논의 또한 그것을 요구하지 않는다). 내가 여기서 가장 말하고 싶은 것은 이성과 자유의 가치를 받아들이고 나면 역사에서 이성의 역할과 자유의 한계를 분명히 설정하는 것이 모든 사회과학자의 일차적인 임무라는 점이다.

세번째 역할을 맡으면서 사회과학자는 자신을 '사회 밖에' 존재하는 자율적인 존재로 생각하지 않는다. 그는 대부분의 다른 사람들처럼 자신도 현대의 역사를 창조하는 주요 결정 밖에 존재한다고 '느낀다'. 동시에 그는 자신이 그러한 결정의 결과에 영향을 받는 사람들 중의 하나임을 인식하고 있다. 그 때문에 사회과학자는 자신이 하는 일을 의식하는 만큼 정치적인 인간이다. 어느 누구도 사회 밖에 존재할 수는 없다. 문제는 사회 내의 어디에 존재하느냐 하는 것이다.

일반적으로 사회과학자는 중간 정도의 계급, 지위, 권력의 환경에서 살고 있다. 그는 이러한 환경에서의 활동으로 구조적인 문제를 해결하는 데 일반인들보다 유리한 위치에 있는 것은 아니다. 왜냐하면 구조적인 문제는 단지 지적인 방법이나 사적인 방법으로 해결되는 것이 아니기 때문이다. 문제를 적절히 설명하기 위해서는 사회과학자의 의지에 좌우되는 환경을 초월해야 하며, 해결책 역시 마찬가지이다. 왜냐하면 그 문제들은 사회적·정치적·경제적인 권력의 문제이기 때문이다. 그렇다고 사회과학자가 그저 '일반인'인 것은 아니다. 자신의 사적인 환경을 초월하는 것이 그의 지적인 임무이며, 그는 19세기 영국의 경제 질서, 혹은 20세기 미국의 지위 체계, 로마 제국의 군사 제도, 혹은 소련의 정치 구조를 고려하면서 그 초월을 감행한다.

자유와 이성의 가치를 염두에 두는 한, 그의 연구 주제 중의 하나는 특정 사회구조 속에서 특정한 유형의 인간이 자유롭고 이성적인 존재로 변화될 수 있는 객관적인 기회에 관한 것이다. 또 다른 주제는 다른 유형의 사회에서 다른 지위에 있는 인간이 우선 이성과 경험으로 자신의 일상적인 환경을 초월하고, 그 다음에 자신의 권력으로 사회와 시대에 영향을 미치는 행위를 할 수 있는 기회—그런 기회가 있다면—가 어떤 것이냐 하는 것이다. 이러한 주제들은 역사에 있어서의 이성의 역할에 관한 문제이다.

이 문제들을 고려하면, 근대 사회의 어떤 사람들은 구조적으로 중요한 행위를 할 수 있는 권력이 있고 자기 행위의 중요성을 잘 인식하지만, 또 다른 사람들은 그러한 권력이 있음에도 불구하고 그 권력이 미치는 영향을 인식하지 못한다는 사실을 쉽게 알 수 있다. 또한 구조에 대한 인식을 통해 일상적인 환경을 초월하거나 자신에게 허용된 행위 수단을 통해 구조적인 변혁을 시도하지 못하는 사람도 많다.

우리 자신을 사회과학자로 상정할 경우, 직업의 성격상 우리는 사회구조와 또 어느 정도는 구조적인 운동의 역사적 역학을 인식하고 있다. 그러나 한 가지 분명한 사실은 우리에게는 이 역학에 영향을 미칠 정도로 강력한 주요 권력 수단이 없다는 것이다. 그러나 종종 유약한 '권력 수단'은 갖고 있으며, 바로 이 수단이 우리 연구의 정치적 역할과 정치적 의미를 밝혀주는 단서이다.

내가 권력과 지식의 측면에서 분류한 세 유형의 사람들 각각에게 자신의 연구를 설명해주는 것이 자유와 이성이라는 이상을 받아들이는 사회과학자의 정치적 임무이다.

권력을 잡고 있으며, 또 그것을 인식하는 사람들에게 사회과학자는 자신의 연구가 밝힌 사실, 즉 권력자의 결정 여부에 따라 치명적인 영향을 받는 구조적 결과에 대해서 여러 종류의 책임을 요구한다.

이러한 구조적 결과를 초래하는 행위를 함에도 불구하고 그것을 인식하지 못하는 듯한 사람들에게 사회과학자는 그 결과를 알리고 교육시키고, 그리고 다시 책임을 부과한다.

권력이 없으며 또한 의식 세계가 일상적인 환경에 국한되어 있는 사람들에게 사회과학자는 구조적인 경향과 결정이 이 환경에 대해 지니는 의미, 그리고 개인 문제가 공적 문제와 어떻게 연관되는지를 알려준다. 이러한 노력을 통하여 그는 좀더 강력한 권력자의 행동에 대해 발견한 것들을 설명한다. 이것이 그의 주된 교육적 임무이자 많은 청중들에 대한 공적 임무이다. 이제 사회과학자의 세번째 역할에 따른 몇몇 문제와 임무에 대해 검토해보자.

4

인식 범위가 어떠하든 사회과학자는 대개 교수이고, 이 직업적 사실은 그가 무엇을 할 수 있는가를 결정한다. 그는 교수로서 학생들에게 강의하며, 때로는 연설과 저술 활동을 통해 보다 전략적으로 중요한 위치에 있는 대규모의 대중을 상대한다. 그의 공적 역할을 논하면서 권력에 대한 단순한 사실, 혹은 그의 무력함에 대한 사실들을 면밀히 살펴보자.

교양 교육, 즉 해방 교육에 관한 그의 공적 역할은 두 가지 목표를 지닌다. 그가 개인을 위해 해야 할 일은 개인적인 문제와 관심을 이성적으로 처리해야 하는 사회 문제로 바꾸는 것, 즉 개인을 자기 교육적(self-educating)인 인간으로 만들어서 합리적이고 자유롭게 하는 것이다. 그가 사회를 위해 해야 할 일은 순수한 공중을 몰락시키고 대중 사회를 만들어내는 모든 세력을 물리치는 것이다. 이를 긍정적으로 말하면, 자기 계발적(self-cultivating)인 공중을 구축하고 강화하는 것이다. 그래야만 사회는 합리적이고 자유로워질 수 있다.

이러한 목표들은 매우 원대한 것이니만큼 나는 그것들을 다소 간접적인 방법으로 설명할 생각이다. 우리는 기술이나 가치에 관심을 갖고 있다. 이 '기술들' 중에는 인간 해방이라는 임무에 적절한 것도 있고, 적절하지 못한 것도 있다. 나는 이른바 '중립적인 기술'에 대한 연구에서 우리가 흔히 가정하는 것처럼 기술과 가치가 그렇게 쉽게 구분할 수 있는 것은 아니라고 생각한다. 그것은 정도의 문제로, 기술과 가치를 각기 양극으로 하고 있다. 그러나 이 양극 사이에는 소위 감수성이라는 것이 있고, 바로 이것이 우리의 가장 큰 관심사이다. 선반(旋盤)을 작동시키거나 읽고 쓰는 법을 훈련시키는 것은 넓은 의미에서 기술 훈련이며, 인생에서 진실로 원하는 바를 결정하도록 돕고 스토아적, 기독교적, 휴머니즘적 생활 방식에 관해 논하는 것은 가치 함양 또는 가치 교육이다.

우리는 감수성을 가치와 기술과 동일한 선상에 놓아야 한다. 감수성은 가치와 기술 모두를, 그리고 그 이상의 것을 포함한다. 그것은 자기에 관한 인식을 분명히 하는 고대적 의미의 일종의 정신 요법을 포함한다. 그것은 우리가 사고라고 부르는, 그리고 다른 사람과 관련될 경우 논쟁이라고 부르는 자아와의 토론에 대한 모든 기술들의 함양을 포함한다. 교육자는 비록 보잘것없고 천해 보이더라도 개인이 가장 관심 있어 하는 것부터 시작해야 한다. 교육자는 학생들이 이 관심사와 교육 과정에서 생기는 다른 관심사에 대한 합리적인 통찰력을 점차 얻을 수 있게 해주는 자료와 방법을 써야 한다. 또한 교육자는 자신이 시작한 것을 학생들이 혼자 힘으로 계속할 수 있도록 도와야 한다. 모든 인간 해방 교육의 궁극적인 산물은 자기 교육적이고 자기 계발적인 인간, 즉 자유롭고 합리적인 개인이다.

그러한 개인이 성공하는 사회야말로 문자 그대로 민주적이다. 그러한 사회에서는 대중(大衆)이 아닌 순수한 공중(公衆)이 우세를 점한다. 내가 말하고자 하는 바는 다음과 같다.

사람들이 의식하고 있건 그렇지 않건 간에, 대중 사회의 성원들은 개인 문제에 사로잡혀 그것을 사회적인 쟁점으로 바꾸지 못한다. 그들은 사적인 환경에서의 개인 문제와 사회구조적인 문제의 상호 관계를 이해하지 못한다. 반면 순수한 공중의 지식인은 그 일을 할 수 있다. 그들은 자신이 개인적인 문제로 생각하고 느끼는 것이 모든 사람들의 문제이며, 그리고 더욱 중요하게는 그 문제를 해결하는 것이 단지 어느 한 개인이 아니라 그가 속한 집단의 구조적 변화, 그리고 때때로 사회의 전체적인 구조적 변화에 의해서만 가능하다는 것을 이해한다. 대중 사회의 성원들은 개인적인 문제를 안고 있으면서도 대개는 그 의미와 근원을 모르지만, 공중에 속하는 사람들은 사회적 쟁점에 대처하고 일반적으로 그 쟁점의 공적 의미를 알고 있다.

인간 해방 교육자와 마찬가지로 사회과학자의 정치적 임무는 개인 문제를 공공 문제로, 그리고 공공 문제를 다양한 개인들에 대한 인간적인 의미의 관점으로 전환하는 일이다. 자신의 연구에서—그리고 교육자로서 자신의 생활에서도—사회학적 상상력을 발휘하는 것이 그의 임무이다. 그리고 공적으로 접촉하는 사람들에게 그러한 정신적 습관을 함양시키는 것이 그의 목적이다. 이러한 목적을 확실히 수행하면 이성과 개성을 지키고 그것들을 민주 사회의 지배적 가치로 만들 수 있다.

여러분은 이제 "자, 드디어 사회과학자가 다른 모든 것이 천해 보일 정도로 고매한 이상을 세우려고 한다"라고 생각할지도 모른다. 내가 그렇게 한다고 생각된다면, 그것은 민주주의라는 단어가 이제 진지하게 받아들여지지 않으며, 많은 관찰자들이 그 단어의 명백한 의미 상실에 무관심하다는 증거이다. 물론 민주주의는 그에 대한 합당한 이견이 많은 복잡한 관념이다. 그러나 논리적으로 설명하려는 사람들이 더 이상 사용하지 않으려 할 정도로 그 단어가 심하게 복잡하거나 애매모호한 것은 아니다.

나는 하나의 이상으로서 민주주의가 무엇을 의미하는가를 밝히려고 노력해왔다. 본질적으로 민주주의란 특정 결정에 실제로 영향을 받는 사람들이 그 결정에 중요한 발언권을 표명할 수 있음을 의미한다. 다시 말하면, 결정을 내리는 모든 권력은 공적으로 정당화되어야 하고 결정권자는 공적인 책임을 져야 한다는 의미이다. 그러나 내가 설명한 유형의 공중과 개인이 사회에서 우세를 점하지 못하면, 이 세 가지 중 어떤 것도 실현될 수 없다. 곧 더 많은 조건들이 분명해질 것이다.

미국의 사회구조는 전혀 민주적이지 않다. 그것을 최소한의 합의점으로 받아들이자. 나는 완전히 민주적인 사회, 즉 이상적인 사회를 본 적이 없다. 오늘날의 미국은 주로 기대의 수사학과 형식에서만 민주적이다. 내용과 실천에서는 극히 비민주적이며, 여러 제도에서 그 점은 분명히 드러난다. 기업 경제는 시회의(市會議)나 자신들의 경제 행위에 막대한 영향을 받는 사람들을 책임져야 할 권력자도 운영되지 않는다. 군사 기구와 정치국가 역시 같은 상황에 있다. 나는 많은 사회과학자들이 민주적인 공적 역할을 할 수 있고 또 할 것이라는 가능성, 또는 많은 과학자들이 그렇게 한다 해도 그것이 반드시 공중의 회복을 가져오리라는 가능성에 대해 낙관적이지 않다. 다만 가능하다고 생각되는, 또 실제로 일부 사회과학자들이 실천하고 있는 한 가지 역할을 살펴볼 뿐이다. 그것은 또

한 인간사에서 이성의 역할에 대한 자유주의적이고 사회주의적인 관점과 맥락을 같이하는 역할이기도 하다.1)

나의 요점은 사회과학의 정치적 역할—그 역할이 무엇이든, 어떻게 수행되든, 어느 정도 효과적이든 간에—은 민주주의가 어느 정도 널리 구현되느냐와 관련된다는 것이다.

이성의 세번째 역할, 즉 자율적인 역할을 인정하는 것은 전적으로 민주적이지 못한 사회에서 민주적으로 행동하려고 애쓰는 것이다. 하지만 우리는 완전히 민주적인 사회에 사는 것처럼 행동하고 있으며, 또 그렇게 함으로써 '……인 것처럼'이라는 가정을 없애려고 한다. 우리는 사회를 보다 민주적으로 만들려고 노력하고 있다. 그러한 역할이 사회를 보다 민주적으로 만들려는 우리 사회과학자들의 유일한 역할이다. 적어도

---

1) 이왕 말이 나온 김에 현재의 그 관료제적 배경과 효용성을 떠나서 추상적 경험주의의 사고방식(그리고 그것이 지지하는 방법론적 금기)은 내가 말하는 민주적인 정치적 역할에 적절하지 않다는 점을 상기시키고자 한다. 그러한 사고 방식을 자신의 유일한 활동으로 실천하는 사람들, 그것을 '진짜 사회과학 연구'로 생각하는 사람들, 그리고 그 정신으로 사는 사람들은 인간 해방의 교육적인 역할을 수행할 수 없다. 이 역할을 수행하기 위해서는 개인과 공중에게 이성적으로 생각하고 개인적인 비판을 통해 연구하고 실천하며, 이성의 영역을 확대하고 그 질(質)을 개선할 수 있는 능력에 대한 자신감이 있어야 한다. 이를 위해서는 조지 오웰의 표현을 빌려 "고래 뱃속에서 빠져나오는" 혹은 멋진 미국식 표현으로 '자기 자신의 주인이 되는' 용기가 필요하다. 관료적 연구를 통해서만 사회 현실을 '정말로' 알 수 있다고 말하는 것은 독립적이고 실천적인 사고를 지향하는 사람들에게 '과학'의 이름을 빙자하여 금기 사항을 부과하는 것이며, 현실을 스스로 파악할 줄 아는 독립적인 장인(匠人)의 능력을 과소평가하는 것이다. 결과적으로 이것은 인간을 소외시키는 기구(機構)의 권위에 의존하여 인간의 사회적 믿음을 고정시키려는 것이다. 또한 오늘날의 이성의 완전한 관료화와 맥을 같이하며, 또 그것에 의해 강화된다. 학구적인 삶의 산업화와 사회과학 문제의 단편화는 사회과학자로 하여금 인간 해방의 교육적 역할을 수행할 수 없게 만든다. 왜냐하면 이러한 사고 방식을 지닌 사람들은 그들이 확실하다고 주장하는 극히 단편적인 것들 속에 잡다한 것을 보존하려 하기 때문이다. 그러나 그들이 확신할 수 있는 것은 모두 추상화된 단편일 뿐이다. 이처럼 단편화되고 추상화된 상황을 초월하여 역사구조를 인식하고 그 속에서 자신의 위치를 인식케 하는 것이 인간 해방 교육의 임무인 동시에 사회과학의 정치적 역할이며, 또 사회과학의 지적 약속이다.

나는 민주적인 정치 형태를 구현하는 데 도움이 될 다른 방법은 전혀 모른다. 바로 이러한 이유 때문에 인간사에서 이성의 최고 담지자인 사회과학의 문제가 사실상 현대 민주주의의 주요 문제가 된다.

5

성공의 기회란 무엇인가? 현재 우리가 속한 정치구조 안에서는 사회과학자가 이성의 유능한 담지자가 될 수 있을 것 같지 않다. 지식인이 이처럼 전략적인 역할을 수행하기 위해서는 그에 필요한 일정한 조건들이 갖추어져야 하기 때문이다. 마르크스의 말처럼, 인간은 자신의 역사를 창조하지만 스스로 선택한 조건하에서 역사를 창조하는 것은 아니기 때문이다. 그러면 '우리'가 이 역할을 효율적으로 수행하는 데 필요한 조건은 무엇인가? 다음의 두 가지 특징을 지닌 정당(政黨)과 사회 운동과 공중이 필요하다. (1) 그 안에서 사회 생활의 이념과 방향이 진정으로 논의되며, (2) 이들 조건이 구조적으로 중요한 결정에 실질적인 영향을 미칠 가능성이 있다. 이런 조직들이 존재해야만, 우리는 이제까지 살펴온 인간사에서 이성의 역할에 대해 현실적이고 희망적일 수 있다. 나는 이러한 상황이야말로 완전한 민주 사회의 구현을 위한 주요 조건이라고 생각한다.

이러한 정치 상황에서 정치적 역할을 수행하는 사회과학자들은 막연하고 점차 소멸해가는 듯한 공중에게 그저 연설이나 하는 것이 아니라, 여러 사회 운동이나 계층 및 이해 관계를 '대변'하거나 혹은 '반대'할 것이다. 요컨대, 사회과학자들의 이념은 서로 경쟁하고, 그 경쟁은 [일정 시점의 결과뿐 아니라 과정에서도] 정치적으로 적절한 의미를 지닐 것이다. 민주주의라는 개념을 진지하게 생각하고 인간사에서 이성의 역할을 진지하게 생각하면, 그러한 경쟁에 참여하는 것이 결코 괴롭지 않을 것이다. 정치적 방법과 수단에 대한 모든 진술, 모든 목표 제시는 물론 사회 현실에 대한 모든 규정이 논란의 여지가 없는 통일된 원칙을 낳으리라고 확신할 수는 없다.[2]

이러한 정당과 사회 운동과 공중이 없다면, 우리는 주로 법적인 형태와 형식적인 기대에서만 민주적인 사회에 살게 된다. 우리는 이러한 환경이 제공하는 엄청난 가치와 상당한 기회를 과소평가해서는 안 된다. 소비에트 세계에서의 그것들의 부재와 소비에트 지식인들이 벌이는 투쟁으로부터 그 가치를 배울 수 있다. 소련의 많은 지식인들은 물리적인 억압을 받고 있는 데 반해, 미국의 많은 지식인들은 스스로 도덕적으로 타락해가고 있음을 알아야 한다. 미국 민주주의가 대개 형식적이라고 해서, 이성이 민주적인 역사 형성에 어떤 자유로운 역할을 한다면 그 주요 담당자가 반드시 사회과학이어야 한다는 결론을 피할 수 있는 것은 아니다. 민주적인 정당과 사회 운동과 공중이 존재하지 않는다 해서, 교육자로서의 사회과학자가 교육 제도를 자기 해방적인 공중이 존재하는 ― 최소한도 시작에서는 ― 체제로, 그리고 그들의 논의에 용기와 지지를 불어넣어줄 체제로 만드는 노력을 하지 않아도 된다는 뜻은 아니다. 또 사회과학자들이 덜 학구적인 역할을 통하여 그러한 공중의 교화를 위해 노력하지 않아도 된다는 의미도 아니다.

물론 그렇게 함으로써 '개인 문제'가 위태로워지거나, 더욱 심각하게는 아주 치명적인 무관심에 직면하게 된다. 우리는 의견이 분분한 이론과 사실을 신중히 제시하고 적극적으로 논쟁을 장려해야 한다. 광범위하

---

[2] 사회 사상 영역에서 그러한 독점의 개념은, 이성 관리인으로서의 과학 제조업자의 '방법'이라는 관점의 기초를 이루며 거대이론가들의 '신성한 가치'로 얄팍하게 변장한 권위주의적 관념 중의 하나이다. 이 점은 내가 제5장에서 분석한 기술주의적 주장에서 보다 명확해진다.

고 개방적이며 정통한 정치적 논쟁이 없으면, 사람들은 그들이 살고 있는 세계의 실제 현실이나 자기 자신의 실태를 제대로 접할 수 없다. 특히 오늘날, 내가 지금까지 서술해온 역할에는 현실 그 자체에 대한 서로 상반되는 규정이 필요하다. 대개 '선전'(propaganda)이라고 불리는 것, 특히 민족주의적인 선전은 다양한 화제와 사회 쟁점에 대한 의견만으로 이루어지는 것은 아니다. 폴 켁스케메티(Paul Kecskemeti)가 지적한 것처럼, 선전은 공식적인 현실 규정의 공포(公布)이다.

이제 우리의 공적 생활은 신화와 거짓말과 정신이상적인 개념과 더불어 그러한 공적인 규정에도 때때로 좌우된다. 토론되었든 안 되었든 간에 많은 정책이 부적절하고 오류에 찬 현실 규정에 근거할 때, 현실을 보다 적절히 규정하려는 사람들은 권세를 전복시키게 마련이다. 그래서 개별적인 인간들과 내가 지금까지 설명해온 공중은 그러한 사회에 존재한다는 사실만으로도 급진성을 띤다. 그러나 현실을 올바로, 그리고 공적으로 적절하게 규정하는 것이 정신, 연구, 지성, 이성, 그리고 이념의 역할이다. 민주주의에서 사회과학의 교육적·정치적 역할은 개인적·사회적 현실에 대한 올바른 규정을 발전시키고, 그것에 따르며, 그것에 입각하여 행동할 수 있는 공중과 개인을 계발하고 지지하는 것이다.

내가 이제까지 서술해온 이성의 역할은 거리에 나가거나, 비행기를 타고 위기 현장에 가거나, 의회에 진출하거나, 신문사를 매입하거나, 빈민 속에 끼거나, 거리에서 선동적인 연설을 하는 것 등을 의미하지도 요구하지도 않는다. 이런 행위는 존경할 만하지만, 개인적으로 그런 일들을 하고 싶어하지 않을 수 없었던 경우를 쉽게 상상할 수 있다. 그러나 사회과학자가 그것을 자신의 일상적인 행위로 생각하는 것은 자신의 역할을 포기하고 사회과학의 약속과 인간사에서 이성의 역할에 대한 불신을 보여주는 것일 뿐이다. 이 역할을 수행하기 위해서 사회과학자는 사회과학 연구에 전념하고 이성과 담론의 관료화를 피해야 한다.

공적인 문제에 대해 내가 지지하는 견해들을 모든 사회과학자들이 받아들이는 것은 아니다. 또 나는 그것을 원하지도 않는다. 나의 요점은 사회과학자의 임무 중의 하나는 역사적인 변화의 본질과 자유롭고 이성적인 인간이 그 변동 내에서 차지하는 위치에 대한 관점을 결정하는 일이라는 것이다. 그때에야 비로소 그는 자신이 연구하는 사회 내에서의 자신의 지적·정치적 역할을 깨닫고, 또 그렇게 함으로써 사회과학의 전통과 약속의 일부인 자유와 이성의 가치에 대한 자신의 생각을 알 수 있다.

개인과 소집단이 역사적인 결과를 초래하는 행동을 자유롭게 하지 못하면, 그 결과를 이해할 수 있을 만큼 이성적이지 못하면, 또 역사가 맹목적으로 표류하여 현재 우리가 갖고 있는 수단과 지식으로 달리 형성되지 못하는 현대 사회구조라면, 사회과학자의 자율적인 역할이란 기록하고 이해하는 일뿐일 것이다. 권력자의 책임이라는 개념은 어리석고, 이성과 자유의 가치는 어떤 혜택받은 사적 생활의 예외적인 환경에서만 실현될 것이다.

그러나 그것은 '만일'이라는 가정이다. 자유의 정도와 결과의 규모에 대해서는 이견이 있을 수 있지만, 나는 사회과학의 연구 방향을 설정해주는 자유와 이성이라는 가치를 포기해야 할 충분한 근거가 있다고는 생각하지 않는다.

지금까지 내가 논해온 곤란한 문제들을 회피하려는 시도는 사회과학이 "세계를 구제할 수 있는 것은 아니다"라는 주장으로 널리 정당화된다. 때때로 이것은 겸손한 학자의 권리 포기 선언일 수도 있고, 보다 거시적 관심으로 모든 문제를 탐지하는 전문가의 냉소적인 경멸일 수도 있으며, 청년 기대의 환멸일 수도 있다. 대개의 경우 그것은 순수한 정신주의적 지성(知性)으로 상상되는 '과학자'의 특권을 빌리려는 사람들의 태도이다. 그러나 때로는 권력이라는 사실을 고려한 판단에 근거하기도 한다.

이러한 사실 때문에 나는 사회과학이 '세계를 구제할' 것이라고 믿지 않지만, '세계를 구제하려는 노력' — 전쟁을 피하고, 인간의 자유와 이성이라는 이상(理想)에 입각하여 인간사를 재편성하는 것 — 에 잘못된 것은 하나도 없다. 그러한 인식은 그 가능성을 다소 비관적으로 평가하게 한다. 그러나 이것이 현재 우리의 실상이라 해도 우리는 다음과 같은 의문을 제기해야 한다. 즉, 만일 지성을 통하여 현대의 위기에서 벗어날 방법이 '있다면', 그 위기를 진술할 책임은 사회과학자의 몫이 아닌가? 우리가 표현하려는 것은 인간이 인류를 의식하고 있다는 것이다. 거대한 문제에 대한 모든 해결책은 바로 이러한 인간 의식의 수준에 있다.

　　현재 우리가 갖고 있는 모든 지식에 근거하여 권력자에게 '호소하는' 것은 어리석은 의미의 유토피아적인 생각이다. 우리가 권력자와 맺는 관계는 권력자들에게 유용한 관계, 즉 우리가 그들의 문제와 목표를 인정하는 기술자나, 그들의 특권과 권위를 고양하는 이데올로기 전문가들이 되는 관계이다. 거기에서 탈피하려면 우리의 정치적 역할에 관한 한 우리는 먼저 사회과학자로서의 집단적인 노력의 성격을 재검토해야 한다. 사회과학자가 동료에게 그런 재검토에 착수하도록 호소하는 것은 전혀 유토피아적이지 않다. 자신이 행하는 바를 의식하는 사회과학자라면 내가 이 장(章)에서 지적한 주요 도덕적 딜레마, 즉 인간의 관심사와 인간에게 이익이 되는 것 사이의 차이에 대처해야 한다.

　　'인간의 관심사'가 곧 우리의 관심사라는 소박한 민주주의적 견해를 취하면 기득권자들이 우연히 혹은 고의적으로 강요하는 가치를 받아들이는 것이다. 이들 가치는 인간이 개발시킬 기회가 있었던 유일한 가치로서, 선택된 가치가 아니라 무의식적으로 형성된 습관일 뿐이다.

　　'인간에게 이익이 되는 것'—그들이 관심이 있든 없든—이 우리의 모든 도덕적 관심사라는 교조적인 관점을 받아들이면, 우리는 민주적인 가치를 파괴하는 위험을 무릅쓰게 된다. 또한 사람들이 이성적으로 생각하려고 노력하고 이성의 가치가 높이 평가되는 사회의 설득자가 되기보다는, 조종자나 억압자 혹은 그 모두가 될 것이다.

　내가 말하고자 하는 바는 다음과 같다. 즉, 공적·사적 문제에 대처하고 그것을 사회과학의 문제로 규정함으로써, 우리는 이성을 자유 사회의 인간사에 민주적으로 연관시킬 수 있는 최선의 기회 ― 나는 유일한 기회라고 믿는다 ― 를 얻게 되고, 그리하여 우리 연구가 약속한 바의 기초를 이루는 고전적 가치들을 실현할 수 있을 것이다.

부록 | 장인 기질론
On Intellectual Craftsmanship

스스로 고전 전통을 이어받았다고 생각하는 사회과학자에게 사회과학은 한 가지 기예(craft)의 실천이다. 실제 문제를 연구하는 사람들은 일반적인 방법과 이론에 관한 토론에 쉽게 싫증을 내며, 그런 토론이 자기들 고유의 연구를 방해한다고 생각한다. 그들은 실제 연구가 연구 진행 상황을 설명하는 것이 중요한 연구를 하지 않는 전문가들의 '절차의 성문화'(codifications of procedure)보다 낫다고 믿는다. 오직 경험이 풍부한 사람들이 실제 연구 방법에 대한 정보를 주그받는 대화를 통해서만 방법과 이론의 유용성을 초보자들에게 이해시킬 수 있다. 따라서 나는 나 자신의 문제에 착수하게 된 경위를 상세히 밝히는 것이 유용할 것이라는 생각이 든다. 이는 불가피하게 개인적인 서술일 수밖에 없지만, 다른 사람들, 특히 독립적인 연구를 이제 시작하려는 사람들이 자신의 경험을 토대로 그것을 좀더 일반적으로 받아들이기를 바란다.

1

초보인 여러분들에게, 여러분이 참여하기로 선택한 학계

에서 가장 존경할 만한 사상가들은 연구와 생활을 분리하지 않았다는 점을 상기시키는 일부터 시작하는 것이 좋겠다. 그들은 연구와 생활 두 가지를 서로 분리할 수 없을 정도로 진지하게 받아들이는 듯하며, 어느 한쪽을 다른 한쪽의 강화를 위해 이용하고자 한다. 물론 그러한 분리는 오늘날 일반적으로 행해지는 불성실한 연구 관습에서 비롯된 지배적 관행이다. 그러나 여러분은 훌륭한 연구자적 습관을 기를 수 있도록 도와줄 생활 방식을 계획하는 귀한 기회가 있음을 깨달을 것이다. 학자가 된다는 것은 경력의 선택인 동시에 생활 방식의 선택이다. 의식적으로든 무의식적으로든 지식 노동자는 자기 연구의 완성을 향하여 노력하는 과정에서 자기 자신을 형성한다. 자신의 잠재 능력과 기회를 실현하기 위하여 그는 훌륭한 장인의 자질을 중심으로 하는 성격을 구축한다.

이는 여러분의 생활 경험을 지적 연구에 활용하는 방법을 익혀야 한다는 뜻이다. 즉, 자신의 생활 경험을 끊임없이 해석하고 검토하는 것이다. 이런 의미에서 장인 기질은 여러분 자신의 중심이며, 여러분은 스스로 연구한 모든 지적 산물에 개인적으로 관련된다. '경험을 가진다'는 것은 여러분의 과거가 현재에 영향을 미치고 미래의 경험에 대한 능력을 규정한다는 의미이다. 여러분은 사회과학자로서 이렇듯 정교한 상호작용을 통제하고 스스로 경험한 것을 파악하고 식별해야 한다. 이런 방법을 통해서만 그것을 이용해 자신의 성찰을 인도하고 시험할 수 있으며, 그 과정에서 지적 장인으로 성장할 수 있다. 그렇다면 어떻게 그 일을 할 수 있을까? 한 가지 해답은 자료철을 정리하는 것이다. 이는 사회학자의 방식으로 표현하자면 일지를 기록하는 것이다. 많은 독창적인 저자들은 일지를 기록해두는데, 사회학자의 체계적인 성찰을 위해 필요한 일이다.

그런 자료철에는 개인적인 경험과 전문적인 활동, 진행중인 연구와 계획된 연구가 포함된다. 지적 장인으로서 여러분은 이 자료철을 통해 지적 활동과 개인적 경험을 종합해야 한다. 여기서는 두려움 없이 자신의 경험을 원용하여 진행중인 연구에 그것을 직접적으로 관련시켜야 한다. 이 서류철은 거듭되는 연구의 점검표로 사용되어 여러분의 에너지를 보존시켜준다. 또 '주변적인 생각들', 즉 일상 생활의 부산물들, 길거리에서 무심코 들은 짤막한 대화 혹은 꿈 등의 여러 생각을 포착할 수 있게 해준다. 이미 지적했듯이, 이들은 규제된 경험에 지적 타당성을 부여할 뿐만 아니라 보다 체계적인 사고를 가능케 한다.

여러분은 훌륭한 사상가들이 얼마나 자신의 사고를 조심스럽게 다루고 사고의 발달 과정을 면밀히 관찰하고 자신의 경험을 면밀히 조직하는지 깨달을 것이다. 그들이 극히 사소한 경험이라도 소중히 여기는 이유는, 현대인들이 생활하는 과정에서 겪는 매우 제한된 개인적 경험들이 창의적인 지적 작업의 원천이기 때문이다. 자신의 경험을 믿으면서도 의심하는 능력이야말로 성숙한 연구자의 한 특징이다. 이러한 애매한 신뢰는 모든 독창적인 지적 탐구에 꼭 필요하며, 자료철은 이러한 신뢰를 발전시키고 정당화할 수 있는 한 가지 방법이다.

적절한 자료철을 보존하고 자기 성찰의 습관을 계발함으로써 자신의 내면 세계가 항상 깨어 있도록 하는 방법을 배우게 된다. 어떤 사건과 생각에 큰 감동을 느낄 때마다 그냥 지나치지 않고 자료철에 집어넣어 그것이 시사하는 바를 유추하고, 그 감정이나 생각이 얼마나 바보스러운지 혹은 어떻게 그것을 생산적인 형태로 표현할 수 있을지 생각해야 한다. 자료철은 글 쓰는 습관을 기르는 데도 도움이 된다. 적어도 일주일에 한 번 무언가를 쓰지 않으면 글쓰기에 숙달할 수 없다. 자료철을 계속 정리함으로써 작가로서 실험할 수 있고, 그래서 표현력을 향상시킬 수 있다. 자료철을 보존하는 것은 통제된 경험을 쌓는 것이다.

사회과학자에게 일어나는 가장 나쁜 일은 특수한 조사나 '연구 계획'에 대한 연구비를 신청할 때, 오직 그때만 '연구 계획'을 작성할 필요를 느낀다는 것이다. 대부분의 '연구 계획'을 세우거나 적어도 신중하게 쓰는 것은 연구비를 신청하기 위해서이다. 이러한 관행이 아무리 일반적이라 해도 나는 이것이 매우 나쁘다고 생각한다. 그것은 어느 정도 상인 근성에 의한 것이며, 보편적인 기대를 받으면 정성 들인 허례가 되어버리기 쉽다. 그 계획은 마땅히 그래야 하는 시기보다 훨씬 앞서 자의적인 방법으로 '제시되고' 조정될 것이다. 그것은 당면한 연구를 위한 목적만이 아니라—아무리 가치 있다 하더라도—대외적 목적을 위해 돈을 벌기 위한 수단으로 고안되는 경우가 많다. 실천적인 사회과학자는 '자신의 연구 과제와 계획의 상태'를 정기적으로 검토해야 한다. 이제 막 독자적인 연구를 시작하는 젊은 연구가들도 이 점을 신중히 생각해야 한다. 그러나 이런 식으로 오래갈 리가 없고, 그 스스로도 기대해서는 안 되며, 어떤 한 계획에 너무 얽매여서도 안 된다. 그가 할 수 있는 일이란 기껏해야 자신의 논제를 나열하는 정도인데, 불행히도 이것이 그의 최초의 독자적인 연구가 되곤 한다. 그런 검토가 가장 생산적이고 그리하여 다른 사람들의 관심을 끄는 것은 전체 작업 기간의 반이나 3분의 1 정도가 지난 다음의 일이다.

연구 진행을 잘하는 사회과학자는 항상 여러 계획, 즉 아이디어를 가지고 있어야 하며, 그래서 문제는 항상 다음에는 무엇을 해야 할 것인가 하는 것이다. 그리고 자신의 주요 문제를 위한 특별한 자료철을 준비해서 자신을 위해, 그리고 동료들과의 토론을 위해 기록하고 또 기록해야 한다. 때때로 매우 주의 깊게 목적 의식을 가지고 그것을 다시 검토해보아야 하며, 가끔씩은 편안한 마음으로 훑어보아야 한다.

그런 절차는 지적인 작업 방향을 설정하고 통제하는 데 필수적인 방법 중의 하나이다. 나는 연구중인 사회과학자들이 '자기 연구 과제의 상태'에 대한 재검토를 서로 광범위하고 비공식적으로 교환해야만 '사회과학의 주요 문제'가 제대로 설정될 수 있다고 생각한다. 자유로운 지적 공동체에는 문제의 '단일한' 배열이 있을 수 없으며, 또 있어서도 안 된다. 그런 공동체에서 그것이 활발하게 번성한다 해도 개인들 사이에 앞으로의 작업에 대한 막간(幕間)의 토론이 이루어질 것이다. 사회과학자의 연구에는 세 종류의 막간, 즉 문제, 방법, 이론에 대한 막간이 있어야 하는데, 그것은 진행중인 작업에 의해 형성되어야 하고 어느 정도는 그 작업을 인도하기도 해야 한다. 전문가들의 모임이 그 존재의 지적인 이유를 찾는 것은 바로 그러한 막간에서이며, 자료철은 그것을 위해서도 필요하다.

자료철에 실리는 여러 항목에는 좋은 착상, 개인적인 메모, 발췌문, 참고문헌, 기획 개요 등이 있다. 자료철을 만드는 것은 개인적인 습관의 문제지만, 나는 이들 모든 항목을 분류하여 여러 하위 분야로 나눈 '연구 계획'의 주요 자료철을 만들 것을 권하고 싶다. 물론 화제는 변하게 마련이며, 그것도 극히 빈번하게 변한다. 예를 들어, 학위 종합시험에 대비하고 학위 논문을 쓰고 기말 과제물을 쓸 때 자료철은 그 세 영역으로 정리될 것이다. 그러나 졸업 논문을 쓴 지 1년 후쯤에는 자료철 전체를 논제의 주요 연구 계획에 따라 재정리할 것이다. 그리고 연구해가는 과정에서 어떤 하나의 연구 계획이 영원히 주가 되거나 지배적인 범주가 될 수 없음을 깨달을 것이다.

사실 자료철의 사용은 사고의 범주를 확장시켜준다. 그리고 이들 범주가 변하는 과정—어떤 것은 삭제되고 어던 것은 새로 추가된다—은 지적인 진보와 폭의 지표이다. 결국 자료철은 해마다 변하는 하위 계획들을 포괄하는 대규모 연구 계획들에 따라 정리될 것이다.

기록을 남기는 일도 여기에 포함된다. 여러분이 읽은 가치 있는 책의 많은 내용을 기록하는 습관을 길러야 한다. 물론 나쁜 책을 읽으면서도 좋은 결과를 얻을 수 있다. 다른 사람의 저서나 자신의 생활을 지적인 영역으로 전환시키는 첫번째 단계는 그것에 형태를 부여하는 것이다. 경험한 사실에 이름을 붙이는 것만으로도 그것을 설명할 수 있다. 책의 내용을 기록하는 것만으로도 성찰의 기회를 얻을 수 있다. 동시에 여러분이 읽고 있는 것을 이해하는 데 큰 도움이 될 것이다.

기록은 두 종류로 나누어질 것이다. 매우 중요한 책을 읽으면서 여러분은 저자의 논지 구조를 파악하기 위해 노력하고 그래서 기록을 한다. 그러나 대개의 경우는, 그리고 독자적인 연구를 몇 년간 한 후에는 책 전체를 읽기보다는 여러 책의 일부분을, 관심 있고 자료철의 계획과 연관된 특수한 주제나 화제의 관점에서 읽는다. 그리하여 책 전체를 보여주지는 않는 기록을 하게 될 것이다. 여러분 자신의 연구 계획을 실현하기 위하여 특수한 아이디어나 사실을 '이용하는' 셈이다.

2

그렇다면 자료철—아직까지는 기묘한 '문헌' 목록처럼 보이겠지만—은 지적 생산에 어떻게 이용되는가? 자료철을 보존하는 일 자체가 지적 생산이다. 그것은 극히 모호한 것에서부터 완벽한 것까지 모든 사실과 관념을 모아놓는, 점점 커져가는 저장고이다. 예를 들어, 내가 엘리트 연구를 하기로 결정하자마자 맨 처음 한 일은 규명하고자 하는 사람들의 유형에 대한 목록에 기초하여 개괄적인 윤곽을 잡는 것이었다.

내가 왜, 그리고 어떻게 그런 연구를 하기로 결정했는가를 보면, 한 사람의 생활 경험이 그의 지적 작업을 발전시키는 방법을 알 수 있을 것이다. 내가 '계층론'에 대해 전문적인 관심을 갖게 된 것이 언제인지는 기억 나지 않지만, 아마 베블런의 책을 처음 읽었을 때일 것이다. 베블런의 '사업'이나 '산업' 고용에 대한 설명은 항상 모호하게 느껴졌는데, 이는 미국 학자들을 위한 일종의 마르크스적 번역이었기 때문인 듯하다. 아무튼 나는 노동 조직과 노동 지도자에 관한 책을 썼고, 그것은 정치적 동기를 지닌 것이었다. 다음에 쓴 중간 계급에 관한 책은 1945년부터 뉴욕에서 겪은 경험을 정리하려는 동기로 쓴 것이다. 그래서 친구들은 상류 계급에 관한 책을 써서 3부작을 완성하라고 권유하곤 했는데, 나 역시 그 가능성을 이미 염두에 두고 있었다. 나는 발자크의, 특히 1940년대 작품을 통독했으며, 당시 사회의 주요 계급과 인간 유형 전체를 총망라하려는 그의 생각에 크게 동감했다. 나는 '경영 엘리트'에 관한 논문도 썼으며, 헌법 제정 이래 미국 정계 최상층의 경력에 관한 통계 자료를 수집하여 정리했다. 이 두 작업은 미국 역사에 대한 세미나에서 주로 영감을 받은 것이다.

이렇게 여러 논문과 책을 쓰고 계층론 강의를 준비하는 동안 상층 계급에 대한 개념이나 사실들이 남았음은 물론이다. 특히 사회 계층 연구에서는 한 계층에 관한 사실이 다른 계층에도 상당 부분 관련되기 때문에 당면 주제를 넘어서 연구하는 것이 불가피했다. 그래서 나는 엘리트에 관한 책을 구상하기 시작했다.

그러나 '연구 계획'이 '실제로' 어떻게 생겨났는지는 아직 얘기하지 않았다. 사실은 이런 일이 있었다. (1) 이 발상과 계획은 나의 자료철에서 나왔고, 나의 경우 모든 연구 계획은 자료철과 함께 시작하고 끝났으며, 책을 쓰는 일은 단지 끊임없이 자료철을 정리하는 과정에서 얻는 체계화된 산출물에 지나지 않았다. (2) 얼마 후에는 관련된 문제 전체가 나를 지배하였다.

개관적인 윤곽을 잡은 후에는 자료철 전체를 검토했는데, 내 주제와 분명히 관계가 있는 것뿐 아니라 전혀 상관없어 보이는 것까지도 검토했다. 이제까지 고립되어 있던 항목들을 서로 관련시켜 예기치 않았던 관계를 발견해냄으로써 상상력이 성공적으로 구현된다. 나는 이러한 특수한 문제들을 위해 자료철에 새로운 부분을 첨가했는데, 이는 자료철의 다른 부분에 대한 새로운 정리로 이어졌다.

자료철의 체계를 재정리하다 보면 자신의 상상력을 방치해두었다는 사실을 알게 될 것이다. 이는 다른 주제에 대한 발상과 기록을 결합시키려 할 때 분명해진다. 그것은 일종의 결합 논리인데, 여기에서는 '우연'(chance)이 때때로 기묘하게도 중대한 역할을 하기도 한다. 자료철에 기록되어 있는 지적 자료들을 편안한 마음으로 새로운 주제에 결부시켜보기 바란다.

엘리트 문제의 경우, 나는 나의 관찰과 일상적인 경험을 이용하기 시작했다. 우선 엘리트 문제에 대해 내가 경험한 것을 생각하고, 그 다음에 이 문제에 대한 경험이 있거나 관심이 있을 것 같은 사람들을 만나 이야기를 나누었다. 사실 나는 종래의 연구 방침을 바꾸어 (1) 내가 연구하고자 하는 층에 속하는 사람들, (2) 그들과 밀접한 관계가 있는 사람들, (3) 전문적으로 그들에게 관심이 있는 사람들을 포함시켰다.

나는 최선의 지적 작업을 위한 충분한 사회적 조건은 모르지만, 그 문제에 대해서 얘기하고 경청하는 사람들—때때로 그들은 상상력이 풍부한 사람들이어야 한다—을 주변에 두는 것이 그 조건 중의 하나라는 사실은 알고 있다. 아무튼 나는 연구와 맥락을 같이하는 사고에 도움이 되는 사회적이고 지적인 적절한 환경을 유지하려고 노력한다. 이것이 내가 앞에서 말한 지적인 생활과 개인적인 생활의 융합의 한 가지 의미이다.

오늘날 훌륭한 사회과학 연구는 확연히 정돈된 경험적 '조사'로 이루어지지 않으며, 대개는 그럴 수도 없다. 그보다 몇 가지 주요한 점을 중심으로 주제의 경향과 형태를 일반적으로 설명하는 훌륭한 여러 연구들로 이루어진다. 따라서 그 주요한 점이 무엇인가 하는 결정은 기존의 자료가 다시 연구되고 전반적인 가설적 설명이 구축된 다음에야 가능해진다.

나는 '기존의 자료' 중에 엘리트 연구에 적절한 세 유형의 자료가 있음을 알았다. 그것은 주제와 관련된 여러 이론, 다른 사람들이 그 이론에 대한 증거로서 이미 연구한 자료, 아직 이론적으로 정리되지는 않았지만 이미 수집되어 이용할 수 있는 여러 단계의 자료 등이었다. 이들 기존 자료의 도움으로 일차적인 이론 초안을 완성한 다음, 내 자신의 주요 주장과 생각을 효과적으로 설정하고 그것을 검증하기 위한 조사를 계획할 수 있다. 물론 추후에 기존 자료와 나 자신의 연구 사이를 왕복해야 하리라는 것을 알지만, 반드시 그럴 필요가 없을지도 모른다. 최종 진술을 하려면 내게 유용한 모든 '자료를 총망라' 해야 할 뿐 아니라, 부정적이든 긍정적이든 유효한 이론들을 고려해야 한다. 따로는 어떤 개념을 전복시키거나 지지하는 사실을 제시하는 것만으로도 그 개념을 '고려하는 경우'가 있다. 때로는 상세한 분석이나 평가가 필요하다. 때로는 유효한 이론들을 선택안으로서 체계적으로 정리하여, 그것이 문제 자체를 형성하도록 할 수 있다.1) 그러나 때로는 나 자신의 논지에 따라 여러 문맥에서 그러한 이론을 등장시키기도 한다. 아무튼 나는 엘리트에 관한 책을 쓰면서 모스카(Mosca), 슘페터, 베블런, 마르크스, 라스웰, 미첼스, 베버, 파레토 같은 사람들의 연구를 고려해야 했다.

이들에 대한 메모를 훑어보는 과정에서 다음과 같은 세 유형의 설명이 발견된다. (1) 특정 사실에 대해 혹은 전체적으로 그 학자의 서술을 체계적으로 재진술함으로써 직접 알게 되는 것, (2) 추론이나 논의를 통하여 인정하거나 거부하는 것, (3) 자기 연구의 손질과 계획을 위한 제안의 원천으로 사용하는 것 등이다. 예를 들어, 어떤 요점을 파악한 다음 이렇게 묻는 것이다. 어떻게 하면 이것을 검증 가능한 형태로 만들어 그것

---

1) 예를 들어 Mills, *White Collar*, New York, Oxford University Press, 1951, 13장을 참조하라. 나는 주에서 18, 19세기 민주주의론에 대한 두 반응으로 '엘리트 이론가' 대(對) 레더러(Lederer)와 가세트(Gasset)를 예로 들었다.

을 검증할 수 있을까? 어떻게 하면 이것을 문제 전개를 위한 원점, 즉 상세한 사실 기술(記述)에 적합한 관점으로 이용할 수 있을까? 기존의 아이디어를 이렇게 다루면 이전 연구와의 연속감을 느낄 것이다. 여기 모스카에 관한 예비 노트에서 인용한 두 발췌문이 있다. 이것은 내가 이제까지 설명하려고 한 바를 보여줄 것이다.

모스카는 그의 역사적 일화에 덧붙여 다음과 같은 주장으로 자신의 명제를 보강했다. 즉, 항상 소수의 지배를 가능케 하는 것은 조직의 권력이다. 조직된 소수가 사건과 사람들을 지배하며, 조직되지 않은 다수는 지배된다.2) 그러나 어째서 (1) 조직된 소수, (2) 조직된 다수, (3) 조직되지 않은 소수, (4) 조직되지 않은 다수를 고려하지 않는가. 이것은 전면적으로 검토할 가치가 있다. 우선 분명히 밝혀야 할 것은 '조직된'이라는 말의 의미이다. 모스카는 그것을 '어느 정도 지속적이고 조정된 정책과 행동이 가능한'이라는 의미로 생각하는 것 같다. 만일 그렇다면 그의 명제는 확실히 옳다. 그는 또한 이렇게 말할 것이다. '조직된 다수'란 불가능하다. 왜냐하면 결국 새로운 지도자, 새로운 엘리트가 그 다수 조직의 정상에 설 것이기 때문이다. 그리고 모스카는 이 지도자들을 그의 '지배 계급'(The Ruling Class)으로 선별할 것이다. 모스카는 그들을 '지도하는 소수'라고 부르는데, 이것은 그의 거대한 진술에 비하면 극히 박약한 요소에 불과하다.

내 생각은 다음과 같다(나는 이것이 모스카가 우리에게 제시하는 규정의 중심 문제라고 생각한다). 19세기부터 20세기까지 우리는 (1)과 (4) 같은 조직된 사회가 점차 (2)와 (3) 같은 사회로 바뀌는 것을 목격했다. 우리는 엘리트 국가에서 조직국가로 옮겨갔으며, 조직국가에서는 대중이 점차 조직화되고

---

2) 또한 모스카는 자신의 관점을 지지하는 듯한 심리학적 법칙에 대해서도 언급하고 있다. 그가 쓰는 '자연적'(natural)이라는 단어에 주의하라. 그러나 이것은 중심적인 것도 아니며, 고려할 가치도 없다.

강력해지며 엘리트는 더 이상 그렇게 조직적이지 않고 일방적인 권력을 행사하지도 못한다. 가두(街頭)에서 어떤 권력이 형성되고, 그 주위에 사회구조 전체와 '엘리트'가 구축되었다. 지배 계급의 어떤 부분이 농민 단체보다 더 조직적인가? 그것은 수사학적인 문제가 아니다. 지금으로서는 양쪽 모두가 그렇다. 그것은 정도의 문제이다. 나는 이제 이 모든 점이 분명해지기를 바란다.

모스카는 좀더 검토할 가치가 있는 탁월한 점을 지적했다. 그에 따르면 '지배 계급'에는 고위 파벌(top clique)이 있으며 보다 큰 제2의 층이 있는데, 그들은 (1) 고위층과 지속적으로 직접 접촉하며, (2) 사상과 감정, 그리고 그가 보기에 정책도 공유한다(모스카의 『지배 계급』, p. 430 참조). 모스카가 저서의 다른 곳에서 다른 관련점을 지적하는지 살펴보라. 고위층은 주로 제2층으로부터 보충되는가? 고위층은 이 제2층에 대해 책임이 있는가, 혹은 최소한 그것에 대해 민감한가?

이제 모스카는 잊자. 다른 어휘로 표현하면 (1) 엘리트, 즉 고위 파벌, (2) 중요 직위에 있는 사람들, (3) 그밖의 사람들이 있다. 이 경우 제2, 제3층에의 소속은 제1층에 의해 규정되며, 제2층은 그 규모와 구성, 그리고 제1, 제3층과의 관계가 극히 다양하다(제2층의 제1, 제3층에 대한 관계의 다양성은 어느 정도인가? 이에 관한 모스카의 시사점을 검토하고 그것을 체계적으로 고찰하여 좀더 확장시키자).

이 도식(圖式)을 통해 계층의 여러 차원에 따른 서로 다른 엘리트를 좀더 간결하게 고찰할 수 있다. 또 파레토식의 지배 엘리트와 비지배 엘리트의 구별을 파레토보다 훨씬 덜 형식적이고 적절하고 유의미한 방법으로 파악할 수 있다. 분명히 많은 고위층 사람들은 최소한 제2층에 속할 것이다. 대부호 역시 마찬가지이다. 고위 파벌, 즉 엘리트는 권력이나, 경우에 따라서는 권위에 관계될 것이다. 이 경우의 엘리트란 권력 엘리트를 의미한다. 그밖의 고위층 사람들은 상층 계급이나 상층 집단일 것이다.

그래서 우리는 이것을 두 가지 주요 문제, 즉 엘리트의 구조와 계층 이론과 엘리트 이론의 개념적—아마 후에는 실질적인 것이 되겠지만—관계라는 문제에 연관해서 사용할 수 있을 것이다(이것을 실행하라).

권력의 관점에서는 통치자보다 주요 인물을 선출하는 것이 더 쉽다. 후자의 경우 우리는 일종의 느슨한 집합체로 모인 최고 수준의 사람들을 선별하고 지위에 지배된다. 그러나 전자의 경우에는 그들이 어떻게 권력을 행사하고 권력이 행사되는 사회적 수단과 어떻게 관련되는가를 분명하고 상세하게 규정해야 한다. 또한 지위보다는 인물을 다루거나 혹은 최소한 고려해야 한다. 미국의 경우 한 명 이상의 엘리트가 권력에 관련된다. 우리는 어떻게 이들 여러 엘리트의 상대적인 지위를 판단할 수 있는가? 그것은 공공 문제와 그에 대한 결정에 좌우된다. 한 엘리트는 다른 엘리트를 중요한 존재로 여기며, 엘리트 사이에는 이러한 상호 인지가 있다. 연구 계획: 지난 10년간에 있었던 서너 개의 중요한 결정—원폭 투하, 강철 생산의 증감, 45년도 G.M 사(社)의 파업—을 선택하고 각각에 관련된 인물들을 상세히 추적한다. 정밀한 조사 대상자에 대한 면접 용어로 '결정'과 의사 결정을 사용한다.

3

연구를 진행하는 과정에서 다른 책들을 통독할 때가 있다. 그 책들에서 참조하고 싶은 것이 있으면 메모하거나 발췌한다. 별도의 자료철뿐 아니라 메모의 여백에 경험적인 연구를 위한 구상을 적어둔다.

나는 피할 수만 있다면 경험적인 연구는 하지 않으려고 한다. 조사원이 없으면 대단히 힘들고, 조사원을 고용하면 조사원 자체가 더욱 많은 문제점을 일으킨다.

오늘날 사회과학이 처한 지적 상황에서는 새로운 '구조화'(이는 내가 설명하는 연구를 의미한다)를 통해 할 일이 많기 때문에 '경험적인 연구'는 아무래도 빈약하고 시시하게 마련이다. 경험적 연구의 대부분은 사실상 초보자들을 위한 형식적인 훈련일 뿐이며, 보다 어려운 실질적인 사회과학 문제를 다룰 수 없는 사람들에게나 유용하다. 그런 경헏적 연구는 기껏해야 한 번쯤 읽어볼 정도의 가치밖에 없다. 경험적 연구의 목적은 사실에 대한 의견의 불일치나 의문을 해결하여, 모든 측면에 보다 실질적인 판단 근거를 부여함으로써 논의를 보다 유익하게 만드는 것이다. 이성적 사고는 사실을 통해 훈련되지만, 모든 학문 분야의 전위 부대(advance guard)이다.

자신이 계획한 경험적 연구의 많은 부분을 실행할 수 있는 자금을 얻지 못하더라도 계속 연구 계획을 세워야 한다. 왜냐하면 일단 경험적 연구 계획을 세워두면, 설령 그것을 실행하지 않더라도 자신의 문제에 예기치 않은 관련성을 지닌 자료를 새롭게 찾아나서게 되기 때문이다. 도서관에서 쉽게 해답을 구할 수 있는데 현장 연구를 계획하는 것이 어리석은 짓이듯이, 그것을 적절한 경험적 연구르, 즉 사실에 대한 의문으로 환원시키기도 전에 그 책을 철저히 검토했다고 생각하는 것도 어리석은 짓이다.

연구에 필요한 경험적인 연구 계획은 우선 내가 앞에서 말한 제1차 초안에 적합해야 한다. 즉, 원안(原案) 형태의 초안을 확증하거나 수정해야 한다. 좀더 멋을 부려 말하자면, 그것은 이론 구성에 깊은 의미를 지녀야 한다. 둘째, 연구 계획은 유효 적절하고, 가능한 한 독창적이어야 한다. 이는 연구에 소요되는 시간과 노력에 비례하여 많은 자료를 얻어낼 수 있어야 한다는 의미이다.

그렇다면 어떻게 그 일을 하는가? 문제를 서술하는 가장 경제적인 방법은 추론만으로 그 문제를 가능한 한 많이 해결할 수 있는 방법을 쓰는 것이다. 추론에 의해 우리는 (1) 잔존해 있는 사실 문제를 분명히 하고,

(2) 그 문제에 대한 해답이 더욱 추론을 진전시켜 그 이상의 문제를 해결할 수 있도록 사실 문제를 제기하려 한다.3)

이런 방법으로 문제를 파악하기 위해서는 다음 네 단계에 주의를 기울여야 하는데, 어느 한 단계에 너무 오래 매달리기보다는 네 단계 전체를 여러 번 정밀히 검토하는 것이 최선이다. (1) 주제, 쟁점, 관심 영역에 대한 일반적인 인식으로부터, 앞으로 고려해야 할 것 같은 요소와 정의. (2) 이들 요소와 정의 간의 논리적 관계—이들 소규모 예비 모델의 구상은 사회학적 상상력을 발휘할 수 있는 가장 좋은 기회를 제공한다. (3) 필요한 요소의 누락으로 인한 잘못된 시각, 용어의 부당하고 불명료한 정의, 문제 영역의 일부분과 그 논리적 전개에 대한 부당한 강조 등의 배제. (4) 잔재하는 사실 문제의 진술과 재진술.

그런데 세번째 단계는 문제의 올바른 설정에 꼭 필요함에도 불구하고 흔히 무시된다. 문제—공공 문제와 개인 문제—가 보편적으로 인식되는 방법을 신중히 고려해야 한다. 그 자체가 문제의 일부이기 때문이다. 물론 학자의 진술은 주의 깊게 검토해야 하며, 재진술 과정에서 사용하거나 혹은 배제해야 한다.

당면 과제에 필요한 경험적 연구에 대해서 결정을 내리기 전에 나는 여러 소규모 연구를 포함하는 대규모 연구의 윤곽을 잡기 시작했다. 다음은 자료철에서 발췌한 부분이다.

---

3) 이것이 얼마나 중요한지 모르는 사람들에게 분명히 하기 위해 보다 그럴듯한 말로 다시 말해야겠다. 문제 상황을 파악하기 위해서는 이론적·개념적 의미 내용, 그리고 적절한 경험적 연구 패러다임과 적합한 검증 모델에 주의를 기울여야 한다. 이들 패러다임과 모델은 그것들을 사용함으로써 그 이상의 이론적·개념적 의미 내용을 이끌어낼 수 있도록 구성되어야 한다. 문제 상황의 이론적·개념적 의미 내용이 우선 충분히 탐구되어야 한다. 이를 위해서는 사회과학자들이 그 의미 내용을 식별하여 다른 의미 내용과 관련시켜 고찰해야 하며, 이는 경험적 연구의 패러다임과 검증 모델에 적합한 방법으로 행해져야 한다.

나는 아직 상층 계급 전체를 체계적이고 경험적으로 연구할 위치에 있지 않다. 내가 하는 일은 그런 연구를 위한 이상적인 계획의 절차와 규정을 제시하는 것이다. 그러고 나면 첫째, 이 연구 목적에 적합한 기존 자료를 수집하고, 둘째, 기존 지표가 있을 경우 중대한 시점에 연구 계획을 충족시키는 자료를 수집하는 편리한 방법을 생각하며, 셋째, 작업이 진척됨에 따라 궁극적으로 필요해질 대규모의 경험적 연구를 보다 구체화하는 일을 시도할 수 있다.

물론 상층 계급은 구체적인 변수에 따라 체계적으로 정의되어야 한다. 형식적으로—어느 정도는 파레토식의 방법인데—그들은 특정 가치 혹은 가치들을 가장 많이 '소유한' 사람들이다. 그래서 나는 어떤 변수를 기준으로 택할지, 그리고 '가장 많이'라는 말의 의미를 결정해야 한다. 변수를 결정한 다음에는 그것을 기준으로 사람들을 구분하는 가장 좋은 지표, 가능하다면 양화(量化)할 수 있는 지표를 구성해야 한다. 그 다음에야 비로소 '가장 많이'라는 말의 의미를 결정할 수 있다. 왜냐하면 부분적으로 이 문제는 다양한 분포와 그 중첩 상태에 대한 경험적 검토로 결정되어야 하기 때문이다.

나의 주요 변수는 우선 지표 선택에 어느 정도 융통성을 발휘할 수 있을 정도로 일반적이면서도 경험적인 지표 탐구가 가능할 만큼 구체적이어야 한다. 연구가 진행되면서 나는 원래 의도했던 의미를 잊지 않고 그 의미를 극히 명확히 하고 싶은 희망으로 개념과 지표 사이를 오갈 것이다. 여기서 내가 출발점으로 삼을 베버의 네 변수를 살펴보자.

[1] '계급'(class)은 수입원과 수입액을 가리킨다. 그래서 나는 재산 분포와 수입 분포가 필요할 것이다. 이상적인 지표(매우 드물고 오래된 것이 문제이지만)는 연간 수입액과 수입원 간의 상관표(相關表)이다. 그리하여 우리는 전체 인구의 X%가 1936년 한 해 동안에 Y백만 달러 이상을 벌었으며, 그 돈의 Z%는 재산 소득이고 W%는 사업 소득이며 Q%는 임금과 봉급이라는 것을 알 수 있다. 이런 계급 구분에 따라, 상층 집단—가장 많이 소유한 사람—을 일정 기간 동안 일정 수입액을 받는 사람, 혹은 수입 피라미드의 상위 2%

를 차지하는 사람으로 정의할 수 있다. 고액 납세자의 목록과 재무성 보고서를 살펴보라. 수입원과 수입액에 대한 TNEC(임시 전국 경제위원회)의 일람표가 오늘날까지 이용 가능한지 살펴보라.

2 '신분'(status)은 존경받는 정도를 가리킨다. 이에 대해서는 간단히 양화할 수 있는 지표가 없다. 기존의 지표를 적용하기 위해서는 개인적인 면접이 필요한데, 그것도 지역 사회 연구에만 이용할 수 있어서 대개는 그리 좋은 것이 못 된다. 신분은 계급과는 달리 한쪽이 표하는 존경을 다른 쪽이 받아들이는 사회적 관계를 포함한다.

지명도(知名度)와 존경은 혼동되기 쉽고, 지명도의 양(量)을 아무리 쉽게 얻는다 해도 신분의 지표로 사용될 수 있는지는 아직 모른다(예: 1952년 3월 중순의 어느 날 혹은 이틀 연속으로, 『뉴욕 타임스』지 ― 또는 그중 몇몇 페이지 ― 에 이름이 게재된 사람들의 성분 조사).

3 '권력'(power)은 다른 사람의 저항에도 자기 의지를 실현함을 가리킨다. 신분처럼 이것도 잘 지표화되지 않는다. 그것을 단지 일차원적인 것으로 볼 수는 없겠지만 여러 제도, 특히 군사·정치·경제 제도 내에서의 지위와 권리와 권력으로 규정되는 공식적인 권위와 공식적으로 제도화되지는 않았지만 비공식적으로 행사되는 것으로 알려진 권력 ― 압력 집단 지도자, 광범위한 매체를 움직일 수 있는 선동가 등등 ― 에 대해 얘기해야 할 것이다.

4 '직업'(occupation)은 보수를 받는 활동을 가리킨다. 여기서 다시 나는 직업의 어떤 측면을 부각시킬 것인지 선택해야 한다. (1) 만일 여러 직업의 평균 수입으로 그 서열을 정한다면 직업을 계급의 지표로, 계급의 기초로 삼는 것이다. (2) 여러 직업에 전형적으로 결부되는 신분이나 권력을 사용하면, 직업을 권력이나 기술 또는 재능의 지표 내지 기초로 사용하는 셈이다. 그러나 이것은 결코 사람을 분류하는 용이한 방법이 아니다. 신분과 마찬가지로 기술은 적고 많음을 단정할 수 있는 동질적인 무엇이 아니다. 기술을 그렇게 다루려는 시도는 일반적으로 여러 기술을 습득하는 데 소요되는 시간의 길이로

치환되며, 좀더 나은 방법을 생각해야겠지만 그것으로 만족해야 할 것이다.

이 네 가지 주요 변수를 통해 상층 집단을 분석적이고 경험적으로 규정하기 위해서 해결해야 할 문제는 바로 이러한 유형의 것들이다. 연구 설계를 위해, 내가 그 문제들을 해결하여 각각의 측면에서 인구를 분류했다고 가정하자. 그러면 네 종류의 집단이 생긴다. 즉 계급, 지위, 권력, 기술에서의 최고위층 사람들이다. 그리고 각 분포의 상위 2%를 상층 집단으로 선발했다고 가정하자. 그러고 나면 나는 다음과 같은 대답 가능한 경험적 문제에 직면한다. 이들 네 부류의 사람들 사이에 어느 정도의 중복이 있을까? 가능성의 정도는 다음과 같은 간단한 도표로 나타낼 수 있다(+는 상위 2%, -는 하위 98%).

			계급			
			+		-	
			지위		지위	
			+	-	+	-
권력	+ 기술	+	1	2	3	4
		-	5	6	7	8
	- 기술	+	9	10	11	12
		-	13	14	15	16

거기에 채울 자료가 있다면 이 도표는 상층 집단을 연구하기 위한 특정한 주요 자료와 중요한 많은 문제를 담을 것이다. 그것은 개념적이고 실질적인 많은 문제에 대한 단서를 제공할 것이다.

나는 자료가 없고, 그것을 얻을 수도 없을 것이다. 그래서 그것은 훨씬 더 중요해지고, 나는 그것에 대해 숙고한다. 왜냐하면 이상적인 연구 계획의 경험적 요구에 접근하려는 욕망에 의해 좌우되는 숙고 과정에서 더 깊은 성찰을 유도하는 적절한 자료를 얻을 수 있는 중요한 영역이 이를 것이기 때문이다.

이 일반 모형을 형식적으로 완전하게 하기 위해 첨가해야 하는 두 가지 요점이 있다. 상층에 대한 완전한 개념을 위해서는 상층의 지속성과 유동성(mobility)에 주의해야 한다. 여기서 해야 할 일은 현세대 내에서 혹은 최근 2~3세대 사이에서 개인과 집단의 전형적인 움직임이 보이는 지위(1~16)를 선별하는 것이다.

이 직업에 의해 개인의 일생(혹은 경력)과 역사의 시간적 차원이 도식화된다. 이것은 경험적인 문제일 뿐 아니라 정의의 문제이기도 하다. 왜냐하면 (1) 우리는 우리의 주요 변수에 의해 사람들을 분류할 때 그들이 혹은 그 가족이 얼마나 오랫동안 그 위치를 지켜왔느냐의 측면에서 우리의 범주를 규정해야 하는지에 대한 문제를 미결정으로 남겨두기를 원하기 때문이다. 예를 들면, 나는 신분상의 상층 2%—혹은 최소한 신분 서열상의 중요한 유형—가 최소한 두 세대 동안 그 지위에 있는 사람들로 구성되었는가를 판단하고 싶을 것이다. 또한 (2) 나는 몇몇 변수의 교차점으로써, 그리고 '사회 계급'에 대한 베버의 소홀한 정의와 맥락을 같이하는 '층'(stratum)을 서로 간에 '전형적이고 용이한 유동성'이 있는 지위들의 구성체로 파악해야 하는가의 문제를 미결정으로 남겨두고 싶다. 그리하여 어떤 산업에서의 하층 화이트칼라 직업과 중·상위 임금 노동은 이런 의미에서 같은 층을 형성하는 것처럼 보인다.

다른 사람의 이론을 읽고 분석하고, 이상적인 연구를 계획하고 자료철을 축적하는 과정에서 구체적인 연구 목록을 작성하기 시작할 것이다. 그중에는 너무 규모가 커서 다룰 수 없는 것도 있고, 아쉽지만 포기하게 되는 것도 있다. 어떤 것은 한 절(節)이나 한 항목, 한 문장, 한 장(章)의 자료로 사용되기도 하고, 또 어떤 것은 책 전체에 관련되는 주제가 되기도 한다. 여기서 그러한 몇몇 연구 계획을 위한 준비 메모를 보자.

① 대기업 고위 중역 10명의 전형적인 근무일에 대한 시간 일정 분석, 그리고

연방정부 고위 공직자 10명에 대한 동일한 분석. 이것을 개인의 '일생'에 대한 상세한 면접과 결합시킨다. 그 목적은 주요 일정과 결정을 최소한 그에 소요된 시간의 측면에서 기술하고 결정에 관련된 요소를 파악하는 것이다. 그 절차는 당연히 어느 정도의 협력을 확보하는가에 따라 달라지겠지만, 이상적인 것은 첫째, 직접 면접하여 당사자의 일생과 현재 상황을 분명히 알아내고, 둘째, 당사자와 사무실 한 구석에 앉아서, 그리고 그를 따라다니면서 하루 일정을 관찰하며, 셋째, 하루 종일 그를 관찰하고 난 그날 저녁이나 다음날에 이미 관찰된 외면적인 행동에 내포되어 있는 주관적인 요소를 장시간의 면접을 통해 면밀히 밝히는 것이다.

2 상층 계급의 주말을 분석한다. 그리하여 일상적인 관례를 면밀히 관찰한 다음, 월요일에 당사자와 다른 가족을 면접한다.

이 두 작업을 위해 나는 면접자들과 좋은 관계를 맺고, 물론 좋은 관계는 적절하게 조절할 경우 더 좋은 결과를 낳는다[1957년 추가: 이것은 환상에 불과함이 밝혀졌다].

3 봉급 및 기타 수입과 함께 최고의 생활 양식과 생활 수준을 이루는 특권과 지출을 연구한다. 이것은 '소비의 관료제화', 즉 개인 지출로부터 기업 비용으로의 전환에 대한 구체적인 무언가를 얻어내려는 것이다.

4 1923년의 납세 신고를 근거로 한 런드버그(Lundberg)의 『미국의 60가족』(*America Sixty Families*) 같은 책들에 담긴 유형의 최근 정보를 입수한다.

5 조세 목록과 그밖의 정부 자료에서 사유 자산의 유형별 분포를 수집하여 체계화한다.

6 대통령, 모든 각료, 연방대법원 모든 일원들의 경력 조사. 나는 이것을 이미 제헌 시대 이후 트루먼의 10차 임기까지 I.B.M 카드로 수록해놓았지만 항목을 보충해서 새로 분석하고 싶다.

이러한 종류의 '연구 계획'은 이밖에도 35개 정도 있다[예를 들면,

1896년과 1952년 대통령 선거에 쓰인 비용의 비교, 1910년의 모건(Morgan)과 1950년의 카이저(Kaiser)에 대한 상세한 비교, 육·해군 장성들의 경력에 대한 구체적 조사). 그러나 연구가 진행되면서 자신의 목표를 실행 가능한 방향으로 조정해야 하는 것은 물론이다.

이런 계획들을 기록한 후에 나는 고위 집단에 대한 역사적 연구서들을 읽고 임의로 메모를 해가면서 그 내용을 해석했다. 자신이 연구하는 주제를 실제로 '연구해야' 하는 것은 아니다. 왜냐하면, 이미 말했듯이 그 주제를 접하면 그것은 어디에나 있기 때문이다. 여러분은 그 주제에 민감해지고, 무엇을 경험하든, 특히 분명 무관한 듯 보이는 영역에서 그 주제를 보고 듣게 된다. 대중매체까지, 특히 저질 영화, 3류 소설, 사진 잡지, 심야의 라디오 방송 등이 중요한 의미로 새롭게 다가온다.

4

그렇다면 "아이디어는 어떻게 오는가"라는 질문을 할 수 있다. 어떻게 해야 상상력을 발휘하여 모든 이미지와 사실을 결집시켜서 그 사실에 적당한 이미지를 형성하고 의미를 부여할 수 있는가? 내가 이 문제에 대답할 수 있으리라고는 생각하지 않는다. 내가 할 수 있는 일은 무언가를 밝힐 수 있는 기회를 증대시켜줄 것 같은 일반적인 조건과 몇 가지 단순한 기교에 대해서 말하는 것뿐이다.

나는 사회학적 상상력이 한 관점에서 다른 관점으로의 전환 능력, 그리고 그 과정에서 전체 사회와 그 구성 요소에 대한 적절한 안목을 키울 수 있는 능력으로 구성하는 점을 상기시키고 싶다. 물론 사회과학자를 단순한 기술자와 구별하는 것도 이 상상력이다. 몇 년만 훈련시키면 기술자를 만들 수 있다. 사회학적 상상력도 개발될 수 있지만, 분명한 것은 일상적인 많은 연구 없이는 어렵다는 점이다.4) 결합될 수 있으리라 누구도 생각지 못한 개념들의 결합—예를 들면, 독일 철학과 영국 경제학에서 나온 개념들의 혼합—이 바로 그 상상력의 본질이므로, 거기에는 어떤 예기치 못한 특징이 있다. 그런 결합의 배후에는 정신의 자유분방한 활동뿐 아니라 이 세계의 의미를 파악하려는 강력한 충동이 있는데, 기술자들에게는 대개 이것이 결여되어 있다. 기술자는 지나치게 잘, 그리고 정확하게 훈련되어 있다. 이미 알려진 것에 대해서만 '훈련'이 가능하기 때문에 때로는 훈련 자체가 새로운 것을 배우는 데 방해가 되기도 한다. 그래서 처음에는 정확하지도 못하고 불규칙하게 마련인 것에 대한 저항감을 낳는다. 그러나 그러한 애매한 이미지와 의미를 자신의 것으로 만들려면 그것을 철저히 끝까지 규명해야 한다. 독창적인 개념은 항상 처음에 그런 형태로 나타난다.

나는 사회학적 상상력을 자극하는 명확한 방법이 있다고 믿는다.

(1) 이미 지적한 바와 같이, 가장 구체적인 수준으로 자료철을 재정리하는 것이 상상력을 자극하는 한 가지 방법이다. 이제까지 서로 관련이 없던 폴더들을 열어서 내용을 혼합하여 다시 분류한다. 그 일을 다소 편안한 방법으로 하려고 노력한다. 자료철을 얼마나 자주, 그리고 얼마나 폭넓게 재정리하는가에 따라, 그리고 어느 정도 잘 정리하는가에 따라 달라진다. 그러나 작업 원리는 극히 단순하다. 물론 스스로 적극적으로 연구하는 여러 문제를 늘 명심하겠지만, 항목 사이의 예상하지 못한 뜻밖의 관련성을 소극적으로라도 받아들이려고 노력해야 할 것이다.

(2) 여러 쟁점을 규정하는 구절과 용어에 대한 자유로운 태도가 상상

---

4) *Study of Interpersonal Relations*, Patrick Mullahy ed., New York, Nelson, 1949에 실린 허친슨(Hutchinson)의 '통찰'과 '창조적 노력'에 대한 탁월한 논문을 참조하라.

력을 풀어주기도 한다. 이들 용어가 지닌 함축된 의미의 전 범위를 파악하기 위해 전문 서적뿐 아니라 사전을 들춰 주요 술어의 동의어를 살펴보라. 이러한 단순한 습관을 통해 용어를 세련되게 하고, 그리하여 그것들을 보다 정확하게 규정할 수 있을 것이다. 왜냐하면 용어나 구절의 여러 의미를 알아야만 자신의 연구에 맞는 정확한 것을 선택할 수 있기 때문이다. 그러나 단어에 대한 관심은 그 이상의 의미가 있다. 모든 연구, 특히 이론적인 서술에 대한 검토를 할 때는 모든 주요 용어의 일반성 수준을 면밀히 지켜보려고 노력할 것이고, 극히 일반적인 서술을 보다 구체적인 서술로 낮추는 것이 유용할 때가 있음을 알게 될 것이다. 그러면 그 서술은 각 차원에 따라 두세 가지 구성 요소로 분해된다. 또 일반성의 수준 또한 높이려고 노력하게 될 것이다. 특수한 수식어를 삭제하고 재구성된 서술이나 추론을 보다 추상적으로 검토해보면 그것을 확장하거나 정교화할 수 있는지 알게 된다. 이같이 명료한 의미를 추구하면서 관념의 모든 측면과 의미를 철저히 탐구하게 될 것이다.

(3) 여러분이 대하는 일반적인 관념들은 대부분 여러분의 생각대로 유형화될 것이다. 새로운 분류는 대개 유익한 전개의 출발점이다. 유형을 구성하고 각 유형의 조건과 결과를 조사하는 기술은 곧 자동적인 절차가 될 것이다. 기존의 분류, 특히 상식적인 것에 만족하기보다는 그 분류나 유형 사이의 공통 분모나 차별 요인을 탐구하게 될 것이다. 유형을 잘 분류하기 위해서는 분류 기준이 명백하고 체계적이어야 한다. 그러기 위해서는 상관분류(cross-classification) 습관을 길러야 한다.

상관분류 기법은 물론 양적인 자료에만 국한되는 것이 아니다. 이 기법은 실제로 옛 유형을 비판하고 명료히 하는 것뿐만 아니라 '새로운' 유형을 상상하고 파악하는 가장 좋은 방법이다. 도표, 일람표, 질적인 도식 등은 이미 이루어진 연구를 표현하는 방법일 뿐만 아니라 진짜 생산 도구일 때가 많다. 유형의 '차원'을 분명히 밝히는 그것들은 유형을 상상하고 구성하는 데 도움이 된다. 나는 항상 그런 도식을 그린 것은 아니지만, 지난 15년 동안 약간이나마 상관분류를 하지 않고는 12페이지 이상의 초안을 쓴 적이 없다. 그것들 대부분은 폐기되고 말지만, 그것에서도 무언가를 배울 수 있다. 상관분류는 보다 분명히 생각하고 보다 명백하게 기술하는 데 도움이 된다. 상관분류를 통해 자신이 생각하는 용어, 그리고 취급하는 사실의 범위와 관계를 알 수 있다.

연구중인 사회학자에게 상관분류는 부지런한 문법학자에게 있어서의 문장 독해와 마찬가지이다. 여러 의미에서 상관분류는 사회학적 상상력의 문법이다. 문법이 으레 그렇듯이 그것은 통제되어야 하며 목적으로부터 일탈되지 않아야 한다.

(4) 흔히 극단적인 것을 고려함으로써, 또 직접적으로 관심 있는 것의 거의 정반대를 생각함으로써 가장 좋은 통찰력을 얻기도 한다. 절망에 대해 생각할 때 양양한 의기를 생각하고, 구두쇠를 생각할 때 낭비벽을 생각하라. 세상에서 가장 힘든 일은 한 가지 대상만을 연구하는 것이다. 몇 가지 대상을 비교할 때 자료를 보다 잘 파악하고 비교의 기준이 되는 각 차원을 분류할 수 있다. 여러분은 이들 여러 차원에 대한 주의와 구체적인 유형에 대한 주의 사이를 오가는 것이 극히 효과적이라는 사실을 알게 될 것이다. 이 기법은 논리적으로 타당하다. 왜냐하면 표본이 없으면 단지 통계적인 빈도만 추정할 수 있기 때문이다. 여러분이 할 수 있는 일은 어떤 현상의 범위와 주요 유형을 제시하는 것이며, 그 경우 각 차원에 대응하는 정반대, 즉 '극단적 유형'을 구성하는 것부터 시작하는 것이 보다 경제적이다. 물론 그렇다고 해서 균형 감각―어떤 유형의 빈도가 얼마나 높은가―을 구하려 하지 말라는 뜻은 아니다. 실제로 우리는 이 방식을, 통계를 발견하거나 수집하기 위한 지표와 결합시키려고 끊임없이 노력할 것이다.

요점은 다양한 관점을 사용하는 것이 좋다는 것이다. 예를 들어, 최근에 읽은 정치학 저서의 저자는 이 문제에 어떻게 접근할 것인가, 실험 심리학자, 역사학자는 어떨 것인가를 생각해보라. 여러 관점에서 생각하고, 정신을 가능한 한 여러 방향에서 빛을 잡는 움직이는 프리즘으로 만들기 위해 노력해야 한다. 이런 점에서, 대화를 기록하는 것이 매우 유용할 때가 있다.

흔히 어떤 것에 반(反)하는 생각을 할 때가 있는데, 어떤 새로운 지적 영역을 이해하는 데 있어서 맨 처음 할 일은 주요 논점을 정리하는 것이다. "문헌에 몰두한다"라는 말의 의미는 모든 관점의 찬성자와 반대자를 분류할 수 있다는 뜻이다. 그런데 너무 '문헌에 몰두하는 것'은 좋지 않다. 모티머 애들러(Mortimer Adler)처럼 익사해버릴지도 모른다. 중요한 것은 읽어야 할 시기와 읽지 말아야 할 시기를 아는 것이다.

(5) 단순성을 기하기 위하여 상관분류에서 우선 '예, 아니오'(yes or no) 식으로 작업을 하면 극단적인 반대 개념들을 생각하기가 더 쉬워진다. 이것은 일반적으로 타당한데, 그 이유는 질적인 분석은 빈도나 크기를 제공해주지 못하기 때문이다. 그 기법과 목적은 모든 유형을 제시하는 것이다. 그것만으로도 여러 목적에 유용하게 쓸 수 있다. 물론 어떤 경우에는 비율에 대한 보다 정확한 개념이 필요할 때도 있다.

균형 감각을 고의적으로 거꾸로 뒤집음으로써 상상력이 발휘될 때도 있다.5) 어떤 것이 극히 미세해보인다면 그것을 엄청나게 큰 것으로 상상하고 이렇게 자문해보라. 그래서 어떤 차이가 생기는가? 또 거대한 현상에 대해서도 그 역(逆)을 상상하라. 원시 촌락에 3,000만의 인구가 산다면 어떨까? 최소한 현재에는, 내가 모든 것의 척도를 조종할 수 있는 상상의 세계에서 그 구성 요소와 조건과 결과를 하나하나 검토한 후에야

---

5) 케네스 버크(Kenneth Burke)가 니체를 논하면서 '부조화의 관점'이라 부른 것이 이와 관련 있다. Burke, *Permanence and Change*, New York, New Republic Books, 1936을 참조.

어떤 것을 실제로 측정하거나 계산할 수 있을 것이다. 통계학자들이 말하는 "표본을 추출하기 전에 세계를 알기"라는 무시무시한 구절이 바로 그러한 것을 의미해야 하건만, 실제로는 전혀 그렇지 않은 듯하다.

(6) 어떤 문제에 관심을 갖든 간에, '비교'를 통해 자료를 이해하는 것이 유익하다는 사실을 알게 될 것이다. 한 문명과 역사 단계 또는 여러 단계에서 비교 가능한 사례를 찾아다니다 보면 중요한 단서를 얻을 수 있다. 20세기의 미국 제도를 서술하려면, 다른 유형의 구조와 시대에서 비슷한 제도를 고려해야 한다. 명백한 비교를 하지 않는 경우에도 마찬가지이다. 곧 여러분은 자동적으로 자신의 사고를 역사적 방향으로 설정하게 될 것이다. 그렇게 하는 한 가지 이유는 고찰 대상이 수적으로 제한되기 때문이다. 그것을 비교적으로 파악하기 위해서는 그것을 역사적 틀 속에 놓아야 한다. 달리 말하자면, 대조형의 접근 방법에는 역사적 자료 검토가 필요하다. 때로는 이것이 경향 분석에 유용한 논점을 낳거나 단계의 유형론이 되기도 한다. 그리하여 어떤 현상에 관련된 전 범위 혹은 보다 효과적인 관련 범위, 즉 이미 알려진 차원에 따른 변이를 포함하는 범위를 알고자 할 때 역사적 자료를 이용하게 된다. 사회학자에게 어느 정도의 세계사에 대한 지식은 꼭 필요하며, 그런 지식이 없는 사회학자는 다른 무엇을 알고 있든 간에 절름발이에 지나지 않는다.

(7) 마지막으로, 상상력의 발휘보다는 책 한 권을 종합하는 기술에 관해 얘기하고 싶다. 그러나 이 둘은 동전의 양면과 같다. 자료를 어떻게 정리하여 제시하느냐가 연구 내용에 영향을 미친다. 내가 생각하는 아이디어는 위대한 편집자 램버트 데이비스(Lambert Davis)에게서 배운 것인데, 만일 내가 그 아이디어로 한 작업을 본다면 그는 그 아이디어를 자신의 창조물로 인정하려 하지 않을 것이다. 그것은 바로 주제와 토픽 간 구분이다.

토픽은 '기업 경영자의 경력', '군장성 권력의 증대' 또는 '사교계 부인들의 몰락' 등과 같은 소주제이다. 한 가지 토픽에 관해 말해야 하는 것의 대부분은 쉽사리 한 장(章)이나 한 장의 일부가 될 수 있다. 그러나 토픽 전체가 배열되는 순서는 가끔 주제의 영역으로 들어가기도 한다.

주제는, 예를 들어 합리성과 이성 같은 어떤 중대한 경향, 주요 개념 혹은 중심 의미에 대한 관념이다. 책 한 권을 구성할 때 두세 가지 혹은 경우에 따라서 예닐곱 가지 주제가 떠오르면, 연구 작업의 최정점이라 할 수 있다. 주제는 모든 종류의 토픽에 계속 침투해 들어가기 때문에 인식되지만, 그것이 그저 반복되는 것이 아닌가 하는 느낌이 들 때도 있다. 그리고 때로는 그것이 전부인 경우도 있다. 원고의 혼란스럽고 잘못 씌어진 부분에서 그것들이 발견되는 경우가 허다할 것이다.

여러분이 해야 할 일은 주제들을 선별하여 가능한 한 분명하고 간단하게 서술하는 것이다. 그러고 나서 토픽의 전체 범위를 아주 체계적으로 상관분류해야 한다. 이는 각각의 토픽이 각각의 주제에 어떻게 영향을 받는지, 그리고 각 토픽이 각 주제에 대해서 무엇을 의미하는지 생각해보아야 한다는 의미이다.

주제가 앞에서 제시되거나 결말에서 요약 제시되면 한 가지 주제에 한 장(章)이나 한 절이 소요되기도 한다. 일반적으로 대부분의 저자들—대부분의 체계적인 사상가와 마찬가지로—은 모든 주제를 상호 관련시켜 종합적으로 제시해야 한다는 점에 동의할 것이다. 항상 그런 것은 아니지만 대개는 책의 시작 부분에서 그것이 가능하다. 잘 구성된 책에서는 거의 끝 부분에 제시된다. 물론 책 전체에 걸쳐 주제를 각 토픽에 연관시키도록 노력해야 한다. 말하기는 쉽지만 실제로 행하기는 어려운 일이다. 그것은 생각처럼 그리 기계적인 작업이 아니기 때문이다. 그러나 최소한 주제가 올바로 선별되고 명확해지면 그렇게 되기도 한다. 물론 그것은 어려운 일이다. 문필적인 장인 기질의 맥락에서 내가 주제라고 부른 것은 지적인 작업의 맥락에서는 아이디어로 불린다.

그런데 때로는 주제가 전혀 없는 책을 보는 경우도 있다. 그런 책은 방법론에 대한 방법론적 서설(序說), 이론에 대한 이론적 서설로 둘러싸인, 일련의 토픽들에 지나지 않는다. 아이디어가 없는 사람이 책을 쓸 때 어김없이 나타나는 현상이다. 그래서 명료성도 떨어진다.

5

연구를 발표할 때는 연구 대상이나 사고가 허용하는 한 분명하고 단순한 언어를 사용해야 한다는 점에는 모두가 동의할 것이다. 그런데 여러분도 알다시피, 사회과학에서 장황하고 과장된 표현이 널리 쓰이는 듯하다. 이런 표현을 쓰는 사람들은 자신이 '자연과학'을 흉내내고 있다고 믿으며, '그런' 표현의 상당수가 전혀 불필요한 것이라는 점을 모르고 있다. 실제로 '문필(文筆)에 있어서의 심각한 위기'—사회과학자들이 깊이 연관되어 있는 위기—가 강력히 지적되어왔다.6) 이들 특수한 언어를 사용하는 것은 의미심장하고 미묘한 쟁점과 개념, 방법 등이 논의되기 때문인가? 그렇지 않다면 맬컴 카울리(Malcolm Cowley)가 '사회학어'(socspeak)라고 적절히 표현하는 이유는 무엇인가?7) 그것은 적절한 연구에 정말 꼭 필요한가? 필요하다면 별 수 없지만, 그렇지 않다면

---

6) '영어 어휘 세계에서 가장 훌륭한 비평가'로 알려진 에드문드 윌슨(Edmund Wilson)은 다음과 같이 쓰고 있다. "인류학과 사회학 전문가들의 논문을 읽은 경험에 비추어볼 때, 나는 나의 이상적인 대학에서 모든 학부의 논문을 영어 교수들이 사정(査定)하도록 하면 이들 학과들(사회학과 인류학)을 송두리째 뜯어고칠 수 있으리라는 결론을 내리게 되었다. 그들의 제2세대도 살아남으려면 말이다." *A Piece of My Mind*, New York, Farrar, Straus and Cudahy, 1956, p. 164.

7) Malcolm Cowley, 'Sociological Habit Patterns in Linguistic Transmogrification', *The Reporter*, 20 September, 1956, pp. 41ff.

어떻게 그것을 피할 수 있는가?

그러한 명료함의 부족은 대개 주제의 복잡성과는 거의 혹은 전혀 무관하며, 사고의 깊이와도 전혀 관계가 없다. 그것은 학구적인 저자의 자기 지위에 대한 혼돈에 거의 전적으로 기인한 것이다.

오늘날 문장을 널리 이해되도록 쉽게 쓰려는 많은 학계 집단들이 '단순한 문필가', 더 나쁘게는 '단순한 저널리스트'로 비난받고 있다. 아마 여러분은 흔히 사용되는 이러한 표현들이 엉터리 추론이며, 읽기 쉽기 때문에 피상적이라고 배웠을 것이다. 미국의 학계 인사들은 진지한 지적 생활을 흔히 그와 정반대되는 사회적 배경 속에서 영위하려고 한다. 그의 명성이 그가 학자 생활을 선택하면서 희생했던 지배 가치들을 보상해 주어야 한다고 생각한다. 명성을 추구하는 그의 욕구는 '과학자'로서의 자아상과 쉽게 결합된다. '단순한 저널리스트'라고 불리면 그는 위엄이 깎이고 천박하다고 느낀다. 바로 이러한 상황 때문에 그들은 말을 하거나 글을 쓸 때 정교한 어휘를 사용한다. 이런 습관을 배우는 것이 안 배우는 것보다 차라리 더 쉽다. 그것은 이미 하나의 관습으로 굳어, 그런 어휘를 사용하지 않는 사람은 도덕적으로 인정받지 못한다. 이는 학계 내외의 지성인들로부터 관심을 받는 이들을 배척하려는 평범한 자들이 자기들끼리만 학계를 독점하려는 때문인지도 모른다.

글을 쓴다는 것은 독자들의 관심을 요구하는 것이다. '어떻게' 쓰든 마찬가지이다. 글을 쓰는 것은 또한 자기의 글이 읽힐 만큼 자기에게 충분한 자격이 있다고 주장하는 것이다. 젊은 연구가들은 이 두 가지를 매우 강력히 요구하고, 자신에게 공적인 지위가 없다고 느끼기 때문에 자신이 말하는 것에 대한 독자의 주의를 요구하기에 앞서 지위를 먼저 요구하는 경우가 흔하다. 실제로 미국에서는 아무리 훌륭한 업적을 쌓은 지식인이라도 학계와 공중 사이에서 그리 큰 지위를 누리지 못한다. 이

점에서 사회학은 극단적인 예이다. 대개 사회학의 문체 습관은 사회학자들이 다른 학자들보다 보잘것없는 지위에 있을 때 나타났다. 지위에 대한 욕망 때문에 학자들은 쉽게 이해할 수 없는 글을 쓴다. 그런데 바로 그것이 그들이 원하는 지위를 누리지 못하는 이유가 되기도 한다. 그야말로 악순환이다. 그러나 누구나 쉽게 깰 수 있는 악순환이다.

아카데믹한 '문체'(prose)를 극복하기 위해서는 우선 아카데믹한 '자세'(pose)를 극복해야 한다. 문법과 앵글로색슨어의 어근(語根)을 연구하는 것보다는 다음 세 문제에 대한 자신만의 해답을 분명히 하는 것이 더 중요하다. (1) 나의 주제는 얼마나 어렵고 복잡한가? (2) 글을 쓸 때 나는 나 스스로에게 어떤 지위를 요구하는가? (3) 나는 누구를 위하여 글을 쓰려고 하는가?

(1) 첫번째 문제에 대한 일반적인 해답은, 여러분이 쓰려는 방식만큼 어렵거나 복잡하지는 않다. 그것은 쉽게 입증할 수 있다. 그것은 사회과학 서적의 95%가 영어로 번역 가능하다는 사실에서 쉽게 드러난다.8)

그러나 때로는 기술적인 용어가 필요하지 않을까?9) 물론 그렇다. 그

---

8) 그런 번역의 예로는 제2장을 보라. 저술에 대한 가장 좋은 책은 Robert Graves & Alan Hodge, *The Reader Over Your Shoulder*, New York, Macmillan, 1944이다. 이밖에도 Barzun & Graff, *The Modern Researcher*, New York, Harcourt, Brace, 1957; G. E. Montague, *A Writer's Notes on His Trade*, London, Pelican Books, 1930~1949, 그리고 Bonamy Dobrée, *Modern Prose Style*, Oxford, The Clarendon Press, 1934~1950이 있다.

9) 나보다 수학 용어를 훨씬 잘 이해하는 사람들은 그것이 정밀하고 경제적이고 명확하다고 말한다. 내가 사회 연구 방법 중에서 수학이 가장 중요하다고 주장하면서도 부정확하고 비경제적이고 불명료한 문체를 쓰는 많은 사회과학자들을 신용하지 않는 것은 그 때문이다. 그들은 폴 라자스펠드에게서 한 수 배워야 한다. 그는 진정 수학을 신봉하며, 일차 원고에서까지 수학적인 문체를 쓴다. 내가 그의 수학을 이해하지 못하는 것은 내가 너무 무식하기 때문이며, 그가 비수학적인 용어로 쓴 것에 내가 동의하지 않는 것은 그가 틀렸기 때문이다. 왜냐하면 누구나 그가 말하는 것, 그리고 그가 어디에서 잘못되었나 하는 것을 알 수 있도록 표현되어 있기 때문이다.

러나 '기술적인 것'이 반드시 어려운 것은 아니며, 분명히 전문 용어를 의미하지도 않는다. 만일 그런 기술적인 용어가 실제로 필요하고 또한 분명하고 정확하다면, 그것을 쉬운 영어의 문맥에서 사용하고 독자들에게 이해하기 쉽게 소개하는 것은 어렵지 않다.

아마 여러분은 일반적으로 사용되는 일상적인 단어들에는 감정과 가치가 실리기 쉽기 때문에 그것을 피하여 새로운 단어나 기술적인 용어를 사용하는 것이 좋다고 이의를 제기할지도 모른다. 나의 대답은 이렇다. 보통 단어들에 감정과 가치가 개재되는 것은 사실이다. 그러나 사회과학에서 흔히 쓰는 많은 기술 용어에도 감정과 가치가 실려 있다. 명료한 글쓰기란 그 가치와 감정을 통제하여 자신이 말하고자 하는 바를 다른 사람들이 이해하기 쉽게 전달하는 것이다. 예를 들어, 여러분이 생각하는 바가 6피트의 원으로 둘러싸여 있고, 여러분이 그 속에 서 있다고 가정해보자. 독자들이 이해한 바가 또 다른 원을 이루고 독자가 그 속에 서 있다고 가정해보자. 두 원이 중복되는 것이 바람직하며, 어느 정도 중복되느냐는 여러분의 의사 전달 정도에 달려 있다. 독자의 원에서 중복되지 않고 남아 있는 부분은 통제되지 못한 의미의 영역이다. 여러분 자신의 원에서 중복되지 않는 부분은 여러분의 실패의 징표이며, 의미 전달의 실패를 의미한다. 글을 쓰는 기술은 독자의 의미 원을 여러분의 원과 정확히 일치시키는 것이다. 그런 방식으로 글을 쓰면 쌍방 모두 통제된 의미의 동일한 원 안에 서게 된다.

그리하여 나의 첫번째 요점은 '사회학어'의 대부분이 주제나 사고의 복잡성과는 무관하다는 것이다. 그럼에도 불구하고 그것을 사용하는 이유는 순전히 자기 자신을 위한 학문적 요구를 내세우기 위해서이다. 그런 식으로 글을 쓰는 것은 독자들에게 이렇게 말하는 것이다(그것을 인식하지 못한 채 말이다). "나는 당신들이 나의 어려운 언어를 먼저 배워야만 이해할 수 있을 정도로 어려운 무언가를 알고 있다. 반면, 당신들은 그저 저널리스트, 비전문가 혹은 저개발 유형의 인간에 지나지 않는다."

　　(2) 두번째 문제에 답하기 위해서는 사회과학의 연구를 저자 자신의 아이디어에 따라 제시하는 방법과 저자 자신이 말하는 목소리(voice)에 따라 제시하는 방법을 구분해야 한다. 한 가지 방법은, 저자가 소리 지르거나 속삭이거나 낄낄거리기도 하지만 항상 저자의 진의(眞意)가 있다는 개념에서 나온 것이다. 그가 어떤 인간인가 하는 것 또한 명확하다. 자신만만하든 신경질적이든, 단도직입적이든 신중하든 그는 경험과 추론의 중심이다. 그는 어떤 것을 찾아냈고, 그것에 대해, 그리고 그것을 찾아낸 경위를 우리에게 말하고 있다. 이것은 영어로 할 수 있는 가장 좋은 표현이다.

　　연구를 제시하는 또 다른 방법은 어떤 사람의 어떤 목소리도 사용하지 않는 것이다. 그런 저술은 전혀 '소리'가 아니다. 그것은 자동적인 음향(sound)이다. 그것은 기계가 만드는 산문(散文)이다. 그것이 전문 용어로 가득 차 있다는 사실은 그것이 대단히 허식적이라는 사실만큼 중요하지 않다. 그것은 비인격적일 뿐만 아니라 허례적으로 비인격적이다. 정부의 관보(官報)도 때로는 이런 식으로 씌어진다. 상업 통신문도 마찬가지이다. 그리고 많은 사회과학 역시 그렇다. 진정으로 위대한 문장가의 글은 예외지만, 사람의 말이라고 생각되지 않는 글은 나쁜 글이다.

　　(3) 마지막으로 소리를 듣는 사람들의 문제가 있다. 이것에 대한 논의 역시 문체의 특성에 대한 얘기가 되어버린다. 어떤 저자나 그가 어떤 사람들에게 말하려고 하는가를, 그리고 실제로 그가 그 사람들을 어떻게 생각하는가를 염두에 두는 것이 매우 중요하다. 이것은 쉬운 문제가 아니다. 그에 답하기 위해서는 자기 자신뿐 아니라 독자층에 대한 지식이 있어야 한다. 무엇을 쓴다는 것은 읽히고 싶다는 것인데, 누구에 의해서

읽힌단 말인가?

　나의 동료 라이오넬 트릴링(Lionel Trilling)이 한 가지 해답을 제안했는데, 그의 양해를 얻어 여기에 소개해보겠다. 여러분이 주요 대학 모든 학과의 교수와 학생, 근처 도시에서 관심이 있어 찾아온 사람들 앞에서 여러분이 잘 아는 주제에 대해서 강의하도록 요청받았다고 가정해보라. 그 청중이 여러분 앞에 모여 있으며, 그들은 알 권리를 갖고 있다고 가정하라. 그리고 여러분이 그들에게 알게 해준다고 가정하라. 이제는 글을 써라.

　사회과학자가 저술할 때는 네 가지 큰 가능성이 있다. 자기 자신을 하나의 목소리(voice)로 인정하고, 청중에게 말하고 있다고 가정하면 그는 읽기 쉬운 글을 쓰려고 노력할 것이다. 그러나 자신을 하나의 목소리로 간주하면서도 청중을 전혀 인식하지 못하면 그는 좀체로 이해하기 힘든 헛소리를 하기 쉽다. 그런 사람은 주의하는 것이 좋다. 만일 그가 자신을 목소리가 아니라 비인격적인 음향의 대리인으로 생각한다면—청중이 있다 해도—강의는 의례적인 것이 되기 쉽다. 자신의 목소리를 알지 못하고 공중도 인식하지 못하지만 그 누구도 보관하지 않는 어떤 기록만을 위해서 말한다면, 그는 표준화된 산문 제작자에 지나지 않는다. 즉, 텅 빈 커다란 홀 안의 자동 음향에 불과하다. 그것은 카프카의 소설 속에서처럼 무서운 것이다. 우리는 곧 이성을 상실하고 말 것이다.

　해박함과 수다스러움을 구별하는 경계선은 미묘하거나 위험하다. 연구를 시작하면서 그 첫 단계에서 너무 만족하거나 두려워서 더 이상 나아가려 하지 않는 사람들—휘트먼(Whitman)의 시에 나오는 사람들처럼—의 불가사의한 매력을 부정하는 사람은 없다. 언어는 그 자체로 하나의 놀라운 세계를 형성한다. 그러나 그 세계에 빠져들어 초반의 혼란과 완성된 결과의 심오함을 혼동해서는 안 된다. 학문 공동체의 일원으로서 여러분은 자신을 진정 위대한 언어의 대표자로 생각하고, 무엇을 쓰거나 말할 때 문명인의 담론을 담도록 노력해야 한다.

　마지막으로 지적하고 싶은 한 가지는 저술과 사고의 상호작용에 관한 것이다. 한스 라이헨바흐(Hans Reichenbach)가 말한 '발견의 문맥'(context of discovery)에 준거해서만 쓴다면 여러분을 이해하는 사람은 극히 드물 것이다. 게다가 여러분은 극히 주관적으로 말하게 된다. 사고를 보다 객관적으로 서술하기 위해서는 표현의 문맥에서 연구해야 한다. 우선 자신의 사고를 자기 자신에게 '제시한다'. 이것이 바로 '명료한 사고'이다. 그 일이 제대로 되었다고 느껴지면 다른 사람에게 그 생각을 제시하라. 그러면 그것을 분명히 하지 못했음을 알게 되는 경우가 많다. 이제 여러분은 '표현의 문맥'에 있다. 때때로 여러분의 사고를 표현하고자 할 때 서술 형태뿐 아니라 내용에서까지 그것을 수정할 것이다. 표현의 문맥에서 연구하다 보면 새로운 아이디어들을 얻게 된다. 간단히 말해서, 그것은 원래의 것과는 다른 새로운 발견의 문맥일 것이며, 보다 사회적으로 객관적이기 때문에 좀더 높은 수준이 될 것이다. 따라서 표현 방식과 생각하는 방식을 분리할 수는 없다. 여러분은 이들 두 문맥(발견의 문맥과 표현의 문맥) 사이를 왕복해야 하며, 언제나 자신이 어디로 가는지 알아야 한다.

6

　이제까지 내가 말한 것으로부터 여러분은 실제로 '어떤 계획에 대한 작업을 시작하는' 것이 아님을 이해할 것이다. 여러분은 이미 개인적인 발상에서, 자료철에서, 이것저것 읽은 후에 메모하는 과정에서, 혹은 일정한 방침하에 노력하면서 이미 연구하고 있다. 이러한 생활과 연구 방식을 따르면 계속 연구하고 싶은 여러 토픽을 항상 갖게 될 것이다. 어떤 '발표'를 결심하고 나면 자료철 전체, 도서관에서의 탐독, 다른 사람과의 대화, 인물의 선택 등 토픽이나 주제를 위한 모든 것을 사용하려고 노력할 것이다. 여러분은 작업에 관련된 모든 주요 요소를 포함하는 하나의 작은 세계를 구축하여, 각각을 체계적으로 정리하고 이 틀(framework)을 끊임없이 재조정하여 각 부분을 발전시키려고 할 것이다. 그렇게 구성된 세계에 산다는 것만으로도 필요한 아이디어, 사실, 특징을 알게 된다.

그리하여 여러분은 발견하고 기술(記述)하고, 발견한 것에 질서를 부여하기 위해 유형을 설정하고, 여러 항목에 이름을 붙여 구별함으로써 경험에 초점을 맞추고 그것을 조직한다. 이처럼 질서를 추구하다 보면 형식과 경향을 찾고, 전형적이고 인과적인 관계를 발견하게 된다. 간단히 말해서, 자신이 생각하는 바의 의미를 추구하고, 눈에 보이지 않는 것을 눈에 보이는 증거로 바꾸고자 한다. 이해하고자 하는 대상의 모든 것을 찾아내고, 그것을 점점 줄여 본질적인 것만 남길 것이다. 그러고는 일종의 연구 모델을 만들기 위하여 이들 항목을 신중하고 체계적으로 서로 관련시킬 것이다. 때로는 이 일이 쉽기도 하지만, 대개는 그리 간단하지 않다.

그러나 모든 세부 사항 중에서도 여러분은 20세기 중엽 사회의 기초를 이루는 형태와 경향, 주요 추세를 보여주는 지표를 항상 찾을 것이다. 왜냐하면 궁극적으로 여러분은 항상 이것—인간의 다양성—에 대해 쓰기 때문이다.

사고는 질서를 위한 투쟁이자 포괄적 이해를 위한 투쟁이다. 너무 빨리 사고를 중단해서는 안 된다. 그렇지 않으면 반드시 알아야 하는 모든 것을 알 수 없다. 사고가 영원히 계속되도록 내버려둘 수도 없다. 그렇지 않으면 여러분은 폭발하고 말 것이다. 이러한 딜레마가 있기 때문에 깊은 성찰은 성공적으로 그것을 행할 수 있는 희귀한 기회가 생겼을 때 인간이 할 수 있는 가장 정열적인 노력이다.

이제까지 내가 이야기한 것을 다음과 같은 몇 가지 훈계와 경고의 형태로 요약해보겠다.

(1) 훌륭한 장인(craftsman)이 되라. 엄격한 일련의 절차를 피하라. 무엇보다도 사회학적 상상력을 개발하여 이용하도록 노력하라. 방법과 기교의 숭배를 피하라. 솔직한 지적 장인의 부흥을 촉구하고 스스로 그런 장인이 되도록 노력하라. 모든 사람이 자신의 방법론자가 되게 하라. 모든 사람이 자신의 이론가가 되게 하고, 이론과 방법이 한 기예(craft)의 실천의 일부가 되게 하라. 학자 개개인의 우위를 지지하고, 기술자들의 조사팀의 우세에 반대하라. 인간과 사회의 문제에 주체적으로 대처하는 지성인이 되라.

(2) 개념을 종합하고 분해하는 비잔틴적 괴벽을, 장황한 용어의 매너리즘을 피하라. 자기 자신에게, 그리고 다른 사람에게 간단하고 명료한 서술을 촉구하라. 정교한 술어는 그것을 사용함으로써 감수성의 영역, 준거의 정확함, 추론의 깊이를 확대할 수 있을 때만 사용하라. 사회에 대한 판단을 교묘히 회피하기 위해, 자신의 연구에 대한 독자들의 판단을 피하는 수단으로 이해할 수 없는 용어를 쓰지 말라.

(3) 연구에 필요하다면 초역사적 구성을 하고, 역사 하부의 사소한 사실까지 탐구하라. 형식 이론을 만들고 여러 모델을 가능한 한 잘 구성하라. 미세한 사실과 그들 간의 상호 관계를 상세히 검토하고, 큰 사건 역시 상세히 검토하라. 그러나 광신적으로 하지는 말라. 모든 연구를 역사적 실체의 수준에 지속적으로 밀접하게 관련시켜라. 언제 어디선가는 다른 어떤 사람이 여러분 대신에 이 일을 하리라고 가정하지 말라. 이 현실에 대한 규정을 자신의 임무로 생각하라. 그 규정에 따라 자신의 문제를

파악하고, 그 수준에서 문제를 해결하며, 이들 문제 속에 뒤섞여 있는 공적 문제와 사적 문제를 해결하도록 노력하라. 최소한 확실한 예가 떠오르지 않으면 세 페이지 이상 쓰지 말라.

(4) 작은 환경만 차례로 연구하지 말라. 이러한 환경이 조직되는 사회구조를 연구하라. 이처럼 보다 큰 구조에 관한 연구 측면에서, 상세히 연구할 필요가 있는 환경을 선택하고, 환경과 구조의 상호작용을 이해할 수 있는 방법으로 그것을 연구하라. 시간에 대해서도 이와 비슷한 방식으로 진행하라. 아무리 정밀하다 해도 단순한 저널리스트가 되지는 말라. 저널리즘은 위대한 지적 노력이지만 여러분의 노력이 한층 더 위대하다는 사실을 인식하라. 짧게 한정된 한 시점이나 극히 단기적인 시간에 대한 미시적 조사에만 집중하지 말라. 시간 폭을 인류 역사의 과정으로 잡고, 자신이 고찰할 주(週), 연(年), 시대를 그 속에서 설정하라.

(5) 여러분의 목적은 세계사에 출현하여 현재 존재하는 사회구조를 충분히 비교하고 이해하는 것임을 알아야 한다. 이를 위해서는 현재의 보편적인 학문 분야를 임의로 특수화하는 것을 피해야 한다. 자신의 연구를 토픽에 따라, 그리고 무엇보다도 중요 문제에 따라 다양하게 특수화하라. 이들 문제를 제기하고 해결하는 것에 주저하지 말고, 인간과 사회에 대한 모든 분별 있는 연구로부터 관점, 자료, 발상, 방법을 지속적으로, 상상력을 발휘하여 참고하도록 노력하라. 그 문제들은 '여러분'의 연구이며, 여러분이 한 부분을 이루는 것의 일부이다. 이상한 특수 용어를 쓰면서 '전문가'인 척하며 그 문제들을 은폐하려는 자들을 경계하라.

(6) 자신의 연구가 가정하고 함축하는 인간의 이미지, 즉 인간성의 발생론적 의미에 항상 유의하라. 그리고 역사의 이미지, 즉 역사가 어떻게 형성되는가에 대한 관념에도 유의하라. 즉 역사의 문제, 개인 일생의 문제, 개인과 역사가 상호작용하는 사회구조의 문제에 대한 자신의 견해를 끊임없이 수정하라. 개성의 다양성과 시대 변화의 양식에 유의하라. 자신

이 보고 상상하는 것을 인간의 다양성 연구에 대한 단서로 이용하라.

(7) 여러분이 고전적 사회 분석의 전통을 계승하여 그것을 수행하고 있음을 깨달아라. 인간을 고립된 단편이나 혹은 다른 사람과 무관한 체계를 가진 독립된 하나의 지적 영역이 아닌 역사적·사회적 행위자로 이해하고, 인류 사회의 다양성에 의해 인간의 다양성이 복잡하게 선택, 형성되는 방법을 이해하라. 아무리 간접적인 조그만 연구라 할지라도 그것을 하기 전에 20세기 후반 인류 사회의 놀라울 만큼 광대한 세계의 구조와 경향, 형태와 의미를 이해하는 항구적인 중심 과제에 맞추어 방향을 설정하라.

(8) 연구할 주제를 결정할 때 공공 문제를 공식적으로 제기된 그대로, 개인 문제를 개인적으로 느끼는 그대로 받아들이지 말라. 관료적 정신의 비자유적 실용론이나 도덕적 분열의 자유주의적 실용론을 다른 사람들이 말하는 대로 받아들임으로써 자신의 도덕적·정치적 주체성을 상실하지 말라. 많은 개인적 문제는 그저 개인 문제로 해결될 수 없으며, 공적 문제와 역사 형성의 문제라는 관점에서 이해하라. 공공 문제의 인간적 의미는 개인 문제라는 개인적 삶의 문제와의 관련 속에서 해명하라. 사회과학 문제는 개인 문제와 공공 문제, 개인의 일생과 역사, 이들 양자 간의 미묘한 관계를 포함할 때 올바로 파악된다는 사실을 인식하라. 그 속에서 개인의 생활과 사회의 형성을 정렬시켜라. 그 범위 내에서 사회학적 상상력은 현대 인간 생활에 질적 차이를 가져올 가능성을 갖는다.

감사의 말

이 책의 초고(草稿)는 1957년 봄 코펜하겐에서 사회성(Socialministrat) 고문인 헤닝 프리스(Henning Friis)가 개최한 사회과학 세미나에 제출되었다. 프리스와 이 세미나에 참석한 아래 사람들의 날카로운 비평과 친절한 제안에 깊은 감사를 드린다. 그분들은 키르스텐 루드펠드, 벤트 안데르센, P. H. 쿨, 폴 비드릭센, 크누트 에릭 스벤슨, 토르벤 아게르스나프, B. V. 엘베를링이다.

제1장 「약속」과 이 책의 다른 짧은 몇 절(節)은 1959년 9월 세인트루이스에서 열린 미국 정치학회에 요약된 형태로 발표되었다. 제6장에서는 『과학철학』(*Philosophy of Science*) 지(誌) 제20권 제4호(1953년 10월 발행)에 발표한 논문 「현대 사회 연구의 두 가지 조사 양식」을 참고했다.

부록 가운데 처음 다섯 절(節)의 초고는 그로스(L. Gross), 에번스턴(Evanston), 피터슨(Peterson)이 편집한 『사회학 이론에 대한 심포지엄』(*Symposium on Sociological Theory*)(1959)에 게재되었다. 제8장의 5, 6절은 『먼슬리 리뷰』(*Monthly Review*)의 1958년 10월호에 발표되었다. 또한 『새터데이 리뷰』(*The Saturday Review*)의 1954년 5월 1일자에 처음 발표된 단평도 참고했다. 제9장과 제10장의 몇 절은 1959년 1월 런던 경제학회와 바르샤바의 폴란드 과학원에서 한 강연, 그리고 2월에 BBC 제3방송에서 한 방송 강연에서 사용한 것이다.

이 책에 어떤 장점이 있다면 그것은 원고를 읽고 전체적으로든 부분적으로든 비평해준 동료들 덕분이다. 그들의 관대한 도움에 감사를 드릴 수 있는 보다 적절한 방법이 없는 것이 안타깝기만 하다. 해럴드 바저, 로버트 비어스타트, 노먼 번봄, 허버트 블루머, 톰 보토모어, 라이먼 브리슨 루이스 코저, 아서 K. 데이비스, 로버트 더빈, 시 구드, 마저리 피스크, 피터 게이, 르웰린 그로스, 리처드 호프스태터, 어빙 하우, H. 스튜어트 휴즈, 플로이드 헌터, 실비아 재리코, 데이비드 케틀러, 월터 클린크, 찰스 E. 린드블롬, 에른스트 만하임, 리스 맥기, 랠프 밀리번드, 배링턴 무어 주니어, 데이비드 리스먼, 메이어 샤피로, 조지 래웍, 아널드 로고, 폴 스위지가 그들이다. 또한 문장을 명료하게 하는 작업을 도와준 친구들, 윌리엄 밀러와 하비 스와도스에게 감사한다.

C. 라이트 밀즈

토드 기틀린* 후기

1

 이 문장의 뒷부분이 모순이라고 여겨지겠지만, 밀즈(C. W. Mills)는 20세기 후반기에 지적으로 가장 뛰어난 사회학자였고, 45세에 생을 마쳤으나 그의 주요 저작이 10년 조금 넘는 기간 동안에 씌어진 것이라는 사실 때문에 더욱 주목의 대상이 되었다. 1960년대 초반에 무언가 방향을 찾으려고 한 정치 세대들에게 밀즈는 급진주의를 안내하는 기사(騎士)였다. 그렇지만 그는 모순덩어리였다. 그의 독자들이 의식적으로 이 모순을 받아들이든 아니든 관계없이, 이것은 그의 글이 호소력을 갖게 된 이유 중의 하나였다. 그는 급진적 전통을 급진적으로 깨우치게 한 사람, 사회학 교과 과정에 불만이 있는 사회학자, 지식인에 대해 자주 회의를 표명한 지식인, 장인(匠人)이면서 대중적 행동(popular action)을 옹호하는 사람, 절망하는 낙관론자, 정력적인 비관론자였다. 또한 무엇보다도 지성과 활기, 열정과 넓은 시야—그리고 모순—를 통해 그가 살던 시대의 대부분의 정

---

* 토드 기틀린(Todd Gitlin)은 뉴욕 대학에서 문화와 저널리즘, 그리고 사회학을 가르치고 있다. 저서로 *The Sixties: Years of Hope, Days of Rage*와 *The Twilight of Common Dreams: Why America Is Wracked by Culture Wars*, 소설 *Sacrifice*가 있다.
이 후기의 일부분은 기틀린의 "C. W. Mills, Free Radical" (*New Labor Forum*, 1999년 가을)에 발표되었다.

신적·정치적 함정을 주목한 몇 안 되는 현대인 중의 한 사람이었다. 철학적 훈련을 받고 시사 문제를 다루기로 결정한 베스트셀러 사회학자, 마르크스주의 전통 안에서 구원받을 수 있는 것을 기를 쓰고 찾으려고 한 대중주의자, 정치에 헌신한 고립주의자, 스타일을 민감하게 인식한 실질주의자라는 모순 속에서 그는 학생 운동의 긴장의 일부분을 감지한 안내자였고 본보기였다. 그런데 당시의 학생 운동은 특권과 쇠락한[1] 이데올로기에 빠져 있었으나 미국을 철저하게 변형시키는 힘을 발견하거나 만들려는 경향을 확실히 갖고 있었다.

밀즈는 그의 마지막 2년 동안에 대중적 작가가 되었다. 냉전과 미국의 라틴 아메리카 정책에 관한 그의 논문은 『들어라, 양키들아』와 같은 그의 급진적인 저작들보다도 더 많이 읽혔으며, 『하퍼즈 매거진』(Harper's Magazine)의 표지로 크게 다루어졌다. 그리고 "신좌파에 보내는 편지"는 영국의 『뉴 레프트 리뷰』(New Left Review)와 미국의 『좌파 연구』(Studies on the Left)에서 출판되었고, '민주 사회를 위한 학생'이 인쇄물 형태로 만들어 널리 보급하였다. 1960년 12월에 외교 정책 분석가[2]와 라틴 아메리카 정책에 관해 텔레비전 토론을 했는데, 이 무렵에 심장병이 생겨 그로부터 15개월 만에 죽었다. 그리고 그는 곧 순교자로 알려졌다. '민주 사회를 위한 학생'의 포트 휴런(Port Huron) 성명서는 밀즈의 문장에 공감하였다. 톰 헤이든(Tom Hayden)은 밀즈를 주제로 석사 학위 논문을 썼는데, 이 논문에서 그는 밀즈에게 '급진적 유목민'이란 별명을 붙이고, 그를 '신좌파'가 그랬던 것처럼 이데올로기적 봉쇄점을 힘차게 밀고들어가는 돈키호

---

[1] 나는 Daniel Bell, *The End of Ideology: On the Exhaustion of Political Ideas in the Fifties*(New York: Free Press, 1960)라는 책의 조금 유명한 부제에서 이 단어를 차용하여 일부러 사용한다.

[2] 이 사람은 버리 2세(A. A. Berle, Jr.)였다. 그는 주식 소유자가 아니라 경영진이 현대 회사를 통제한다고 대표적으로 주장한 사람이다. 밀즈는 *The Modern Corporation and Private Property*(1932)의 공동 저자이기도 한 버리의 '기업 양심'이라는 견해를 비판하였다(Mills, *The Power Elite*, 1956, pp. 125~126의 주). 이러한 역사를 알고 있는 사람들에게 그들 간의 후속 논쟁은 마치 정면 대결같이 생각되었다.

테적인 영웅적 인물이라고 묘사했다. 그가 죽은 후에 적어도 '신좌파'를 창설한 사람 중의 한 명이 그의 아들 이름을 밀즈의 이름을 따서 지었는데, 이것은 그가 밀즈에게 크게 호감을 느끼고 아들의 피부가 붉은색을 띠었기 때문이다.

밀즈의 저작은 인간의 에너지와 실망에 대한 예리한 인식, 인간의 모험에 대한 열정, 그리고 존엄에 대한 헌신으로 가득 차 있다. 여러 면에서 스타일은 그 사람을 표현한다. 그는 사람들이 사회적 환경에 둘러싸이고 자기가 만들지 않은 사회적 힘에 깊은 영향을 받는다고 누구나 알 수 있는 문체로 강력하게 주장하였다. 그리고 그는 이러한 분명한 사실은 두 가지 결과, 즉 이것이 대부분의 인간들의 비극적 생활의 사회적 뿌리가 된다는 것과 또한 사람들이 이것을 똑바로 인식하기만 하면 행동 일치를 통해 인간의 생활을 개선할 수 있는 잠재력을 만들 수 있다고 주장하였다.

밀즈는 『사회학적 상상력』과 다른 저작에서 사회학자들의 올바른 주제는 개인사와 역사를 상호 교차시키는 것이라고 주장하였다. 밀즈 자신의 개인사와 미국사는 지극히 미국적인 모순에서 조우하였다. 그는 소속되기를 거부하는 고독한 숙련공(artisan)이었다. 밀즈는 "나는 지적으로나 정치적으로나 도덕적으로 혼자였다. 나는 사람들이 어떤 집단과의 '형제애'라고 부르는 것—그것이 아무리 작고 비학문적이고 비정치적이라고 하더라도—을 결코 알지 못한다. 나는 몇몇 개인들의 형제애에 대해서 알고 있으나, 집단—아무리 작은 집단이라 하더라도—의 그것은 모른다. 그리고 내가 아는 한 가장 분명한 진실은, 나는 그것을 필요로 하지 않는다는 것이다"[3] 라고 언급하였다. 그는 또한 "지적으로나 문화적으로 나는 가능한 한 '스스로를 만든' 사람이다"[4] 라고 썼다. 그의 '방향'은 '독

---

[3] 밀즈가 러시아의 상징적인 인물이라고 상상한 '토바리치'(Tovarich)에게 1957년 가을에 쓴 에세이. 캐스린 밀즈(Kathryn Mills)와 파멜라 밀즈(Pamela Mills)가 공동으로 편집한 *C. Wright Mills: Letters and Autobiographical Writings*(원고, p. 276). 2000년에 출간할 예정인 이 책의 원고를 미리 보게 해주고 인용을 허락해준 캘리포니아 대학 출판부의 나오미 슈나이더(Naomi Schneider)와 캐스린 밀즈에게 감사를 표한다.

립적 장인의' 그것이었다.5) '장인'이라는 말은 밀즈가 좋아하는 단어 중의 하나였다. "나는 개인적으로 세계 산업노동조합의 조합원이다. 나는 이것을 한 가지 의미, 즉 관료의 반대 의미로 사용한다"6) 라고 주장하였다. 그는 적극적으로 시사적인 글을 쓰면서, 여전히 "나는 정당에 소속되지 않은 정치인이다"7) 라고 했는데, 이 말을 다른 말로 하면, 그는 일인 정당에 속해 있다는 것이다.

설득력 있는 문장, 본능적으로 논쟁을 좋아하는 것, 속도감을 즐기는 텍스적인 분위기, 지적인 두려움이 없는 것, 장인 정신에 대한 열정이 그의 특색이었다. 행동으로 연결되는 그의 자유로운 지성이 그를 모든 기존 세력에 맞서는 국외자로 만들었다. 예를 들어, 급진적 변동을 배제하거나 또는 그것이 바람직하지 않다고 설명하는 데 진력하는 자유주의적 학계뿐만 아니라 케네디 행정부 주위에 몰려들어 이 정부를 케임로트(아서 왕의 궁궐에 있었다고 하는 전설의 마을—옮긴이 주)로 미화하는 아첨꾼 권력자와 왕실 지식인들에게도 그는 국외자였다. 권력을 즐기는 케임로트 사람들은 케네디 정부가 주장한 뉴 프런티어 정책을 매력적이라고 말할지 모른다. 그러나 고독한 사람이며 반관료적 생각을 하는 밀즈는 그 자신의 뉴 프런티어를 주장하였다.

그의 문체가 활기차고, 심지어 근육질적이라고 이름 붙일 수 있는 것이 호소력 있는 인물로 만들었는데, 이것은 우연이 아니다. 그의 문체는 자주 역동적이고 감동적이고 때때로 명백하게 회화체적이다. 그러나 가끔 너무 숙고가 지나쳐 딱딱하기도 하다(밀즈는 그의 문장 스타일을 완벽하게 하기 위해 20년 동안 노력했다). 그는 행위와 실패—'대결'과 '공격' 대 '표류'와 '불이행'—간의 충돌을 특히 좋아했다. 그는 '미친 현실주의'와 '군사적 형이상학' 같은 논쟁에 열중했다. 이러한 스타일은, 이 단어의 가장 좋은 의미에서, 남성적이다. 그러나 마초

---

4) Mills to "Tovarich", *C. Wright Mills*, 원고, p. 30.
5) Mills to "Tovarich", *C. Wright Mills*, 원고, p. 278.
6) Mills to "Tovarich", *C. Wright Mills*, 원고, p. 279.
7) "Tovarich" 노트에 쓴 주석, 1960년 6월, *C. Wright Mills*, 원고, p. 340.

적이지는 않다. 마초적인 작가는 대량 폭력을 전망하지 못한다. 이들은 또한 "서유럽 인본주의의 중심 목표가 이성에 의한 인간 운명의 대담한 통제이다(였다)"라고 주장한다.8)

2

밀즈는 대담하게도 "나는 미국 사회학 그 자체를 심각하게 생각할 기회가 없었다"라고 1944년 구겐하임(Guggenheim) 장학금 신청서에 기록하였다.9) 그는 재단 관계자에게 의견지와 '작은 잡지'에 글을 썼다고 말하였는데, 그 이유는 이들 잡지가 올바른 주제를 제시하고, "그리고 무엇보다도 그가 학문적 문체에 포박당하지 않고 현대 사회과학을 비전문가 공중(public)들과 의사 소통할 수 있는 분명한 방법을 그에게 제공해주었기 때문이다". 28세 때 우리의 고독한 주인공은 이미 자신을 설명하기를 희망했다. 프리랜서 정치가인 밀즈는 이성적 공중을 자기 편에 두기를 원했는데, 그렇다고 공중에게 그들의 지지를 대가로 질식할 것 같은 동조를 요구하지는 않았다. 밀즈는 대중성(그는 생각을 개발하는 방법으로서 이것을 환영했다)과 자유로운 생활을 하고자 하는 욕구(이것은 더 이상 바꿀 수 없다) 간의 차이를 알았다. 왜냐하면 그는 40세에 쓴 한 편지에서 "'나는 완전히 체계적인 무정부주의자'라고 썼기 때문이다".10)

그러나 그는 완전히 낡은 무정부주의자는 절대로 아니었다. 또한 그는 지적인 속물도 확실히 아니었다. 그는 엄밀함을 존중했고, 학문적 기법(craft)의 높은

---

8) Mills, *The Causes of World War Three*, New York, Ballantine, 1958, 1960, pp. 185~186.
9) 밀즈가 1944년 11월 7일 존 사이먼 구겐하임 기념 재단에 보낸 신청서(*C. Wright Mills*, 원고, pp. 83~84). 그가 받은 장학금은 재단의 명예가 되었다. 이 장학금은 그가 흥미 있는 주제를 살피게 한 계기가 되었다: 사회학은 밀즈가 냉소적으로 잘 비판한 틀이었지만, 실제로 사회학은 전혀 그렇지 않았다. 사회학의 지도급 학자들이 밀즈를 존경하고, 적어도 그의 초기 저작에 대해서는 진지하게 생각하였으나 그의 후기 저작에 대해서는 그렇지 않았다.
10) 밀즈가 하비(Harvey)와 베티 스와도스(Bette Swados)에게 1956년 11월 3일에 보낸 편지 (원고, p. 241).

소명을 희구했다. 그리고 진지한 비판을 두려워하지 않았으며, 비판에 즐겨 응했고, 솔직한 논쟁의 질박함과 전도를 좋아했다. 방법론과 학문적 기법의 차이점은 중요하다. 방법론은 쓸모없는 엄밀함을 추구한다. 방법론의 엄밀함은 통계적 실행을 너무 맹신하여 조사 연구의 실제를 무력화시킬 정도로 화석화시킨다. 반면에 기법은 자료를 중시하고 목적을 분명히 하고 지적 생활을 의식한다. 기법도 엄밀함을 추구하지만, 엄밀함이 기법을 보증하지는 못한다. 기법을 통달하기 위해서는 지식과 논리뿐만 아니라 일반적인 호기심, 르네상스적(문예부흥)인 포괄적 기술, 역사와 문화에 대한 이해가 필요하다. 1950년대의 또 하나의 위대한 사회학적 저작인 리스먼(D. Riesman)의 『고독한 군중』도 고도의 방법론적 정교함이 아니라 사회학적 상상력이라는 기법에 의해 저술되었다. 국민성을 주제로 다룬 이 걸작은 자료와 통찰력이 너무나 풍부하여 이것 자체가 이 저작의 주요 '이론적' 가정, 즉 인구학적 S곡선이 국민성을 전통적 성격에서 내부 지향적 성격을 거쳐 타자 지향적 성격으로 변화시킨다는 주장보다 더 오랫동안 빛났다.11)

밀즈의 불후의 명작인 『사회학적 상상력』은 '장인 기질론'이라는 부록으로 끝난다. 이 부분은 모든 대학원 학생들이 읽고 있는데, 그 이유는 이것이 단계적인 매뉴얼이 아니라 지적 작업이라는 모험을 조언해주기 때문이다. '장인 기질론'은 다음과 같은 말로 끝난다(대학에서 색인 카드를 타이핑하고, 장인 정신을 실천하기를 희망하면서 다음 것을 타자기에 입력한다).

> 당신이 어떤 일의 일부를 완수하려고 하기 전에—설령 그 일이 때때로 간접적일지라도—당신이 살고 있는 시대의 사회구조와 흐름, 시대의 형성과 의미 그리고 20세기 후반기 인류 사회의 가공할 만하고 장대한 세계를 이해하려는 핵심적이고 지속적인 임무에 당신이 하고자 하는 일을 맞추어야 한다.12)

---

11) 리스먼이 글레이저(N. Glazer), 데니(R. Denny)와 같이 저술한 『고독한 군중』(1961)에서 그가 쓴 서문(xlii~xliii)을 참조하라.

창백한 사회학을 위한 몇 가지 임무!

　『고독한 군중』과 마찬가지로 밀즈의 주요 저작들―『새로운 권력 인간』 (1948), 『화이트 칼라』(1951), 『권력 엘리트』(1956) ―은 방법이나 이론에 기초한 것이 아니라 큰 주제에 의해 추동되고, 어떤 모험 정신에 의해 씌어진 것이었다(밀즈는 '사회과학' 보다는 '사회 연구'라는 용어를 더 좋아할 만큼 사회학의 주요 성향과는 크게 떨어져 있었다).13) 사회학자가 한 사람의 일생을 사회적 전체와 관련시키기 위해 철저하게 노력해야 한다는 것은 오늘날만큼 주목받지 못했다. 『사회학적 상상력』에서 밀즈는 주류 사회학의 두 가지 주요 경향을 통렬하게 비판하였다. 하나는 과장된 '거대이론'이고, 또 하나는 미시적인 것을 중시하는 '추상적 경험주의'였다. 그런데 이것들은 40년 전만큼이나 오늘날 중요하게 여겨지고 활기에 차 있다(때로는 들떠 있기조차 하다). 이것은 오늘날의 사회학이 밀즈가 묘사한 홈통 속으로 더욱더 깊게 빠져 들어가기 때문에 그렇다. 밀즈는 많은 포스트모더니스트, 마르크스주의자, 그리고 페미니스트들이 '쓸모없이 높은 곳'에 올라 선배 학자들과 같은 자세를 취하는 것을 우습다고 생각하였을 것이다.14) 그런데 그들은 그들의 은둔적이고 자위적인 활동, 대중적 지지와 정치적 갈망, 그리고 잘난 체하는 과장을 유용하고 진지하다고 강력하게 주장한다. 밀즈는 '이론'이 무책임한 권력에 치명타를 가한다고 생각하지 않았을 것이다. 나는 그가 연구팀에서 추상적 경험주의자들의 감독적 이데올로기가 기업체와 정부의 불필요한 지적 행동을 유발시킨다고 폭로한 것과 같이, 그가 '이론'을 계급 구속적인 이데올로기―예를 들어, '새로운 계급'의 이데올로기―로 보는 것을 비판해야 한다고 인식했을 것이라고 생각한다. 나는 또한 그가 거대한 지적 주장과 정치적 허세를 펴는 '이론'에서 대학의 높은 임무에 관한 일종의 레닌주의적 가정―이 가정은 위험하다―을 인식했을 것이라고 생각한다. 대학이 일단 '이

---

12) *Sociological Imagination*, New York, Oxford University Press, 1959, p. 225.
13) *Sociological Imagination*, p. 18 주.
14) *Sociological Imagination*, p. 33.

론'을 제대로 정리하면, 대학은 대학의 작업을 완결한 것으로 간주하는데, 이것은 바로 이 점에서 위험하다.15)

물론 밀즈는 스스로 고도의 의무감—자신의 임무뿐만 아니라 지식인 일반과 특별히 사회과학자의 그것—을 갖고 있었다. 그는 막스 베버가 '소명'이라고 부른 지적 작업에 헌신했다. 소명의 원래 의미는 양심이 요구하는 일이란 뜻이다. 밀즈는 한스 거스(Hans Gerth)와 같이 베버의 주요 논문을 영어로 편집하였는데, 그는 베버의 유명한 두 논문인 「직업으로서의 학문」과 「직업으로서의 정치」를 냉정하게 분리할 필요가 있다는 베버의 결론에 동의하지 않았다. 전혀 그렇지 않았다. 밀즈는 문제 의식이 가치관에서 도출되어야 한다고 생각하였다. 그리고 답을 급하게 구해서도 안 된다고 하였다. 이것이 베버와의 결정적인 차이점이다. 조사 연구 결과가 연구자를 기분 나쁘게 한다면, 그것은 너무 좋지 않은 일이다. 그러나 밀즈는 또한 그 연구 결과가 공개되고 공적 토론을 자아낸다면, 좋은 사회과학은 좋은 정치가 될 수 있다고 생각하였다. 그는 체질적으로, 그리고 추론과 소거법에 의해 지적 생활을 행동주의적으로 생각하는 사람이었으며, 한가하게 누워서 문제를 생각하는 사람이 아니었다. 만약 지식인들이 지적으로 막힌 곳을 깨뜨리지 못한다면, 누가 그것을 하겠는가?

이것은 밀즈에게는 단순히 수사적 질문이 아니었다. 이것은 그의 박사학위 논문 주제가 되었던 듀이(미국의 실용주의적 교육학자—옮긴이 주)의 실용적 정신을 바탕으로 실험적 대답, 즉 경험에 근거한 반성적 사고를 통해 실제 생활에서 구할 수 있는 대답을 요구하는 질문이었다. 왜냐하면 10년간의 연구 작업 끝에 내린 그의 결론은 만약 이성과 권력—잠재적 권력—의 융합을 찾는다면, 그것은 지식인 밖에 없다고 보았기 때문이다. 밀즈는 1940년대 후반과 1950년대의

---

15) 나는 갠스(H. J. Gans)가 편집한 *Sociology in America*(Newbury Park, CA: Sage Publications, 1990, pp. 214~226)에 수록된 "Sociology for Whom? Criticism for Whom?"에서 '이론 계급'의 내재적 정치를 자세하게 논의하였다.

그의 저작—『새로운 권력 인간』에서의 노동자, 『화이트 칼라』에서의 중간 계급, 그리고 『권력 엘리트』에서의 최고위자들—에서 역사 창조자들을 가려내는 작업을 하였다. 노동자들은 구조적 개혁의 도전을 이겨내지 못했다. 화이트 칼라 피고용자들은 지리멸렬하고 뒷전에 머물렀다. 그리고 권력 엘리트들은 무책임하였다. 밀즈는 [부분적으로 소거법에 의해] 오로지 지식인들만이 이성을 전개시키는 싸움을 할 수 있다고 결론을 내렸다. 지식인들은 그 어떤 누구도 그렇게 할 수 없을 때 사회 문제를 제기하면서 이성을 구현할 수 있기 때문에, 그들은 어떤 문제에 대한 "개입—사회구조를 유지하고 변동시키는 '지렛대'—의 전략적 관점을 가지려고 노력한다. 그리고 개입할 수 있는 자리에 있으나 개입하지 않는 사람들을 평가하는 것도 지식인에게 부여된 책임이다".16)

밀즈가 『마르크스주의자들』에서 쓴 것처럼, 정치철학은 사회 분석과 사회가 작동하는 방법에 관한 이론뿐만 아니라 '윤리, 즉 이상의 구체화'를 포함해야 한다.17) 지식인들은 그들의 가치관에 대해 명료한 입장을 취해야 하고, 반대 입장도 엄격하게 고려해야 한다. 또한 조사 연구는 그가 존 듀이를 따라서 '공중'이라고 부르는 사람들을 동원하고 그들에게 정보를 주는 솔직한 글쓰기로 보강해야 한다. 밀즈는 "민주주의 사회에서 사회과학의 교육과 정치적 역할은 개인적 현실과 사회적 실체를 적합하게 정의하고, 이에 따라 생활하고 행동하는 공중과 개인을 교화·유지시키는 데 이바지하는 것"이라고 주장하였다.18)

오늘날 논쟁이 될 정도로, 밀즈는 이성의 중요성—또는 그 달성 가능성—에 대하여 냉소적이지 않았다. 그는 이것은 결코 달성할 수는 없으나 점차 근접할 수 있는 목표로 생각하였다. 그는 오히려 냉소적인 입장과는 반대였다. 그는 전혀 냉소적이지 않은 태도로 '계몽주의'를 언급하였다.19) 그는 포스트모던 이전

---

16) *Sociological Imagination*, p. 133.
17) *The Marxist,* New York, Dell, 1962, p. 12.
18) *Sociological Imagination*, p. 192.
19) *Sociological Imagination*의 "On Reason and Freedom" (pp. 165~176) 부분 참조.

시대의 엄밀한 태도로 이 문제에 접근하였다. '계몽주의'의 조건과 관련된 이 문제는 우리가 '계몽주의'를 너무 많이 갖고 있어서가 아니라 너무나 적게 갖고 있어서라는 것, 그리고 과학적 조사 연구와 경제계의 계산 방식과 국가 계획 수립에서 기술적 합리성에 완전히 무릎을 꿇은 것이 비극이라는 것을 논의하였다. 경제 부문과 국가의 관료화는 이성적 인간의 민주주의적 자기 통치를 일정 부분 손상시켰다. (이것은 '제도'의 합리성의 증대가 '개인'의 자유를 축소시키고, 나아가 자유를 말살시킨다는 베버의 위대한 발견을 다시 주장하는 것이다). 또한 그가 죽을 때까지 풀려고 노력한 민주주의적 전망도 손상시켰다. 왜냐하면 서유럽은 '저개발' 국가의 세계 무대 진출을 달가워하지 않았고 '자유주의' (대체로 '자유주의적 실용성'이라는 기술로 퇴보하였다)도 마르크스주의(대체로 독재를 합리화하는 맹목적 독단으로 퇴보하였다)도 저개발 국가의 긴급한 필요를 충족시키지 못하였기 때문이다. "우리의 주요 방침—자유주의와 사회주의—은 세계와 우리 자신을 적절하게 설명하는 데 실질적으로 실패하였다"[20]라고 밀즈는 언급하였다. 이것은 대단히 정확한 분석이었다.

3

사회과학(사회 연구에서는 더욱더)에서 40년은 긴 시간이다. 사회도 변했고, 학자의 연구 절차도 바뀌었다. 세대의 순환 그 자체가 학문적 변동을 초래한다. 왜냐하면 모든 세대의 젊은 학자들은 자신들과 선배 학자들을 구별하기 위해 새로운 영역을 개척한다. 그리고 그들이 새로운 영역을 개척하는 데 사용한 자료가 이제 낡은 학문 그 자체가 된다. 스타일과 어휘도 이렇게 변화하고, 지배적 패러다임도 이렇게 바뀐다. 밀즈가 저작 활동을 하던 1960년대에는 정부의 조사 연구가 하나의 성장 산업이었다. 밀즈는 『사회학적 상상력』에서 이것을 주목하였고, 경멸하였다. 냉전이 한창일 때, 기업체와 정부 기관은 모두 '추상적 경험주

---

20) *Sociological Imagination*, p. 166.

의'를 유용하게 활용하였다. 그러나 정부의 신뢰와 밀즈가 '자유주의적 실용성'이라고 부른 것에 대한 신뢰가 사라지자, 여기에 지원되는 자금도 바닥이 났다. 따라서 오늘날의 '추상적 경험주의'는 밀즈 시대만큼 신망을 갖고 있지 못하다. '거대이론'도 이와 마찬가지로 오늘날 밀즈를 기쁘게 하는 방향으로 바뀌었다. 즉 파슨스(T. Parsons)보다는 푸코(M. Foucault)의 이론이 더 영향력을 갖는데, 1950년대의 구조기능주의 이론에서 실제로 아무런 의미도 없던 권력이 푸코의 이론에서는 중요하게 다루어지고 있다.

새로운 세기인 2000년대에 접어들어서도 『사회학적 상상력』은 여전히 유효하고 필요하다는 것이 입증되었는데, 이것은 주목할 만한 사실이다. 40년 전에 이미 밀즈는 오늘날에도 유효한 사회학의 주요 방향을 알아냈다. "일련의 관료적 기술은 방법론적 주장만을 전개하여 사회 연구를 하지 못하게 하고, 고의로 불분명한 개념을 사용하여 이러한 작업을 가로막고, 또는 공적으로 적합한 쟁점과 아무 관계 없는 사소한 문제에 관심을 집중시켜 이 연구를 보잘것없는 것으로 만든다".21) 그가 사회학의 귀중한 목적을 방어하기 위해 지적한 바와 같이, 문학과 예술과 비판이 사회 생활을 지적으로 명료하게 분석하지 못한다는 것은 사실이다.22) 밀즈가 주장한 바와 같이, "정당화의 잦은 부재와 보편화된 대중적 무관심은 확실히 서유럽에서 두 가지 중심적인 정치적 사실이다".23) '번영'—아무리 불평등하게 분배되더라도(그리고 1959년보다 오늘날이 더 불평등하다)—은 모든 사회적 문제에 대한 만능 해결책으로서 다시 한번 스스로를 드러낸다. 불행하게도 밀즈의 이러한 선언은 적중하였다.

여전히 40년은 40년이다. 이는 밀즈의 성년 생활 기간보다 더 긴 시간이다. 그리고 사회가 분명히 변동함으로써 밀즈의 전망이 더욱 새로워져야 하는 것은 전혀 놀라운 일이 아니다. 먼저, 밀즈는 감춰지고 은폐된 권위를 우려하였다. 그

---

21) *Sociological Imagination*, p. 20.
22) *Sociological Imagination*, p. 18.
23) *Sociological Imagination*, p. 41.

러므로 이것은 공공 생활에서 쟁점이 되지 못했다. 아이젠하워 대통령 시절의 혼란기에 힘있는 기업체들을 강력하게 비판하지 못했다. (『사회학적 상상력』이 아이젠하워가 '군산 복합체'의 힘에 대해 경고하기 1년 전에 출간되었다는 것을 기억하라). 좌파는 소멸되었고, 우파는 중앙집중화된 제도에 의한 권리 침해보다는 공산주의의 위험에 더 골몰하였다. 더욱이 대부분의 사람들은 부유해진 것과 냉전의 찰떡 같은 조합에 대체로 만족하였다. 행정부가 미국의 주 사이를 연결하는 고속도로 건설에 개입하고, 지하철 건설을 재정 지원하며, 대학에 보조금을 주는 것에 반대하는 사람은 거의 없었다. 그러나 오늘날 모든 당국은 의심받고, 조롱당하고, 경멸받고 있다. 냉전은 이제 더 이상 정부 권력의 근거로 이용되지 않는다. 1960년대의 문화적 격동과 상품 소비를 통한 개인적 해방감을 맛본 결과로, 거의 모든 제도와 전통—정부 기관, 기업체, 노동계, 언론계, 고수 사회—을 존중하지 않는 것이 정상이 되었다. 이러한 정치적 신념이 정부의 보조금을 받는 수많은 제도들의 공존을 대리하기 때문에, 이 신념은 기업체보다 더 시장의 신화를 존중한다. 어떤 의미에서 이 시대의 지배 이데올로기는 반제도적—로버트 벨라(Robert Bellah)와 그의 동료들이 '표출적 개인주의'라고 말한 것—이다.[24] 베트남 전쟁, 워터게이트, 그리고 레이건의 당선 이래로 밀즈가 극복하려고 한 자유주의적 실용성이란 신념은 크게 손상되었다. 왜냐하면 정치적 행위와 감금 행위가 쟁점이 되거나 특정 선거구만을 이롭게 하는 정부 사업이 비척될 때를 제외하고 정부의 행위는 대체로 정당화되지 않았기 때문이다.

또한 오늘날 "많은 사적인 불만이 비공식화된다"고는 할 수 없다.[25] 오히려 이와 반대이다. 미국에서는 대부분의 사회 제도에 대한 만족은 기이하게도 이들 제도에 대한 광범위한 불만과 공존한다. 왜냐하면 이러한 여러 가지 불만족과 소외는 하나의 갈등 축으로 합쳐지지 않기 때문이다. "불쾌함과 무관심은 현대 미

---

[24] Robert N. Bellah 외, *Habits of the Heart: Individualism and Commitment in American Life*, New York, Harper & Row, 1985.
[25] *Sociological Imagination*, p. 12.

국 사회의 사회적 분위기와 개인적 환경을 형성한다"26) 고 할 정도로 수많은 적대감, 즉 미국 사람들이 그들의 고통에 책임이 있다고 거명하는 여러 이해 집단들과 공존한다. 보수주의자들에게 이것은 자유주의적 매개 수단이다. 또는 세속적 휴머니즘, 도덕적 상대주의, 애국주의의 쇠퇴, 잘난 체하는 소수이다. 자유주의자들에게 이것은 보수적 매개 수단이다. 또는 부활하는 자본, 인종주의, 우익 재단을 위한 시장 이데올로기이다. 페미니스트에게 이것은 가부장제이다. 가부장주의자들에게 이것은 페미니즘이다. 『사회학적 상상력』이 출간되었을 때 공중들의 시위는 드물었다. 오늘날 이것은 흔하고, 심지어 진부하기까지 하다. 정치적 감정 표현은 여론 동원 기술을 통하여 전문화되고 조직화되었다. 1960년대의 반란은 밀즈의 생각을 사적 문제에서 공적 쟁점으로 성공적으로 전환시켰다.

밀즈는 민주적 참여의 부활을 희망하였지만, 그는 미국 사람들이 얼마나 열정적으로 소비재를 획득하고 사용하는지에 대해서 충분히 알지 못했다. 그는 1960년대 후반기부터 시작된 현상인 민주 사회 대부분의 사람들이 시장 판매용 상품을 소비함으로써 만족하는 정도—심지어 일시적인 정체감을 느끼는 것—를 낮게 평가하였다. 밀즈의 미국은 여전히 청교도적 직업 윤리가 쾌락주의를 보호하고 있었다. 그는 여전히 아마도 그가 가장 싫어하는 이념의 하나, 즉 다니엘 벨(Daniel Bell)이 말하는 기업 자본주의에서의 중심성, 즉 [프로테스탄트 윤리에 의해] 얻는 것과 [쾌락주의적 윤리에 의해] 소비하는 것 간의 긴장의 핵심을 예상하였다.27) 그는 대부분의 미국 사람들이 돈을 쓰거나 돈을 쓰기 위해 기꺼이

---

26) *Sociological Imagination*, pp. 12~13.
27) Bell, *The Cultural Contradictions of Capitalism*, New York, Basic, 1976. 밀즈가 이러한 중요한 논점을 기대한 수많은 예 중의 하나인 *The Power Elite*(1956; 2000, p. 384)를 참조하라. 벨은 *The Power Elite*를 통렬하게 비판하였다(*The End of Ideology* 제3장 "Is There a Ruling Class in America? The Power Elite Reconsidered"). 벨은 밀즈가 뉴딜 정책과 공화당 행정부의 차이를 구별하지 못했으며, 20세기 중반에 폭력으로서의 권력을 지나치게 강조했다고 비판하였다. 밀즈는 1958년 12월 2일에 한스 거스에게 보낸 편지에서 벨이 황송하게도 공개적으로 반응하지 않았다고 쓰면서(*C. Wright Mills*, 원고, p. 299) '벨 씨의 논쟁자로서의 논점'을 무시했

돈을 빌리려고까지 할 뿐만 아니라, 재미와 여가를 기술적 마술로까지 연결시키려고 하는 사실에 놀랐을 것이다. 그는 여전히 대중 문화의 제도화에 선구적 작업을 하였다. 『권력 엘리트』에서 명사에 관한 장(章)은 역사사회학에서 이들이 하나의 사회적 세력으로 출현한 것을 연구한 최초의 시도 중의 하나이다.

1959년 이후에 발생한 또 다른 변화는 언론 대체의 점증적 출현이다. 여기에는 대중매체라고 불리는 것, 즉 수천만 명의 수신자에게 신호를 보내는 단일 송신자뿐만 아니라 텔레비전과 라디오, 잡지와 인터넷과 워크맨 등이 있는데, 이것들은 여러 인종이 관여하는 다국적 복합 기업과 연합하여 여러 가지 방법으로 일상 경험에 스며든다. 요약해서 말하면, 이것들은 대중들의 관심을 크게 불러일으킨다. 이러한 변화는 여전히 진행중인데, 밀즈가 잘 알다시피 이 현상을 이해하기 위해서는 사회학적 상상력의 새로운 적용이 필요하다('문화 기관'에 대한 그의 집필 계획은 그의 불의의 죽음으로 이루어지지 못했다). 대중 문화의 무법성에 밀즈는 아연실색했을 것이다. 그러나 사적 생활의 언어가 공적 가치관의 갈등으로 나아가, 클린턴 행정부 시절 전국적인 정치 문화의 충돌이 고백과 '공동 의존'과 '당신의 고통을 느끼기'라는 어법에 빠져드는 것에 놀라지는 않았을 것이다. 이러한 의미에서 "대부분의 공적 쟁점과 사적 문제들을 '정신의학적'으로 기술할 수 있다는 밀즈의 말은 진실이다".[28] 만약 오늘날 '정신의학'이 정신분석학적으로 덜 논의되고, 자조와 12단계 프로그램과 고백 등의 텔레비전 토크 쇼 같은 언어로 더 많이 논의된다 하더라도 밀즈가 사적 문제를 공적 쟁점으로 전환하려고 하는 바로 그것은 아니다. 실제로는 오히려 이와 반대이다.

밀즈는 그의 사회학적 상상력을 골치 아픈 인종 문제에 충분히 적용하지 않았다. 밀즈 자신은 인종주의를 혐오하였다. 그는 민권 운동 초기 시대에 살았지다. 이러한 방식은 너무 나쁘다. 왜냐하면 벨의 논점은 대부분 즉각적으로, 그리고 확실하게 반박되어야 했기 때문이다.

28) *Sociological Imagination*, p. 12.

만, 놀랍게도 미국 생활에서의 인종의 역동성에 대해서는 거의 언급하지 않았다. 민권 운동을 하는 학생들은 세계 역사 의식을 갖고 있는 젊은 지식인 집단의 한 사람인 밀즈에게 관심을 보였다. 그러나 인종을 확인하는 것이 사람들의 생활 기회를 형성하고 왜곡시킨다는 사실이 그에게 크게 부각되지 않았다. 오늘날 인종은 미국의 사회구조와 논의 속에 두드러져 때때로 다른 논쟁적 쟁점을 압도한다. 또한 밀즈가 죽은 다음에 비계급적 정체성 차원이 중요해졌다. 이것은 특권과 기회를 가려내는 척도로서, 그리고 현실을 굴절시키는 프리즘으로서 미국 사람들 (그리고 다른 나라 사람들)의 세계관을 변경시켰다. 오늘날 사회학적 상상력을 중점적으로 고려해야 하는 또 다른 요인들로 섹스와 섹슈얼리티, 그리고 종교와 지역이 있다. 사회학이 1950년대 이래로 이루어낸 진전은 정확하게 여기서 출발한다. 섹스(생물학적 성—옮긴이 주)와 젠더(사회적 성—옮긴이 주)의 다이내믹스 분석과 인종과 민족성(ethnicity)을 분석할 때, 이 중의 일부는 사적 문제를 공적 쟁점으로 이해하려는 밀즈 자신의 관점을 사용하면 더 잘 파악할 수 있다.

　마지막으로 사회학적 언어가 여러 가지 방법으로 상식적 대화뿐만 아니라 정치적 연설에서 정상적 요소가 되는 것은—가끔 타락한 형태를 띠기도 하지만—현대 문화에 관한 진기한 사실이다. 일시적 사건을 사회학적으로 해석하는 것은 모든 것을 받아들이는 해면성 문화의 서글픈 모순에 의해 현재까지 대중 저널리즘의 관습적 구성 요소가 되었다. 이것이 부분적으로 사회학이 학문 세계에 성공적으로 진입하게 된 요인이었다. 언론인과 편집인들은 사회학 강좌를 듣고, 사회학의 내용을 학습하였다. 그들은 더 이상 전문 지식이 없으면 사회 변동의 주요 윤곽을 그릴 수 없다.[29] 그러나 사회학적 상상력은 광고 대행사와 정치 고문의 장막 뒤의 작업과 대학에서와 같이 대중들의 대화와 언론 매체에서 보잘것없는

---

29) 사회학적 용어의 대중화에 대해서는 갠스가 편집한 *Sociology in America*(Newbury Park, CA: Sage Publications, 1990)에 수록된 D. H. Wrong의 "The Influence of Sociological Ideas on American Culture"를 참조하라.

것이 되었다. 상업 영화나 텔레비전 시리즈는 현대의 '긴장' 및 '불안'과 관련하여 그 성공을 '설명'하기 위해 해설 방송을 하지 않으면 안 된다. 기업체들은 사회 경향을 가볍게 엿보거나 또는 그렇게 하기 위해 이것을 해설할 고문을 고용한다. 나는 사회학적 전문 용어로 이러한 현상을 예견하도록 자주 부탁을 받았다. 나는 일상적인 오락 프로그램의 주요소가 된, 전문가가 공급하는 화제성 토막 기사에 대한 1980년대와 1990년대의 언론 매체의 선호를 주목하였다. X급의 두 영화가 갑자기 히트를 치거나 새로운 유행이나 용어나 후보가 급속도로 인기가 있다는 것은 무엇을 의미하는가? 언론 매체가 사회학적 이해를 시도하는 것은 트렌드 스토리에서 수용할 만한—결과적으로 거의 의무적인—요소이다. 그리고 이것은 탐방 보도—아무리 공인받지 못했다 하더라도—가 가십보다 더 진지한 것이라는 사실을 증명한다. 이러한 현상은 문화 연구 영역에서도 발생하였는데, 대중적으로 의미 없는 것이 가장 심각하게 조사해야 할 가치 있는 것이 되었다.[30] 통속적인 사회학에는 사회학적 상상력이 결여되어 있다. 즉, 비유적으로 말하면, 이것은 음식 문화를 패스트푸드화하고, 순간을 중시하는 상업 시대에 성수를 뿌리는 것처럼 통찰을 사소화시킨다.

밀즈는 사회학적 상상력을 창안했을 뿐만 아니라, 그것을 능숙하게 실행했다. 리스먼은 화이트 칼라 노동자에 관한 밀즈의 묘사가 너무 우울하게 그려졌다

---

[30] 퍼거슨(M. Ferguson)과 골딩(P. Golding)이 편집한 *Cultural Studies in Question* (Newbury Park, CA: Sage, 1997), pp. 25~38에 수록된 기틀린(T. Gitlin)의 "The Anti-Political Politics of Cultural Studies"를 참조하라.

[31] 리스먼의 Review of *White Collar, American Journal of Sociology* 16(1951, pp. 513~515)을 참조하라. 밀즈의 '중간 수준의 권력'은 리스먼의『고독한 군중』에서의 '거부 집단'을 직접 겨냥하였다. 그러나 두 사람의 이러한 분석 차이에도 불구하고 리스먼은 진심으로 반국가주의자였다. 그리고 리스먼이 1960년대 초반의 평화 운동에 능동적으로 헌신한 것은 여러 가지 점에서 밀즈가 권력 엘리트를 의심한 것과 같다.

고 비판하였지만, 그는 여전히 밀즈의 통찰력과 그의 연구의 유익성을 인정하였다.31) 그의 인생은 짧게 끝났지만, 그의 대부분의 저작은 동시대의 다른 어떤 비판가들의 그것보다 생명력이 길었다. 그는 사회학과 사회 비판에서―그리고 이 두 가지를 연결하는 어렵지만 필요한 노력을 한 점에서―없어서는 안 될 훌륭한 양심의 소유자였다. 그는 부단히 참여하는 도덕주의자였다. 그리고 언제나 중요한 질문을 하고, 지식인의 생활이 어떠해야 하는지에 대해 공개적인 태도를 가졌다. 그의 작업은 사람들이 동의하지 않는 경우에도 신선하고 모험심이 넘쳤다. 사람들은 그들이 갖고 있는 지혜 이상의 도전 의식을 느끼면서 그의 책을 읽고 다시 읽었다. 그리고 자기의 최선의 생각과 최고의 판단력을 자문하였다. 우리 시대의 한 지식인에게 더 이상의 상찬은 가능하지 않다.

찾아보기

ㄱ

가치 164~167, 220
가치 지향 42, 43, 46, 47, 49, 55, 57, 58, 61
강제력의 정의 62
개인 210 이하
개인 문제(troubles) 21, 23, 25, 26, 33, 165~167, 170, 205, 214, 217, 219, 223, 229, 231, 235, 253, 276
___의 정의 22
갤런슨(Galenson, Walter) 인용 195
갤브레이스(Galbraith, John K.) 112, 175
거대이론(Grand Theory)
___과 가치 지향 42, 43, 46, 47, 49, 55, 57, 58, 61
___과 규범적 구조 57, 58, 61, 62
___과 동조 45~50, 55, 56
___과 사회 통합의 문제 61, 66

___과 상벌 46~48, 57
___과 상징 체계 42, 43
___과 아노미 47, 48
___과 의미론 53
___과 자본주의 54, 55, 65
___과 제도 47, 48
___과 질서의 문제 43, 66
___과 추상화 수준 54
___의 이해 가능함 44
거스(Gerth, H. H.) 인용 27
경제학의 혼란 111
경험적 연구 39, 52, 93, 94, 96, 161, 252~254
계몽 221
고대 206
고전적 전통 29, 72, 165, 173, 175, 180, 212
공공 문제(issues) 21, 23, 25, 26, 165~167, 170, 214, 217, 223, 231, 251, 253, 276
___의 정의 22
과학 → 과학철학, 사회과학, 자연과학, 행동과학

과학기계 227
과학적 방법 81~83, 138, 147, 166
과학철학(Philosophies of Science)
___과 거대이론 158~160, 163, 165
___과 고전적 사회과학 155, 160, 162, 163
___과 추상적 경험주의 158~160, 163, 165
___과 상식적 경험주의 158
관료적 풍조(Bureaucratic Ethos)
___와 거대이론 152
___와 슬로건 147~149, 151
___와 인간 공학 151
___와 추상적 경험주의 133~135, 137~139, 152
『거대한 사회』(The Great Society) 213
교과서 48, 117, 178
국민국가 23, 24, 171~174, 197, 225

사회학적 상상력

296

『군국주의의 역사』(History of Militarism) 77
굴드너(Gouldner, Alvin W.) 인용 65, 66
권력(power)의 정의 62
권위(authority)의 정의 62
그라프(Graff, Henry) 인용 181
근대 206
긴즈버그(Ginsberg, Morris) 인용 181

ㄴ

나치 독일 67, 68
노이만(Neumann, Franz) 71, 160
뉴턴(Newton, Isaac) 28, 163

ㄷ

다윈(Darwin, Charles) 28, 163
달(Dahl, Robert) 175
대중매체 76, 110, 127, 226, 259
더빈(Dubin, Robert) 126
던랩(Dunlap, John T.) 126
데이비스(Davis, Lambert) 264
도드(Dodd, Stuart) 40, 81
뒤르켐(Durkheim, Emile) 19, 48, 57, 191, 205

ㄹ

라탐(Latham, Earl) 175
라스웰(Lasswell, Harold D.) 57, 175, 191, 248
라이헨바흐(Reichenbach, Hans) 272
라자스펠드(Lazarsfeld, Paul F.) 40, 84, 160, 268
___의 인용 87, 88, 91, 92, 132, 133
런드버그(Lundberg, George) 40, 258
___의 인용 81
레드필드(Redfield, Robert) 191
레온티예프(Leontief, Wassily) 112
레키(Lecky, W. E. H.) 19
로고(Rogow, Arnold) 인용 113
로빈스(Robbins, Lionel) 인용 109
로스(Ross, Arthur M.) 126
로스(Ross, E. A.) 19
로크(Locke, John) 57
록우드(Lockwood, David) 56
루소(Rousseau, Jean Jacques) 57
르네상스인 217
리스먼(Riesman, David) 175, 213
린드(Lynd, Robert S.) 인용 149
린드블롬(Lindblom, Charles E.) 126
립세트(Lipset, Seymour) 126

ㅁ

마르크스(Marx, Karl) 19, 26, 38, 57, 59, 72, 87, 111, 148, 187, 205, 208, 212, 213, 224, 234, 248
___의 인용 224
마셜(Marshall, S. L. A.) 77
만하임(Mannheim, Karl) 19, 57, 187, 205, 211, 222
매개 원리(principia media) 151, 187, 188
맬서스(Malthus, Thomas) 112
메인(Maine, Sir Henry) 191
모리스(Morris, Charles M.) 53
모스카(Mosca, G.) 57, 248
___에 관한 노트 249, 250
무관심 18, 25~27, 33, 63, 138, 145, 167, 177, 186, 214, 235
무어(Moore, Barrington) 160
무어(Moore, Wilbert) 126
문제(problems)의 정의 121
___와 가치 165~167
문화 171~173, 199
문화 지체 119~121
『미국 병사』(The American Soldier) 149
미국 사회 26, 27, 65, 68, 70, 95, 107, 195, 196
미국 사회과학협회 (American Social Science Association) 114
미드(Mead, George H.) 199, 213
민주주의 17, 54, 76, 149, 175, 186, 207, 222, 233

~236
___의 정의 150, 232
민즈(Means, Gardiner C.) 112
밀(Mill, John Stuart) 151, 187, 208
밀러(Miller, Delbert) 126

ㅂ

바르쥔(Barzun, Jacques) 인용 181, 203
방법 154 이하
___의 정의 82
방법론(Methodology) 156, 158, 164, 266
___의 정의 82
방법론적 금기(Methodological Inhibition) 43, 73, 79, 81, 84, 99, 102, 139, 183
배그츠(Vagts, Alfred) 77
버크(Burke, Kenneth) 263
베럴슨(Berelson, Bernard) 인용 78
베버(Weber, Max) 19, 38, 52, 57, 71, 72, 78, 87, 160, 191, 202, 205, 248, 254
베블런(Veblen, Thorstein) 19, 120, 205, 245, 248
베커(Becker, Carl) 191
베크(Beck, William S.) 인용 83
벤담(Bentham, Jeremy) 207
보수주의자들 128, 129
볼딩(Boulding, Kenneth) 인용 109

봉건 시대 190, 191, 196
불안 18, 25~27, 33, 35, 63, 157, 167, 210, 214
브리지먼(Bridgman, Percy) 인용 83
『비히모스』(*Behemoth*) 70, 71

ㅅ

사기(morale)의 정의 125
사회과학(Social Science)
___의 관심 168 이하, 200, 205
___의 문제들 25
___의 정의 34, 35
사회과학 운동(Social Science Movement) 114
사회과학자
교수로서 ___ 148, 229
___의 임무 105
___의 정치적 역할 222, 228
사회구조 170, 171
사회 법칙 188
『사회 체계』(*The Social System*) 42, 45, 50, 52, 71, 72
→ 파슨스도 보라
사회 통합 61
사회학 84~86, 88, 107, 114, 115, 117, 123, 132, 133, 173, 184, 190, 198
___의 정의 38, 55
사회학어(socspeak) 266
사회학적 상상력(Sociological Imagination) 18, 19, 21, 24, 27~29, 33, 36, 38, 139, 154, 155, 173, 197,

231, 253, 259, 274, 276
___의 정의 20, 34
___자극하기 260
사회학적 전통 38, 41
새로운 사회과학 133
생시몽(Saint-Simon, Count de) 191
서평 143, 145, 146
선전(propaganda) 236
소렐(Sorel, G.) 57
소외 27, 125, 211~214, 217
슈펭글러(Spengler, Oswald) 39
슘페터(Schumpeter, Joseph) 19, 175, 205, 248
스노(Snow, C. P.) 31
스위지(Sweezy, Paul) 184
스태그너(Stagner, Ross) 126
스테일리(Staley, Eugene) 160
스토퍼(Stouffer, Samuel) 40, 77, 160
스펜서(Spencer, Herbert) 19, 38, 39, 57, 87, 191, 205
실용주의
비자유주의적 ___ 123
___와 문화 지체 119~121
___와 보수주의자들 128, 129
___와 산업 123~127
___와 이데올로기적 문제 109
___와 적응 121, 122
___와 학문적 직업 130
___의 문제 104~106, 121

___의 정의 123
  자유주의적 ___ 115~
  119, 121, 122
심리학 28, 29, 177, 197,
  198, 201~203
심리학주의
  (Psychologism) 87,
  94, 95

ㅇ

아널드(Arnold, Thurman)
  57
아몬드(Almond, Gabriel)
  175
알렌(Allen, V. L.) 126
암흑기(The Dark Ages)
  206
에머슨(Emerson, Ralph
  Waldo) 인용 58
엘리트 연구 245, 248
엥겔스(Engels, Friedrich)
  59
여론 74~76, 78, 186
역사
  ___를 이용 186, 192,
    196
  ___에 관한 지식이 꼭 필
    요 188
  ___와 사회학 184
  ___와 심리학 197
  ___의 타당성 195
  ___의 경향 182
  ___적 배경의 약술 192
  ___적 자료의 필요 189
  한 학문 분야로서 ___
    181
역사학자의 임무 263
연구(또는 조사)
  경험적 ___ 39, 93, 94,
    96, 161, 252, 253
  ___와 이론 92, 93

예이츠(Yeats, W. B.) 48
예측과 통제 148, 150
오웰(Orwell, George)
  182, 213, 233
와그너법(Wagner Act)
  129
운명(fate) 194
월러스(Wallas, Graham)
  213
윌슨(Wilson, Edmund)
  266
의미론 53
이븐 할둔(Ibn-Khaldoun)
  194
인간 공학(Human Engi-
  neering) 134, 147, 151
인류학 38, 173, 174, 177,
  193, 195, 198
인식론의 정의 82

ㅈ

자본주의 16, 54, 55, 65,
  111, 128, 175, 189,
  190, 208
자연과학(Natural Science)
  30, 31, 33, 81, 82, 119,
  147, 153, 154, 157,
  187, 266
자유와 이성 165, 207,
  208, 210, 214, 215,
  217, 221, 224, 228,
  229, 237, 238
자유주의 114, 115, 123,
  206, 208
장인 기질론(Intellectual
  Craftsmanship)
  ___과 경험적 연구 252
    ~254
  ___과 글을 쓴다는 것
    267
  ___과 사고의 정의 272

___과 사회학적 상상력
  자극 260
___과 아이디어의 원천
  259
___과 엘리트 연구 245,
  248
___과 연구 계획 242~
  246
___과 자료철 정리 241
  ~244, 246
___과 적응 121, 122,
  211, 213
정당성 혹은 정당화(legiti-
  mation) 56, 57
정신분석학 198~200
정치학 38, 76, 86, 91,
  113, 115, 117, 174,
  177, 186, 190
제4시기 206
제도의 정의 47
존스(Jones, Ernest) 인용
  27
좀바르트(Sombart, W.)
  205
즐거운 인조인간 212
지멜(Simmel, Georg) 39,
  213
질서의 문제 43, 66

ㅊ

철인왕(Philosopher-king)
  222
청교도적 인간 202
추상적 경험주의
  (Abstracted Empiri-
  cism)
  ___에서의 조사 기관
    127
  ___와 과학철학 80, 81
  ___와 방법 74
  ___와 사회학 83~85,

찾아보기

299

88
___와 여론 74
___와 이론과 조사 92,
93
___의 특징 79
___의 행정 기구 80

ㅋ

커뮤니케이션 → 대중매체
콩트(Comte, Auguste)
19, 38, 39, 117, 205,
222
쿠슈(Kusch, Polykarp) 83
쿨리(Cooley, Charles H.)
191
클라크(Clark, Colin) 112

ㅌ

『타임스』(*The Times*) 32
텐(Taine, Hippolyte) 32
토인비(Toynbee, Arnold)
39, 171
토크빌(Tocqueville,
Alexis de) 32, 67, 70
통계학적 의례 99
퇴니스(Tönnies, F.) 191
트루먼(Truman, David)
175, 258

ㅍ

파레토(Pareto, V.) 191,
248, 250, 254
파벌 140, 142~146
파슨스(Parsons, Talcott)
39, 42, 45, 48, 50~52,
55~58, 62~66
___를 해설한 부분 45,
47, 48, 50~52, 56
___의 인용 42, 43, 45
~49, 55
『포화 속의 인간』(*Men
Under Fire*) 77
폰 비제(Von Wiese, L.)
39
폼(Form, William) 126
프로이트(Freud,
Sigmund) 198~200,
213
프롬(Fromm, Erich) 199,
213

ㅎ

학문적 직업 130
합리성 150, 207~212,
217, 255
행동 과학(Behavior
Science) 34
허친슨(Hutchinson, E.
D.) 260
헤겔(Hegel, G. W. F.) 59
호니(Horney, Karen) 213
호르크하이머
(Horkheimer, Max) 인
용 157
호턴(Houghton, Neal) 인
용 113
휘트먼(Whitman, Walt)
125, 271
흄(Hume, David) 106